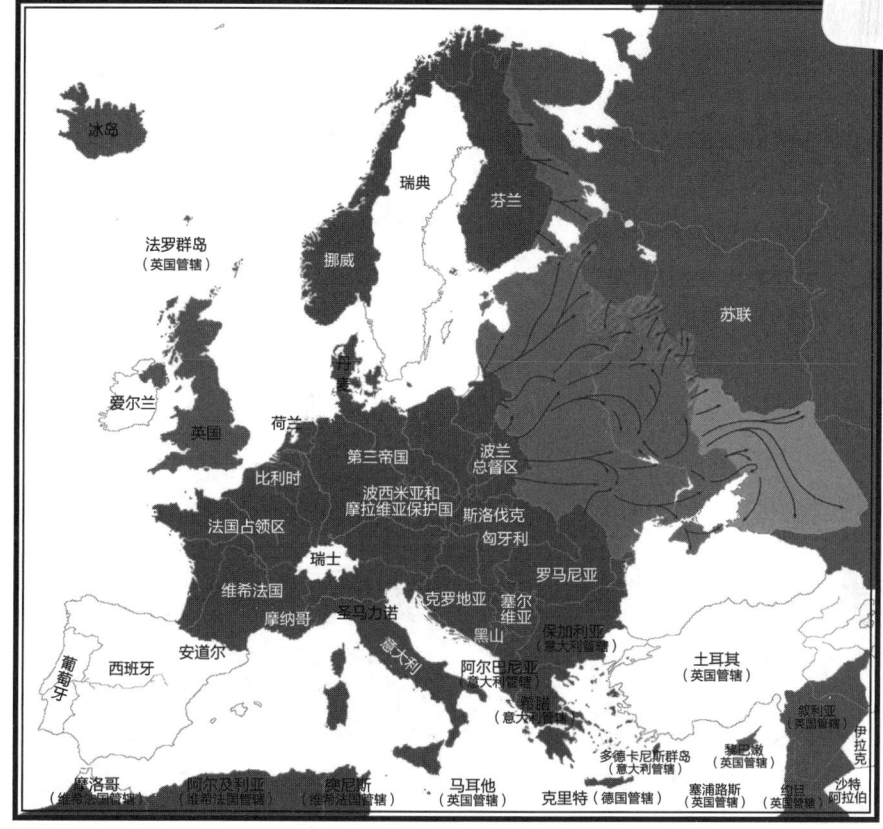

1941～1942 年间的
欧洲局势图

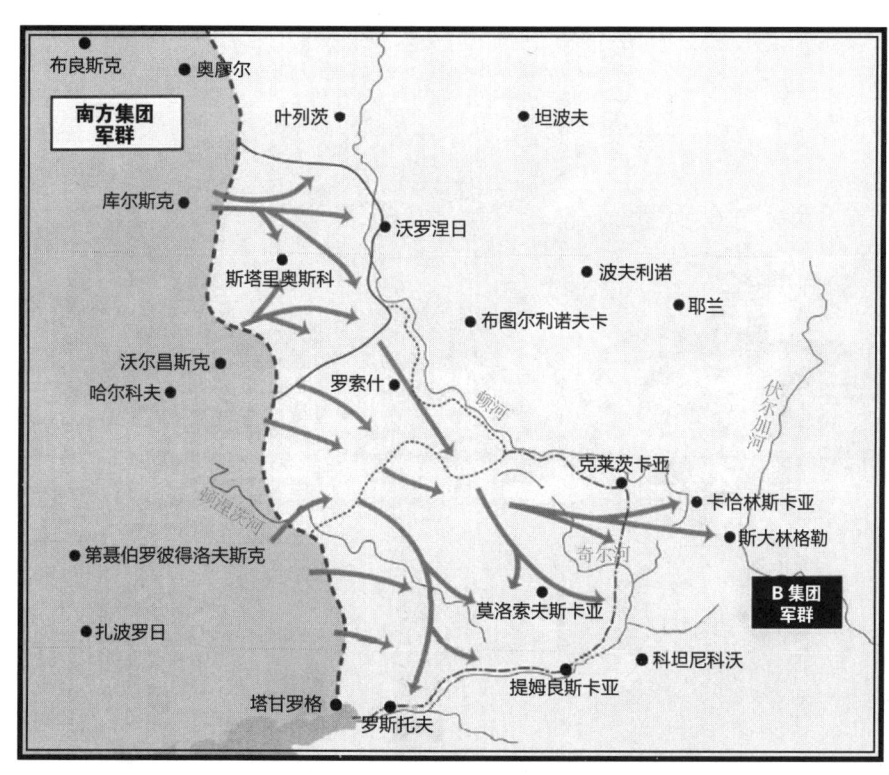

1942～1943 年间的
苏联南部战场，德国
仆从国空军的主要活
动舞台也在此区域。

匈牙利战时海报：建设全新的布达佩斯

反映向东方进军的匈牙利海报

这是出现在 1944 年斯洛伐克起义中的 B- 534 涂装

绘画表现的是侵苏战争初期的罗马尼亚空军第 7 大队的 Bf 109

表现罗马尼亚空军的 IAR.80 在本土上空拦截美国飞机的画作

表现罗马尼亚普洛耶什蒂油田空袭当日 B- 24 飞行在 "树梢高度" 的油画

B- 24 投弹后离开普洛耶什蒂的场面

这幅作品很好地展现了克罗地亚人驾驶的 Bf 109G - 14，它正在抛掉副油箱。

这幅画表现的是匈牙利王牌飞行员波蒂扬迪在 1944 年 10 月 9 日的一次空战胜利

罗马尼亚普洛耶什蒂油田的血战场面

俯冲中的罗马尼亚空军 Bf 109

捷克斯洛伐克空军使用的 B- 534 战斗机

保存完好的匈牙利空军的布克尔教练机

布达佩斯的匈牙利英雄纪念碑

帝国苍鸢

二战东线德国仆从国空战史

陶力 著

中国长安出版社

图书在版编目（CIP）数据

帝国苍穹：二战东线德国仆从国空战史 / 陶力著
. -- 北京：中国长安出版社，2015.5
　　ISBN 978-7-5107-0917-3

　　Ⅰ .①帝… Ⅱ .①陶… Ⅲ .①第二次世界大战战役 –
空战 – 史料 Ⅳ .① E195.2

中国版本图书馆 CIP 数据核字 (2015) 第 102278 号

帝国苍穹：二战东线德国仆从国空战史

陶力 著

出版：中国长安出版社

社址：北京市东城区北池子大街 14 号（100006）

网址：http://www.ccapress.com

邮箱：capress@163.com

发行：中国长安出版社

电话：（010）85099947　85099948

印刷：重庆共创印务有限公司

开本：787mm×1092mm　16 开

印张：11.5

字数：160 千字

版本：2019 年 1 月第 2 版　2019 年 1 月第 1 次印刷

书号：ISBN 9787-5107-0917-3

定价：99.80 元

前言

"黑十字对抗红星"。长久以来，述及二战期间苏德战争的空中交战时，人们的脑海里总是会被涂着黑色铁十字图案的德国飞机和涂着红色五角星的苏联飞机所占满。实际上，"黑十字"和"红星"确实是东线空战的主体，但不是全部；在第三帝国所占据的和希望占据的苍穹中，还曾飞翔过涂着"蓝十字"、"黄十字"、"白十字"、"红白格"的飞机——分属于纳粹德国东线仆从国斯洛伐克、罗马尼亚、匈牙利、克罗地亚空军。

在二战的欧洲战场尤其是东线战场上，在法西斯阵营中作战的除了轴心同盟国的德国和意大利之外，还存在着上述这样的若干"小国"。长期以来，这些国家的战时经历被隐藏在"主流"史观的暗影中，其生动丰富的内容并不被人所熟知。而本书即以独特的视角，去展现罗马尼亚、匈牙利、克罗地亚、斯洛伐克这4个追随纳粹德国参与了侵苏战争的东欧仆从国的空军秘密战史。

在今天的政治语境中，这4个国家早以其各自独立的姿态为人所熟知，然而在上世纪30、40年代，克罗地亚和斯洛伐克还是极其新鲜的国家称谓，她们的名字代表着第三帝国"新秩序"对一战结束后建立起来的凡尔赛体系的冲击。除了罗马尼亚之外，另外3个国家在一战期间都不是独立主体；一战结束后，匈牙利获得独立，而克罗地亚和斯洛伐克则分别是新生国家南斯拉夫和捷克斯洛伐克的一部分；直到德国侵吞了捷克斯洛伐克和南斯拉夫之后，斯洛伐克和克罗地亚才从原来的国家版图中分离出来，成为第三帝国的"卫星国"。

就空军战史而言，罗马尼亚空军实力最雄厚，战斗内容最丰富；匈牙利空军实力和内容紧随其后；克罗地亚和斯洛伐克的空军规模都较小，不过同样经历了数年之久的战争，其中斯洛伐克还是唯一跟随德国在1939年入侵了波兰的。

这4支空军的最大共同点，就是都追随着德国空军参与了对苏联的大规模侵略战争。向东方进军，似乎是这4支空军的一个共同利益追求。回溯既往，这4个国家中的3个，在一战期间都是奥匈帝国的领土，也就天然的和当时作为"中欧同盟"的德国有着一些密不可分的联系，这种联系对后事自然有其深远影响。及至德国在1941年6月悍然入侵苏联后，上述四国就先后派军队加入了这场东征，其中，有的国家是基于领土诉求，有的国家是出于对斯拉夫民族的仇视，有的国家是认定了德国人指出的那条道路并打算一直走下去。

正是在这场战争中，4支空军都经历了壮大发展的过程；可也同样是在这场战争中，4支空军也都无一例外地相继经历了轴心国阵营的困顿、挫折、崩裂，以及最后的败亡。今天，当我们拨开历史的云遮雾绕，去还原属于罗马尼亚、匈牙利、克罗地亚、斯洛伐克空军的二战战史时，能够看出这样一点：4支空军虽然作战装备有限、训练水平普通、人员素质一般，却同样具备使自己向轴心国的"共同目标"靠拢的手段和能力。当然，这一个所谓的共同目标，荒谬绝伦而又根本不可能实现。

CONTENTS 目录

|第一章|

持续的勇气：
小小斯洛伐克空军的冒险

引子：斯洛伐克——历史与政治

第一次世界大战结束后举行的巴黎和会的重要成果，是催生了一系列新生的国家，于 1918 年 10 月成立的捷克斯洛伐克便是其中之一。这个像是突然在中欧硬生生冒出来的新国家，被夹在北边的波兰和南边的奥地利、匈牙利之间，有人对她做过这样形象的比拟："看起来像只蝌蚪，头在西面，尾部向东逐渐变细。"

构成这个国家主体的两大部分，捷克和斯洛伐克，处于一种亦分亦合的状态。捷克人和斯洛伐克人讲同一种语言，却有着不同的历史和文化。直到国家在一战结束后统一之前，捷克人和斯洛伐克人都是彼此分离的主体，虽然都处在奥匈帝国哈布斯堡王朝的统治下，捷克划在奥地利的版图部分，斯洛伐克则划在匈牙利的版图部分。

相对来说，捷克到公元 17 世纪之前都保持着独立王国的地位，在欧洲历史上也有着相当重要的地位，她那由波希米亚（Bohemia）、摩拉维亚（Moravia）、西里西亚（Silesia）所构成的波希米亚王国领地乃是奥匈帝国版图中最富庶和工业化的一块。相比之下，斯洛伐克的历史长时期处在匈牙利人的暗影之下，而其经济主体亦由比较落后的农耕成分组成。

捷克斯洛伐克成立时，有许多关系都没有理顺。对外，她和匈牙利的国界确定存在诸多争议，也埋下了日后冲突的隐患；对内，各民族间的关系始终是难以调和的矛盾体。成立之初，因为允许各民族保留自己的学校、自己的宗教自由、自己的代表权，捷克斯洛伐克曾被外国观察家封为"中欧的瑞士"。

实际情景远没有这样美妙。上世纪 20 年代，捷克斯洛伐克约有 1400 万常住人口。占到人口一半的捷克人自认为他们在向落后地区传播文明和进步，他们掌握着国家的主要权力，首都也选在了布拉格——传统上就是捷克人的中心城市。人数仅次于捷克人的斯洛伐克人对此满怀怨恨。捷克人曾承诺给予斯洛伐克自治权，但后来食言，原因是"没有足够有教养的斯洛伐克人来管理他们的政府"。于是并不奇怪的，斯洛伐克人对布拉格政府的态度是："我们一点也不感谢你们。"

捷克斯洛伐克在外交上倾向于法国，在执政者看来，这是本国保持独立自主地位的最重要的境外保证。然而，当刚刚吞并了奥地利的德国开始觊觎捷克斯洛伐克时，法国人和英国人一样都感到无能为力。结果就是1938年9月臭名昭著的慕尼黑会议，捷克斯洛伐克的苏台德区被割给了德国，她剩下的领土则由英、法、德、意共同"保证"不再受到侵犯。

失去的不只是苏台德区。慕尼黑会议后，波兰从北部获得了原属斯洛伐克的小块边境领土，匈牙利在1938年11月对斯洛伐克南部和鲁斯尼亚（Ruthenia）地区下手，结果捷克斯洛伐克在短短几个月里失去了30%的领土和34%的人口，工业和农业基础均受重创，国防形势也急剧恶化。

下一出"戏"在1939年3月上演，而这成了捷克斯洛伐克的谢幕演出。德军全面占领捷克的剩余领土，万字旗在古城布拉格升起，随后宣布成立了所谓的波希米亚和摩拉维亚保护国，而斯洛伐克则于3月14日"独立"，成了纳粹德国的附庸国、卫星国、仆从国。诞生了20年的捷克斯洛伐克从欧洲版图上消失了。

在希特勒看来，"捷克人属于即使不应消灭，也应受到瓜分的次等人那一类"，不过他对斯洛伐克人倒是情有独钟，给予他们独立地位。这种偏爱的真实意图是想用斯洛伐克来做顺从第三帝国的民族的一个"榜样"。

虽然实际上完全沦为德国的附庸，斯洛伐克人对于受到德国的保护倒感觉相当满意，由约瑟夫·蒂索（Josef Tiso）领导的傀儡政

▲ 东线一景：B-534 从斯洛伐克骑兵头上掠过

府对柏林俯首帖耳，他的内阁还认为追随德国可以增加至少50%的就业机会。接下来一段时期，斯洛伐克的制鞋业、毛纺业、玻璃制品业等行业确实得到了极大的发展，各大城市里的食物和汽油几乎都有充足供应，公路和桥梁的建设速度也是前所未有，这似乎有力地证明了一种观点，"发展斯洛伐克的工作只能靠斯洛伐克人自己来做"。

追随德国进攻苏联，让这种新体制下的"幸福感"逐渐变味。斯洛伐克不再是和平发展的乐园了，她不得不把自己的子弟派去苏联参战。1942年4月，据称有近半数身强力壮的斯洛伐克人不是在俄国当兵，就是在德国当劳工。

转折点在德军兵败斯大林格勒之际到来，斯洛伐克人的情绪终于由亲德变为反德了。当苏联红军于1943年7月发动大反攻，这个国家更是被一股泛斯拉夫感情的浪潮所席卷，第一次隐约出现了要求起义的呼声。1944年8月初，几乎就在华沙起义爆发的同时，斯洛伐克人打响了反德大起义。8月26日，仍效忠轴心国的斯洛伐克政府在广播中称，"斯洛伐克已处在伞兵和地下部队临时强加给它的一种战争状态中。"第二天，德军就开始占领斯洛伐克全境。

起义最终失败了，但德国人也撑不了太久了。1945年初春，苏军肃清了斯洛伐克大部地区，斯洛伐克人实际上比捷克人早5星期左右获得了解放。等到捷克斯洛伐克政府于4月初"重生"后，这个二合一的国家就又出现在了欧洲版图中。

一支空军的诞生

伴随着国家的新生，捷克斯洛伐克武装力量于1918年10月28日正式创立。并不令人意外的是，这个内陆国家的军队主体是陆军，不过其空中部分亦已经处于萌发状态。而有些令人意外的是，这个新生国家并不缺乏飞行员或者是接触过飞机养护的人。原来，在臣服于奥匈帝国统治时期，就有不少捷克人（斯洛伐克人很少）在奥匈帝国航空队中服役，他们有人充当地勤人员，也有人出任侦察机或者战斗机的飞行员。

一战期间，有部分捷克空勤和地勤人员被编入了有名的捷克军团（Czech Legion）远征过俄国。而这个军团序列内的第一个航空单位就于1918年6月9日成立于俄国境内，番号为"征俄捷克军团航空队"。虽然名头够响亮，其全部家当却仅为1架法制法尔芒（Farman）双翼机和1架法制瓦赞（Voisin）双翼机。

以这个参与过"实战"的航空单位为基础，1919年春，捷克斯洛伐克空军正式创立于首都布拉格（Prague），主要装备是"继承"自奥匈帝国的"遗产"：布兰登堡（Brandenburg）双翼战斗机。空军成立次年，又从法国购入了128架斯帕德（Spad）VII型和XIII型双翼战斗机；此后法国人又将掳自德国的福克（Fokker）等飞机"慷慨相赠"，使得新生的捷克斯洛伐克空军到1920年底时共拥有165架作战飞机。

依托着这份实力，捷空军在接下来的2年时光里陆续编组了11个飞行中队，其中战斗机中队4个、侦察机中队7个。1923年，首次出现了航空团这一级别，每团下辖2个飞行大队，每个大队编有3个中队。空军的主要力量共编成了3个航空团，其中第1团驻布拉格，负责波希米亚空域；第2团驻奥洛穆茨（Olomouc），负责摩拉维亚空域；第3团驻尼特拉（Nitra），负责斯洛伐克空域。

这是捷克斯洛伐克空军快速发展的年月。一代飞行员被培养出来，更多的飞行单位将成立，多座拥有现代化设施的飞行学校平地而起，航空机站、物资仓储等保障环节有序建立，这个国家在10年间新建成了9座军用机场……

这一派欣欣向荣的局面随着纳粹德国对捷克斯洛伐克的领土要求而于1939年初春终结。这年的3月14日，这个于一战结束后诞生的新国家被一分为二——捷克斯洛伐克不再是一个独立的欧洲主权国家，代之以受到第三帝国直接"保护"的波希米亚和摩拉维亚保护国，以及相对来说具有独立地位的斯洛伐克。

国家的一切都处于分崩离析的状态中，空军也不例外。接下来的6年时间里，从分裂前的捷克斯洛伐克各所飞行员学校中毕业的航空学员们将身穿多种不同国家的空军制服，驾驶着分别涂有德国、意大利、匈牙利、波兰、法国、苏联、英国、美国空军（航空队）标志的飞机，在不同的空域里为不同的目标而战。

加入不同阵营的捷克人和斯洛伐克人兄弟阋墙，不仅各为其主，甚至直接面对面厮杀。大批捷克空军人员流亡海外，为恢复故土而战。共有906名捷克飞行员在不列颠之战爆发前抵达了英国，而这个数字在当年底将上升到1287人。捷克飞行员在二战期间总计确认击落了304架敌机，产生了29名王牌飞行员。最知名的是卡雷尔·库特瓦瑟（Karel Kuttelwascher）、约瑟夫·弗兰提塞克（Josef Frantisek）和阿洛伊斯·瓦萨科（Alois Vasatko）等人。

斯洛伐克空军则被绑在了轴心国的战车上。他们虽然力量有限、是德国东线盟友中最小的一个，却令人惊异地在二次大战中"打满全场"：1939年9月1日，斯洛伐克是唯一参与进攻波兰的东线纳粹仆从国；1941年6月22日，斯洛伐克又是第一个进攻苏联的东线纳粹仆从国；1941年12月，斯洛伐克对美国和英国宣战，令自己在这场无望的战争中越陷越深。

虽则不免最终失败，小小的斯洛伐克空军在战时不乏亮点时刻。其飞行员以敢战的形象而在轴心军阵营中获得"泰特拉之鹰"（Tatra Eagles）的敬称。他们总共打下221架敌机，产生了17名王牌飞行员。其中的佼佼者有如扬·雷兹纳克（Jan Reznak）、伊齐多·科瓦利克（Izidor Kovarik）、扬·格托费（Jan Gerthofer）等等。下面，就是他们的故事。

战火初考验

捷克斯洛伐克解体亦即斯洛伐克"独立"时，这个国家的空军原本已经发展到6个航空团的规模。其中第3团常驻斯洛伐克，而该部从1939年3月14日起便成为新生的斯洛伐克空军（SVZ）的主体基础。

斯洛伐克人一共在本国境内搜集了大约230架军用飞机，其中最有价值的部分是88架战斗机。这批战斗机的主力是81架本国制造的阿维亚（Avia）B-534型双翼机，其中的66架是只配备了机枪的标准型，另有15架是配备了机炮的火力加强型BK-534。这些阿维亚飞机大多隶属于第3航空团的5个战斗机中队：第37、38、39、45中队【驻皮耶什佳尼（Piestany）】，第49中队【驻新斯皮什卡（Spisska Nova Ves）】。至于剩下的7架战斗机乃是型号更为老旧的阿维亚飞机，包括2架Ba-33和3架B-34，属于同样驻于皮耶什佳尼的预备训练中队。

▲ 从波兰归来的斯洛伐克飞行员受到鲜花礼遇

不难看出，飞机的装备情况并不理想，而更严重的问题是空勤和地勤人员的紧缺。一直以来，捷克斯洛伐克空军的人员构成便是以捷克人为主，斯洛伐克人为辅，因此斯洛伐克在分离出来的同时，也让自己的空军立即面临着人员捉襟见肘的窘迫。当时，全军总共只有 80 人可以充当飞行员或者双座飞机的后座观察员，而这些人当中只有 6 个人算是有些"资历"的，其中 5 人是尉官，仅有 1 人为少校。

就是这样一支"微型"的空中武力，居然在成立后不久就要接受战火的严峻考验——威胁来自南面的邻国、同样和德国走得很近的匈牙利。冲突的策源地是斯洛伐克最东面的领土鲁斯尼亚，这片富庶的土地的归属饱含争议，虽然于 1919 年 9 月由国联裁定属于捷克斯洛伐克，却一直受到匈牙利的

垂涎，后者还以自己的方式将其称作下喀尔巴阡乌克兰（Sub-Carpathian Ukraine）。

在鲁斯尼亚内部，要求领土自治的呼声亦很高涨。在捷克斯洛伐克一分为二之际，这里居然也趁势宣布了自己的"独立"。这对匈牙利人来说简直是天赐良机，他们立即于 3 月 17 日出兵，一举夺取了鲁斯尼亚，结束了这里的"独立"。对斯洛伐克来说，自己在初生之际就要面对如此实质性的威胁，当然令人无法容忍，更不用说，鲁斯尼亚是斯洛伐克最主要的经济支柱之一。不过就在斯洛伐克人试图集结自己并不强大的武装时，匈牙利人得寸进尺，又于当月 23 日进一步越过了斯洛伐克的边境线，而且丝毫没有停止向其领土纵深渗透的迹象。

斯洛伐克军队终于发起了反击，之后的战事被称作斯—匈边境冲突。小小的斯洛伐克空军首次披挂上阵，位于国土东面的新斯皮什卡辅助机场紧急成为主要的作战基地。除本已驻扎在那里的第 49 中队外，又调入了第 45 中队，两部合计有 20 架 B-534 战斗机可用。紧接着，第 12 和第 13 侦察机中队也赶赴新斯皮什卡，两部共有 15 架勒托夫（Letov）S-328 型飞机和 5 架航空（Aero）Ap-32 型飞机。可是这 2 个侦察机单位人员缺编得厉害，即便从皮耶什佳尼机场紧急抽调了人员，还是不够编制数。

属于斯洛伐克空军的一些创纪录的时刻随后诞生了：3 月 22 日，斯洛伐克飞行员第一次执行了战时侦察飞行；3 月 23 日，斯洛伐克战斗机第一次参加了空战。不过 23 日的这场交战并无愉快回忆，有 2 架 B-534 被匈军的高射炮击落，另有 4 架 B-534 和 1 架 S-328 受到不同程度的创伤。而在被击落的飞机上，第 45 中队中队长扬·斯维利克（Jan Svetlik）

少尉和第49中队飞行员的斯特凡·德万（Stefan Devan）中士成为最早登上斯洛伐克空军阵亡名单的人。

继23日吃了敌人高射炮的亏之后，斯洛伐克和敌机的第一次交手在24日发生。这一天的7时40分，来自第49中队的3架B-534挂载着炸弹客串攻击机飞翔在天空中。当它们正缓慢地飞入鲁斯尼亚上空时，忽于斯塔钦（Stakcin）以北空域遇到一队匈牙利空军的意制CR.32战斗机。第49中队中队长扬·普拉哈克（Jan Prhacke）中尉在交火中不敌匈牙利飞行员阿拉达尔·尼格罗（Aladar Negro）少尉，前者的座机被重伤。当普拉哈克试图迫降到一处河谷中时，似乎忘记了自己飞机的机翼下还挂着炸弹，结果炸弹在机身触地时被引爆，普拉哈克当场身亡，成为在这场短暂冲突中殒命的第二位战斗机中队长。

另一方面，担任普拉哈克僚机的赛里尔·马蒂斯（Cyril Martis）中士的B-534的发动机和油箱也被敌机打中。他来到一片湿地上空选择迫降，虽然他及时抛掉了炸弹，但是机身在着地时瞬间翻转并报废。最后，只有由米夏尔·卡拉斯（Michal Karas）驾驶的最后一架B-534逃回了基地，匈军方面声称亦将该机击落，这是他们的清晨战报中唯一的一处"水分"。

到了10时，第二场空战上演。第45中队派出3架B-534，同样以"攻击机"姿态进攻出现在提巴瓦（Tibava）附近的匈军坦克。此行同样极不顺利，有2架被高射炮击落，另一架迫降回了斯洛伐克境内，约瑟夫·萨夏（Jozef Zachar）成了第一个沦为俘虏的斯洛伐克飞行员。

这天下午，又发生了更大规模的交战。13时45分，第45中队的3架B-534护卫着第12中队的3架S-328出发，去袭击从乌日霍罗德（Uzhorod）向米查洛夫策（Michalovce）开进的匈军。猛烈的防空火力迫使斯洛伐克一度躲入云层暂避。而等他们再次从云层中现身时，却被9架CR.32团团包围。接下来的事堪称空中屠杀，6架斯洛伐克飞机中只有1架S-328得以逃离，其余5架被尽数击落。

在第一架被打中的S-328中，飞行员当场死亡，后座观察员费迪南德·斯文托（Ferdinand Svento）虽然成功跳伞，但在落地时已经成了1具尸体，身上带着18个弹孔。这一幕清楚地表明了这场空中冲突的残酷性。关于斯文托的悲剧，有2个版本在斯洛伐克空军中流传：其一，他是在跳伞过程中被匈牙利步兵当靶子打的；其二，他是在落地后被敌兵乱枪所射杀。

再一次的，匈牙利飞机无一损失——尽管斯洛伐克电台声称打下了2架CR.32。斯洛伐克人的判断主要是依据从另一架S-328中逃生的哈诺维奇（Hanovec）的报告。这位飞行员提交了一份内容详尽的报告——

"我被好几架敌机围攻。我努力爬升进云里。等我出来后，看到追击者正在刚才的位置上盘旋。我开了火，他们向我靠近。其中1架直朝我机鼻飞来，我想我们就要撞上了。在那一刻我开了火，距离约为40米。我马上看到敌机冒出了黑烟。我进入侧飞，目标在我上方5米处，可以见到它起火了。我避免和它相撞，我拉起，他下坠。然后我被敌机和高射炮夹击，发动机停转了，我只能选择迫降。"

哈诺维奇的惊险故事被电台煞有介事地反复播出，似乎成为击落匈牙利飞机的一个明证。实际上，斯洛伐克飞行员还要再等上差不多半年，才能赢得第一个真正的确认击落战果呢。

对新生的斯洛伐克空军来说，3月24日确实是"黑色"的一天，而在当天傍晚时分，斯洛伐克领土还首次遭到了空袭。10架匈军的Ju 86轰炸机向新斯皮什卡机场投了弹，造成12死17伤，还使6架飞机受到重创，唯一值得安慰的是机场跑道还能继续使用。面对着突如其来的敌人，第39中队的弗兰提赛克·赛普里奇（Frantisek Cyprich）上士是唯一一位驾机升空的，可是他只能目送Ju 86离开。对这位未来的空战王牌来说，这是他个人情感极度受挫的一天。不过在5年之后，他还有另外一次机会与匈牙利飞机对决，并且令自己不再遗憾。

多灾多难的3月24日证明斯洛伐克空军太稚嫩，需要学的东西太多，但所幸由于德国的干涉，这场边境冲突不至于拖得太久。2天后，斯洛伐克就与匈牙利"握手言和"，前者的代价是就此失掉了鲁斯尼亚地区。2年后，这两个国家又化身为"肩并肩"的战友，结成奇怪的同盟而一同进犯苏联。

加入东战场

斯匈边境冲突的结束，表面上看"得益"于德国人的"调停"。涉事各方在维也纳签署了一份所谓的"保护条约"。不过还来不及等到各方对条约最终盖章确认，德军就直接开进了斯洛伐克西部的"保护区"，对那里实施半军事化管理。此举也意味着斯洛伐克被更加紧密地同纳粹德国捆绑在一起了。

这种捆绑的一个直接后果，就是斯洛伐克很快就要追随德军展开一次东征。事实上，在德国和波兰因为但泽问题而展开不断升级的外交冲突之际，斯洛伐克政府就向德国明确表示，未来可以允许德军从斯洛伐克领土展开向波兰的进军。当然，这也并非向"宗主国"单纯的示媚而已，斯洛伐克人有自己的动机，他们希望拿回分别于1920年、1924年和1938年被波兰占去的奥雷夫（Orave）、斯皮什（Spis）、亚沃里纳（Javorina）等3个地区。

1939年9月1日，德军悍然入侵波兰，第二次世界大战爆发。这时斯洛伐克远比"允许使用领土"要做得更多，她直接派出了陆军和空军部队参与入侵，成为二战伊始就跟随在德国人身边的唯一一个"小伙伴"。

最初飞入波兰领空的斯洛伐克飞机来自侦察机部队，分别是驻新斯皮什卡的第12中队，以及驻茨沃伦（Zvolen）的第15中队。两部各派出10架S-328在地面部队推进方向上提供战场侦察。同样驻扎在新斯皮什卡的第45和第49中队稍后参战。两部各提供了10架B-534战斗机，不仅为本国侦察机提供护航，同时还为进袭利沃夫（Lvov）附近铁路目标的德国空军StG 2"殷麦曼"（Immelmann）俯冲轰炸机联队第3大队的Ju 87提供了几次护航。

9月6日，第45中队的1个B-534三机编队出现在萨宾诺夫（Sabinov）以西空域，寻找着交战的机会。领头的长机飞行员是哈诺维奇上士，正是6个月前"谎称"击落了匈牙利CR.32的那个人。这一次他成功地拦截到了1架波军的侦察机。这架倒霉的飞机是波兰空军第56中队的陈旧的卢布林（Lublin）R-XIII型双座侦察机。它被哈诺维奇的三机编队迅速击落，2名机组成员均告身亡。哈诺维奇"慷慨"地和2架僚机共同分享这个具有纪念意义的战果：这是斯洛伐克空军建成以来所取得的第一个确认战果。

到为时短暂的波兰战役结束时，斯洛伐

▲ 斯洛伐克发布于 1939 年的海报，介绍了空军的突出人物。

克空军总共只损失了 2 架 B–534 而已，不过其击落数字也依旧只有 1 架。其后，斯空军就展开了重组工作，这项工作到 1940 年初结束，主要内容是将 5 个战斗机中队重编为 3 个，也即第 11、12、13 中队。当年 4 月 20 日，又将这 3 个中队集中编组为第 2 战斗机联队，联队总部设在皮耶什佳尼。

另一项变化是来了德国人。5 月 3 日，第一批德国空军的人员抵达皮耶什佳尼，宣告一个所谓的德国空军斯洛伐克顾问团（Deutsche Luftwaffenmission In Der Slowakei）正式成立。其使命是"指导和服务"斯空军，实则是要确保斯洛伐克飞机朝着德国人所希望的方向飞。

这个方向很清楚：朝东面飞。1941 年 6 月 22 日，德军打响"巴巴罗萨"行动，全线大举入侵苏联，多个东线仆从国被挟裹进了这股东进的洪流中，斯洛伐克也不例外。参战的斯军地面部队主力为快速大队（后称快速旅），经由利沃夫向基辅（Kiev）、罗斯托夫（Rostov）一线推进，目标是进入高加索（Caucasus）地区。加入侵略苏联的行列，意味着斯洛伐克人要和他们的宿敌匈牙利人站在同一条战壕里，这多少是具有讽刺意味的。

斯洛伐克派出的空军部队由安东·普拉尼奇（Anton Pulanich）将军任司令，埃米尔·诺沃特尼（Emil Novotny）中校任参谋长，下辖第 1 侦察机联队和第 2 战斗机联队。第 1 侦察机联队由科内尔·扬切克（Kornel Jancek）少校任联队长；编有第 1、2、3 侦察机中队；共 30 架 S-328。第 2 战斗机联队由符拉迪米尔·卡恰（Vladimir Kacka）上尉任联队长；编有第 11、12、13 战斗机中队；共 33 架 B-534 或 BK-534；另附 1 个战场联络机小队。

斯洛伐克正式向苏联宣战后，已经集中在斯洛伐克东境的上述航空单位即纷纷投入作战，于 7 月 7 日正式进入乌克兰空域，打响了自己的东征之役。由于空军兵力几乎空巢而出，导致斯洛伐克国内空防完全空虚，因此第 11 中队不久后又被调回了皮耶什佳尼。

对于入侵苏联领空的斯洛伐克空军来说，1941 年夏秋季是一段令他们满意的时光。各中队在这一阶段的主要任务就是快速转进加里西亚和乌克兰，从一个机场前推到另一个机场。在此过程中几乎很少遇到苏联飞机，仅有的一些损失全部来自于苏军的高射炮。

7 月 25 日清晨，在护卫着德军的 Hs 126 双座侦察机时，第 13 中队的 3 架 B-534 突然陷入了高射炮的火网中，其中一架的飞行员弗兰提赛克·布莱齐纳（Frantisek Brezina）不得不迫降到了苏军战线后方。在另一架 B-534 上的斯特凡·马蒂斯（Stefan Martis）飞快地驾机降落下来，以搭救他的战友。

布莱齐纳跃上了马蒂斯飞机的下机翼，用力抓住一根翼间支柱，然后示意马蒂斯紧急升空。B-534 刚刚离地，马蒂斯的腿部就被流弹打中。他挣扎着稳定住机身，而布莱齐纳则在机翼上死死地抓着那根"救命"的支柱。最后，这架机身编号 181 号的双翼战斗机带着多处弹洞回到了位于图尔津（Tulczyn）的野战机场。

这一大胆的举动在 5 天后再次上演。在攻击乌曼（Uman）至新阿尔汉格尔斯克（Novoarchangelsk）公路上的目标时，第 12 队的 1 架 B-534 受创迫降，飞行员马丁·丹尼埃尔（Martin Danihel）在巴班卡（Babanka）村附近的无人地带上显得十分无助。另一架 B-534 上的约瑟夫·德尔利卡（Jozef Drlicka）降了下去，同样使用"机翼载人法"把丹尼尔带了回来。

到了 7 月 29 日，斯洛伐克飞机才同苏联飞机有了第一次正面交锋。不过双方缠斗一番，均无建树。随着离乌克兰首府基辅越来越近，斯洛伐克飞机获得空战的机会终于变得多了起来，在 8 月里，第 12 中队总算是"首开纪录"，打下了 1 架伊 -16 战斗机。

9 月 7 日 18 时 50 分，10 架 B-534 从古宾（Gubin）机场升空，与来袭的 9 架伊 -16 展开激战，结果德尔利卡击落其中 1 架，那架伊尔飞机坠毁在基辅北面约 70 千米处的空地上。第二天，在执行例行巡航时，3 架 B-354 又与 2 架伊 -16 不期而遇，伊万·科察（Ivan Kocka）少尉将其中 1 架打得起火，然后目送它坠入了波尔基（Borki）地区的一片树林。这是斯洛伐克空军在侵苏战争的第一个年头里所击落的第 3 架苏联飞机，却也是最后 1 架。在那之后，受制于部件和燃料短缺的斯空军便逐步退出了一线交战，到 10 月底，2 个战斗机中队已经全部回到了斯洛伐克。

1941 年 7 月到 10 月的这几个月，实际上成为斯洛伐克空军在苏联成建制参战的仅有的时段。此后斯空军没有再集中赴苏联参战，只是于 1942 春夏之际派出少量侦察机和战斗机前往东线，而且主要是局限在日托米尔（Zhitomir）和明斯克（Minsk）等占领区后

▲ 斯洛伐克国防部长卡特罗斯将军为即将出征俄国的飞行员送行

方执行清剿游击队的低强度行动。

　　那么，上述这些是否就是斯洛伐克空军在苏联参战的全部呢？答案是否定的。尽管斯空军在东线的"官方"行动到 1941 年底就结束了主体部分，但是在接下来的年月里，斯洛伐克战斗机飞行员还将在德国空军建制内写下另一段故事。

JG 52 联队第 13 中队

　　1941 年到 1942 年那个难挨的冬天快要结束的时候，有 105 名斯洛伐克空军人员（其中含 19 名战斗机飞行员）在已晋升少校的第 2 战斗机联队联队长卡恰的带领下离开家乡，朝北走去展开一段漫长的旅行。

　　在丹麦的卡鲁普 – 格罗夫（Karup–Grove）机场报到后，他们接受了当地德国空军教官的一番训示。战斗机飞行员们这才明白，原来自己将要接受 Bf 109E 战斗机的飞行培训。

这当然让斯洛伐克人大感兴奋，Bf 109E 是德国空军的主力战机，是世界上最好的战机之一，自己终于可以摆脱那些老旧的 B–534 飞机了。

　　斯洛伐克人从 3 月 3 日开始接受理论培训，当月 27 日开始上机实飞。先是飞阿拉道（Arado）Ar 96B 教练机，然后是 Bf 109B 和 Bf 109D，最后是被德国人称作"埃米尔"（Emil）的 Bf 109E。卡恰带来的学员们都是从斯空军中精挑细选出来的佼佼者，他们的换装训练实施得相当顺利。6 月 15 日和 18 日，斯洛伐克人驾驶着"埃米尔"完成了两次模拟对抗演练，然后在 7 月 1 日举行了一次简短的结业仪式。

　　按照德斯两军的约定，这批学员将编成第 5（斯洛伐克）中队，纳入东线德国空军的战斗序列中。接下来德国方面开始为这个中队配备飞机。不过和原定交付的 12 架 Bf

▲ 德国空军 JG 52 联队第 13 中队里的斯洛伐克人

109E-7 有出入的是，最终交付的是 2 架 Bf 109E-2、1 架 E-3、5 架 E-4、4 架 E-7。这批"二手货"全都是在法国、英国和北非战场上"久经考验"的老飞机，更有几架是经过多次修理的，考虑到当时德国空军已经开始用 Bf 109F 换装 Bf 109E，这些交给斯洛伐克人的飞机的价值确实被打上了折扣。可尽管如此，这批梅塞施密特飞机依旧是斯洛伐克空军成立以来所拥有的最先进的战斗机。

受训的 19 名战斗机飞行员于 9 月间全部回到皮耶什佳尼。然后又从中精选出 14 人组成所谓的"前线小组"，准备开赴苏联战场。这些人的平均年龄为 25 岁，正值精壮之年，又经过特别培训，堪称斯洛伐克空军的精粹部分。"前线小组"在国内进行了几次演练，最后一次是在 9 月 25 日，斯空军参谋长阿洛伊兹·巴雷（Alojz Ballay）中校和德国空军德国空军斯洛伐克顾问团团长路德维希·凯

佩尔（Ludwig Keiper）少将均到场观摩，两人一致认定这批小伙子已经完全做好了上阵准备。

10 月 14 日是出发的日子，5 名飞行员和地勤人员先行前往位于高加索迈科普（Maikop）地区的新基地报到，另外的飞行员和中队的装备分别于 27 日和 11 月 4 日到达汇合。斯洛伐克人发现他们加入的联队不是别的单位，正是在东战场上赫赫有名的德国空军 JG 52 战斗机联队，不免产生兴奋与紧张并存的情绪。在迈科普，第 5（斯洛伐克）中队的临时番号取消，代之以 JG 52 第 13（斯洛伐克）中队，斯洛伐克空军在二战中的新篇章就此展开。附带一提，这并不是 JG 52 第一次纳入外籍部队的中队，之前已经有过由克罗地亚飞行员构成的 JG 52 第 15（克罗地亚）中队。

第 13（斯洛伐克）中队于 11 月 9 日第

一次出动，此后的行动平平无奇，直到 20 天后才第一次和苏联飞机相遇。这是一次东线典型的自由狩猎任务，从 8 时 30 分到 9 时 30 分，在图阿普谢（Tuapse）地区，克里斯科（Krisko）少尉和扬科维奇（Jancovic）上士组成的双机编队和 9 架伊 –153 双翼机发生了交战，克里斯科断言自己和僚机打下了 3 架，但 JG 52 联队部对此未予认定。这样一来，等到布莱齐纳于 12 月 12 日 13 时 47 分击落 1 架米格 –3 之后，才算是为这个斯洛伐克中队取得了第一次空战胜利。

接下来数周，斯洛伐克人或是展开自由狩猎，或是为德国轰炸机护航，有时客串地面攻击，忙得不亦乐乎。不过受累于并不过硬的地面维护，该部的 8 架"埃米尔"不久后就只有 3 架还能飞了。经过斯洛伐克方面与德国人的紧急协商，总算为第 13 中队争取到了若干架最新式的 Bf 109F-4，这批飞机在 12 月底抵达，使中队的士气得到了提升。

时间进入 1943 年 1 月，第 13 中队奉命移驻库班（Kuban）的克拉斯诺达尔（Krasnodar）。也正是从加入这个新战场开始，斯洛伐克人开启了胜利模式。1 月 17 日，未来将成为斯洛伐克头号王牌飞行员的扬·雷兹纳克生平第一次击落了敌机，这自然令他永志难忘。他后来曾详细描述这一天的情形。

"我于 6 时 20 分从克拉斯诺达尔驾驶 Bf 109F–2 出发，担任克里斯科中尉的僚机，一道护卫 1 架德军的 Fw 189 侦察机从 2000 米高度侦拍库班的苏军阵地。那是阳光明媚的一天，视野极佳，小朵炸开的烟云提醒我们已经飞越交火线。就在那时，我注意到有小黑点出现在天际线，我立即在无线电里呼叫长机，'注意，印第安人在前方！'

"那是一个伊 –153 四机编队，有 1 架立即离开队形冲向 Fw 189，克里斯科迎了上去。我去迎战剩下的 3 架。它们排成直列，试图绕飞到我身后。当第一架快要到射击位置时，

▲ 3 名投身东线战场的斯洛伐克飞行员

我猛然拉升, 这个动作让我避开了它, 并得以攻击末尾的那架敌机, 敌人使出很好的技巧摆脱了。于是我转而追击另外 2 架, 我咬住了第二架, 然后一切在瞬间发生了。我在瞄准器里看到了敌机, 打出短射, 击中机身。它向下冲去, 然后爆成一团黑云, 砸在了斯莫棱斯卡亚 (Smolenskaya) 以西的雪地里。"

这天的 13 时 31 分, 雷兹纳克又驾驶 1 架 Bf 109E-4 参加了另一场交战。他身处一个四机编队中, 在 2000 米高度上迎战 4 架苏军的拉格 -3 战斗机。视力好的雷兹纳克还是第一个看到了敌机, 不过他的位置是在队尾, 不利于他自由发挥。

他的机炮在打了一阵之后发生卡壳, 就在那时, 他注意到有 1 架正朝自己冲来的拉格 -3 甚至没有收回一侧的起落架, 但 "那个飞行员不管不顾, 简直像个疯子一般"。苏联战斗机发出了准确的射击, 雷兹纳克感到一阵震荡, 接着他的 "埃米尔" 便开始失速下坠, 他到最后一刻才得以控制住机身, 于 14 时 08 分幸运地降落。地勤在机身上数出大小 60 个弹洞, 其中左侧机翼在翼根处被 20mm 机炮的炮弹集中轰击, 几乎快要从机身上撕裂了!

其时, 苏军正持续向困居塔曼半岛的德军第 17 集团军施压, 包括第 13 中队在内的各空中单位不断转场, 疲于应战。位于克拉斯诺达尔的机场于 1 月 31 日被放弃, 全中队转往斯拉夫扬斯卡亚 (Slavyanskaya) 机场, 随后又于 2 月 16 日退往克里米亚半岛。

这时第 13 中队已累计击落 21 架敌机, 布莱齐纳以 4 个战果领跑射手榜, 后面是各击落 3 架的雷兹纳克和扬科维奇。这些成绩自然引起了德国人的注意, 他们很快便为第 13 中队换上更好的装备: 在 3 月 5 日交付 9

▲ 表现斯洛伐克飞行员和地勤在一起的铅笔画

架全新出厂的 Bf 109G-2; 到月末又送来 4 架配备有更好的 FuG 16Z 电台的 Bf 109G-4。而通过加装 MG 151/20 机炮战地组件, 这批 G 型飞机又升级为 Bf 109G-4/R6。现在, 斯洛伐克中队和 JG 52 的其他中队一样同步装备着 "古斯塔夫" 战斗机, 这充分证明了斯洛伐克飞行员的能力。

在新飞机和不断累积的经验的共同作用下, 第 13 中队的击落数字在 3 月迎来井喷。可以比较一下过往的数据: 这个中队在 1942 年 12 月击落 3 架, 在 1943 年 1 月击落 12 架, 2 月击落 8 架, 而整个 3 月的击落数字一下子达到 44 架。

为这些数字付出的代价是在此期间有 4 人阵亡。1 月 2 日清晨, 德尔利卡上士在同一大队拉格 -3 交手时被击落。17 日, 约瑟夫·文库尔 (Jozef Vincur) 在和伊 -16、伊 -153 机群的混战中身亡。31 日, 斯维迪克 (Svejdik) 上士的座机被高射炮击落而阵亡。

3 月 29 日, 获得过 7 次空战胜利的王牌飞行员约瑟夫·扬科维奇驾驶着 Bf 109G-2 于亚速海上空追击一队伊尔 -2 攻击机。扬科维奇的眼睛只盯着伊尔飞机, 全然忽视了从侧后出现的拉格 -3 战斗机, 他的 "古斯塔夫" 被从后面打中。扬科维奇在左腿受伤的情况

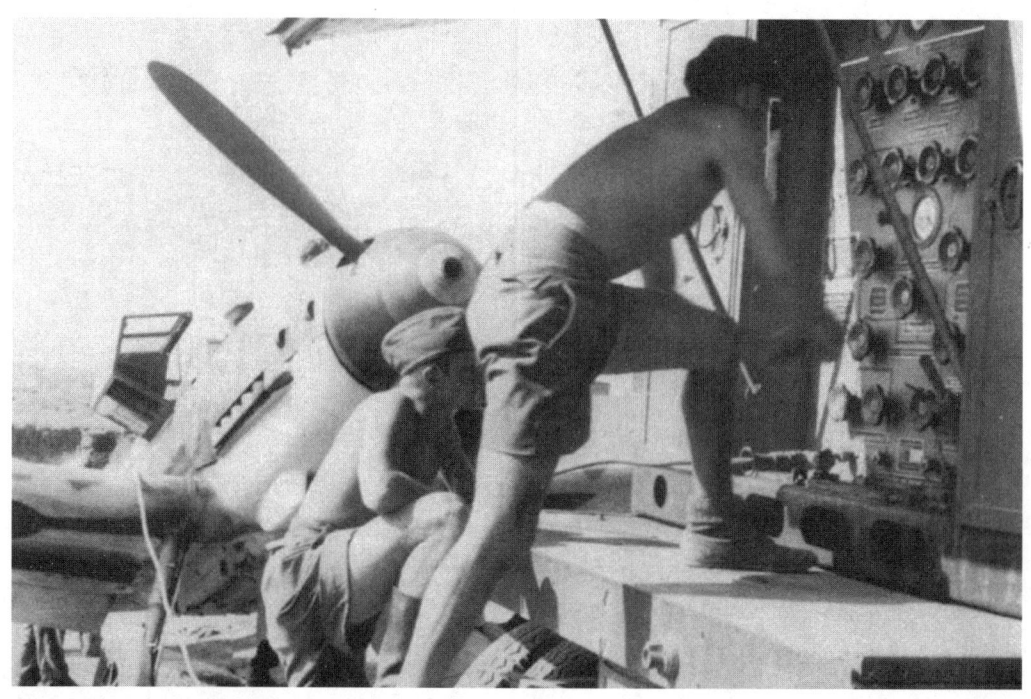

▲ 第 13 中队的 Bf 109 战地养护中

下驾机实施了迫降。附近的罗马尼亚士兵把他送到了距离刻赤海岸 30 千米处的一处医疗站，那里的德国医生表示对这位重伤的斯洛伐克飞行员无能为力，扬科维奇在次日清晨断气——成为唯一一位在苏联战场上丧命的斯洛伐克王牌。

扬科维奇的死对第 13 中队产生了较大震动，他被公认为是中队里最具能力的飞行员之一。雷兹纳克评价道："他从不害怕任何形式的缠斗，也从不考虑自己的处境，这一点尤其令人赞赏。"

此心不再

扬科维奇阵亡的 3 月对第 13 中队来说是忧喜交加，好消息是扬·格托费在这月 21 日的 11 时 28 分为斯洛伐克中队取得了第 50 次空战胜利，战果是 1 架 Pe-2 俯冲轰炸机。值此纪念性时刻，中队部收到了来自多方的贺电，其中有 1 封电报来自德国空军司令、帝国元帅戈林本人。

不过面对着这些祝贺，中队长安德雷·杜姆巴拉（Ondrej Dumbala）少校更希望得到的是一纸休整令。连续高强度的空战已经令他的人处于紧绷过度的状态，第 13 中队急需休整。于是趁着获得第 50 胜的机会，杜姆巴拉斗胆向 JG 52 联队部提出了轮休请求。德国人倒是也允其所请，条件是斯洛伐克空军应立即召集编训另外一批飞行员，赴东线与第 13 中队现有人员实现梯度交接。

恰在此时，杜姆巴拉身体抱恙，高烧不退，于是他便被先行召回国内担任第二梯队的指挥官。第 13 中队的前线指挥交由约瑟夫·帕雷尼切克（JOzef Palenicek）上尉接手。这时，斯洛伐克中队继续投身库班大空战，而从 4 月 17 日到 6 月 7 日的经历是"全中队成军以来所遇到过的最为激烈的交战"。

"我们发现，每次遇到的敌军护航战斗机数量至少是自己的9倍多。"代理中队长帕雷尼切克在一份写给国内的报告中称，"现在还可以看到英国人的'喷火'式和美国人的'空中眼镜蛇'战斗机，这些飞机的性能不在Bf 109G-2和G-4之下。"

当然，敌机数量的增多在带来更大威胁的同时也造就了更多"得分"机会，在库班大空战中，第13中队的击落架数闯过了100架大关。而第100个战果是雷兹纳克在4月27日17时48分取得的，他击落的是1架拉格-3。

库班空战期间，还有两个值得一提的时刻，一是格托费在4月底于一天内打下2架拉格-3、1架伊尔-2和1架A-20"波士顿"式攻击机，二是伊齐多·科瓦利克在5月29日一口气击落了4架雅克-1战斗机。而令人有些吃惊的是，第13中队在库班空战期间居然无一人伤亡。

7月4日，在俄国战场上"久经考验"的这一波斯洛伐克飞行员取得了这一阶段作战的最后战果。当日10时08分，符拉季米尔·克里斯科（Vlakimir Krisko）中尉打下1架Pe-2，这是他个人的第9个战果，也是最后一个。3天后，第13中队的飞行员们便奉命回国，他们坐了10天的火车返回斯洛伐克，结束了JG 52联队第13（斯洛伐克）中队的第一阶段任务。8个月来，这些斯洛伐克人共出击1504架次，经历206次空战，击落154架敌机，付出的代价仅仅是4人阵亡。

后浪推前浪，老兵们回国的同时，新人则开赴前线报到。第13中队的第二梯队共计13名飞行员于7月中旬抵达克里米亚的萨拉布兹（Sarabuz），他们在那里接收到了一批Bf 109G。接机时，这些平均年龄为24岁的

年轻人被告知，如果想在空战中活下来，就别一心想着取胜。

新人的第一次胜利倒是很快到来，7月22日11时45分，弗兰提赛克·哈诺维奇（Frantisek Hanovec）在同4架"空中眼镜蛇"的缠斗中取胜，击落其中1架后全身而退。接下来，他的同伴也陆续开张。7月26日10时55分到11时30分，鲁道夫·波齐克（Rudolf Bozik）打下1架"空中眼镜蛇"和1架波利卡波夫R-5侦察机；安东·马图塞克（Anton Matusek）则击落1架"空中眼镜蛇"和1架"波士顿"。

换了新血的第13中队在7月里共取胜11次，在8月取胜21次，在9月击落16架敌机，战果中的绝大部分都是来自英国和美国的"租借"飞机。8月28日，第13中队达到了赴东线参战以来的第2000架次出击，中队部为此收到了德国空军第1航空军军长卡尔·安格尔施泰因（Carl Angerstein）中将

▲ 抱着爱犬坐在战斗机上的斯洛伐克飞行员

▲ 斯洛伐克的战时宣传海报

和德国陆军第 17 集团军司令埃尔温·耶内克（Erwin Jaenecke）上将的祝贺。

这种表面上的喜悦其实极不真实，当时的战局是，轴心军即将被苏联红军逐出库班桥头堡了。处在这种大环境下，斯洛伐克人的士气自然大受影响，实际上，这时已经没有多少斯洛伐克人仍然热心于攻打苏联了，另外，飞行员们对于自己在轴心军阵营里受到的"二等公民"的对待也抱怨连连。有一次，JG 52 的知名王牌飞行员格哈德·巴尔克霍恩（Gerhard Barkhorn）上尉前去探访第 13 中队的驻地，结果惊愕地发现他们的"牛肉炖汤"居然是用野猫做的！"这肯定无助于提升他们的士气。"这位击落数在德国空军中高居第二位的王牌在日记里这样写道。

但有的德国人似乎看不到这一点，德国空军斯洛伐克顾问团团长伊格纳修斯·魏（Ignacius Weh）中校在巡视一番前线后报告称，"斯洛伐克战斗机中队乐于飞行。"在之前的那拨人中，可能多少还是存在着这种情况，可是第二梯队的那些后来者们肯定已是不那么热心了。而且远不止是不热心，甚至是"变心"。

9 月 9 日 13 时 35 分，轮值出动的 2 名飞行员马图塞克和卢多维特·多布罗沃尔斯基（Ludovit Dobrovodsky）驾驶着他们的"古斯塔夫"离开驻地阿纳帕（Anapa）机场，前去护卫德军的 Fw 189 做例行侦察。他们在指定的接头点没有看到德国侦察机，便开始在附近的泰姆柳克（Temryvk）港上空盘旋起来。飞着飞着，这 2 架 Bf 109G 突然指向东面，就这样一直飞过去了。马图塞克和他的僚机以低空姿态飞越苏军阵地，安全降到了一处苏军野战机场上，宣布向红军投诚。马图塞克是第 13 中队第二梯队中最成功的一员，那时他已经取得了 12 次空战胜利。

第 13 中队还没从这次突如其来的变故中回过神来，仅仅 2 天后，又发生了另一起"叛逃"事件。这次的主角是亚历山大·格里克（Alexander Geric）。他和僚机也是负责护卫 Fw 189，在途中遇到了 6 架苏军的"喷火"，交战中，两机分散开来。僚机回到基地后报告说格里克被击落了，实际上呢，格里克驾驶着他的 Bf 109G-4 降到了苏军方面的提马谢夫斯卡亚（Timashevskaya）。格里克是一名击落过 9 架飞机的王牌，在"叛逃"时甚至还把自己的机械士维尼克·特卡切克（Vineec Tkacik）也塞进座舱给一起带走，后者是第 13 中队勤务人员中对德国机载无线电台最熟悉的人。

选择加入苏军的这几名斯洛伐克飞行员很快就获得了战斗飞行资格，马图塞克和多布罗沃尔斯基成为苏联空军序列中的第 1 捷克斯洛伐克战斗机团的成员，驾驶着拉 -5FN 战斗机参加战斗；格里克和特卡切克这对搭档则于 1944 年 1 月 29 ~ 30 日夜里跳伞进入斯洛伐克境内，执行情报任务。

另一方面，面对德国人的严厉质询，斯洛伐克方面经"调查"后宣称马图塞克和格里克脱队的动机仅仅是厌烦了严格的军规，而多布罗沃尔斯基则是追随着他所"崇拜"的马图塞克一起行动。为防止发生更多事故，第 13 中队一度被全员停飞，并准备尽快遣返国内。不过在接下来且战且退的过程中，没有其他人选择逃离，整个中队在 9 月 24 日取得了第 200 次空战胜利。10 月 27 日，哈诺维奇在刻赤海峡上空击落 1 架拉 -5，取得了第 13 中队的最后 1 个战果，也为这个斯洛伐克战斗机中队在东线的作战史画上了句号。

第二天，斯洛伐克人就奉命将手里的 Bf 109G-4 尽数交与同联队的德国人和克罗地亚人，然后搭乘火车回国。这个"第二梯队"在苏联作战 4 个月、出动 1100 架次、击落了 61 架敌机。把前后两拨人马的经历算在一起，第 13 中队总计参战 12 个月、出动 2600 架次、击落 215 架敌机，在两队共计 29 名飞行员中，有 17 人达到了王牌飞行员（击落 5 架以上）的标准。

祖国上空

远征苏联的斯洛伐克飞行员面对着红军的飞行员，而留在国内的那部分人则要面对一个新的敌人：美国飞行员。随着以意大利南部为基地的美国多引擎重型轰炸机从 1943 年夏秋开始空袭斯洛伐克，本土防空成了这个国家所要考虑的一桩急务。

第一个应急防空编队，于 1943 年 8 月 20 日在布拉迪斯拉发编成，全部实力是 Bf 109E-2、E-4、E-7 各 1 架和 1 架老式的联络机。几天后，又增加了 S-328 和 B-534 各 1 架。和作战飞机的拼凑阵容不同，防空队里的 18 名飞行员大都是一等一的好手，他们包括赛普里奇、科瓦里克、雷兹纳克和布莱齐纳等人，全部是来自第 13 中队第一批人员中的清一色的王牌。赛普里奇出任第一任中队长，后于 11 月 8 日由克里斯科接任。

随着第 13 中队第二梯队在年末回归，防空编队的力量得到了进一步充实，可用的飞机也达到了 14 架，其中包括 10 架 Bf 109E。1944 年 2 月，斯洛伐克紧急从德国订购的 15 架 Bf 109G-6 交付，这让斯洛伐克人的底气又足了一些。

这年的 4 月 13 日，防空编队终于有了第一次"交战"。富有经验的哈诺维奇带着他的僚机波齐克飞行在斯洛伐克南侧国境线上，突然间后者发现了 1 架他"不认识"的飞机，他认定那架飞机具有双垂尾和 4 台发动机，应该是美国人的 B-24"解放者"式轰炸机无疑，便开了火。

刚打了一会，波齐克就意识到自己可能错了，那或许是 1 架挂了 2 具副油箱的 Bf 110G 驱逐机！而正当斯洛伐克人准备调头离开时，德国驱逐机上的后座机枪手猛烈开火，这使得波齐克又重新认定那是敌机，重新投入交战并于 12 时 30 分将这架 Bf 110 击落。驱逐机上的机枪手跳了伞，而飞行员、来自 ZG 1 驱逐机联队第 2 大队的威廉·梅林格（Wilhelm Meilinger）少尉则稀里糊涂地成了盟友的枪下之鬼。

落地后，波齐克报告自己打下了 1 架 B-24，而那名跳伞逃生的 Bf 110 机枪手则说自己的飞机是被美军的 P-51"野马"式打下来的！这个德国人还在报告中写道，"敌机具有同 Bf 109 极为近似的平切翼端"！

整个 1944 年春天，防空编队升空拦截美国轰炸机的次数很多，但是实际发生交战的次数却很少，这并非飞行员们消极避战，而是国内大形势使然。当然，斯洛伐克人正在酝酿着反德起义，而国防部长费迪南·卡特罗斯（Ferdinand Catlos）将军据此秘令飞行员们为起义蓄力，而在拦截盟军飞机时"出工不出力"。

当然，要在战争年代遵循这一指令，飞行员们有时要承受极大的心理煎熬，这在 6 月 16 日就表现得很明显。当日，6 架于 9 时 20 分从皮耶什佳尼起飞的 Bf 109G 刻意没有拦截来犯的美国机群。斯洛伐克飞行员们只是盘旋在附近，看着烟柱从地面的火光中升起——这次空袭造成千余平民伤亡。战斗机落地后，时任防空编队指挥官的普什卡（Puskar）少校接到了德国顾问团的电话，后者痛斥普什卡为"无可救药的懦夫"。

10 天后，又有 1 个美机大编队来犯，共有 501 架 B-24 和 154 架 B-17 在 290 架 P-38 和 P-51 的护卫下进袭位于维也纳附近的石油精炼厂、途经斯洛伐克领空。这一天共有 203 架德国飞机、30 架匈牙利飞机和 8 架斯洛伐克飞机升空拦截，此战也成为美国陆航和轴心国空军在斯洛伐克上空最大规模的一次相遇。

斯洛伐克的 8 架 Bf 109G 于 8 时 40 分从皮耶什佳尼起飞，分成 2 个四机编队进击。普什卡急于摆脱"懦夫"之名，他在出发前就明确告诉部下，"别管任何事了，今天我们要全力进攻！"在 9500 米高度上，他下令各机抛掉副油箱进攻，然后率先冲向美国机群。

最终，只有古斯塔夫·朗（Gustav Lang）打下了 1 架轰炸机，但他的座机随后就被 P-38

击中，他本人坠机而死。普什卡的白色 3 号 Bf 109G 被 3 架"野马"围攻，坠毁于布列斯托瓦尼（Brestovany）村附近——这位指挥官没能跳伞。他的僚机为了保护他同样被击落。曾打下 12 架敌机的王牌飞行员帕维尔·兹列纳克（Pavel Zelenak）陷入 11 架 P-38 的重围，勉强以机腹迫降，身负重伤。结果，6 月 26 日的这次拦截造成斯洛伐克飞行员 3 死 1 重伤，出动的 8 架飞机要么损毁、要么伤重不堪再战。斯洛伐克防空编队向庞大的美国空中舰队展示了勇气，但是这支部队作为一支有效的空战力量已经不复存在了。

比空中的敌人更为现实的威胁是，地面推进中的苏联红军已经逼近斯洛伐克边境，生死抉择就摆在眼前了。当时的斯洛伐克境内存在着多股反德力量，有的受共产党领导，有的听命于莫斯科，有的则坚持民族主义路线。不过在反抗德国这一共同目标的驱使下，各方很快达成共识，初定于在 1944 年 9 月初举行全境范围内的起义。这场起义将驱逐或消灭德国驻军，推翻现政府，建立起真正属于斯洛伐克自己的政权。

起义的主要力量是东部斯洛伐克军和预备军 2 支部队，两部各有 3.5 万人左右的兵力，而前者的作战序列中还包括斯洛伐克空军尚存兵力中的绝大部分。这支空中武装称作航空大队，包括防空编队的余部，共编有战斗机、观察机和侦察机中队各一个，全部实力为 42 架飞机（其中战斗机 28 架）和 550 名人员（其中飞行员 57 人）。7 月底到 8 月初，航空大队按照德国人的要求尽数开赴斯洛伐克东部边境，以应对当面的苏军。

德军的计划是在斯东境的喀尔巴阡山区依托地形力阻苏军，而斯洛伐克起义者的计划则是以东部斯洛伐克军攻击边境德军的后背, 在喀尔巴阡山口放行苏联红军通过。起义准备在 8 月 10 日受到了颇大的影响, 原来德军鉴于苏军节节进逼, 在这一天将斯洛伐克东部地区划定为"战区"。这样一来, 不仅全地区全部进入战时管制, 更关键的是此前一直由斯政府独立节制的东部斯洛伐克军也被划入德军北乌克兰集团军群的序列中, 这当然给起义准备带来了严重的负面影响。

航空大队受到了直接的冲击, 由于听闻德军即将全面接管航空大队, 大部分飞行员做出了飞往苏军战线的选择。到 8 月末, 航空大队可用的飞机几乎尽数投苏, 它们大多安全降落到了刚被苏军攻取的利沃夫地区。这样一来, 当起义的领导者决定于 8 月 29 日正式开始起义后, 斯洛伐克空军最后的力量就只能遗憾缺席了。

当然, 这并不意味着起义者完全失去了空中支援, 他们还有最后一些可用的航空资源。斯洛伐克中部城市班斯卡-比斯特里察 (Banska Bystrica) 现在成了起义的中心, 而该地与茨沃伦之间的三橡树 (Tri Duby) 机场是起义者控制区域里条件最好的飞行基地。那里成了吸引飞行员们前往会合的磁石, 他们驾着自己能够找到的形形色色的飞机, 从全国多个地方赶往那里。这些零散的力量被编成了一个联合中队, 由曾代理斯洛伐克空军参谋长的约瑟夫·托特 (Jozef Toth) 少校为指挥官, 其副手是曾经在东线带领过第 13 中队、现为斯洛伐克航空学校校长的杜姆巴拉少校。

联合中队的纸面实力超过 60 架飞机, 但大多是些过时的教练机、联络机或运输机, 适用于空战的只有 4 架 B-534 和 2 架 Bf 109E-4, 而且还没有多余的零部件。不过飞行员中倒是不乏好人, 获得过 14 次空战胜利的布莱齐纳和 12 次击落敌机的塞普里奇也在阵中。起义爆发后不久, 这些飞机便投入了行动, 或是保卫机场, 或是攻击德军队列, 或是投下传单, 或是联络起义部队, 表现得相当活跃。

从 8 月末到 10 月末, 联合中队共出动 350 架次并投弹 23 吨。尤为难能可贵的是其还击落了 6 架轴心军飞机——其中 3 架 Fw 189 侦察机、2 架 Ju 88 轰炸机、1 架 Ju 52 运输机, 从而为二战时的斯洛伐克空军史写下了最后的且是富于积极色彩的篇章。

这 6 个宝贵战果中的第一个, 是由打下过 12 架苏联飞机的塞普里奇取得的。9 月 2 日, 他驾驶着机况并不太好的 B-534 击落了 1 架属于匈牙利空军的 Ju 52。这架运输机大摇大摆地出现在班斯卡—比斯特里察附近, 被塞普里奇击伤后仓皇迫降, 机上共有 3 位机组和 3 名情报军官, 两人在空中就已经被打死, 另外 4 人被俘——他们都不知道地面上发生了起义。

塞普里奇回忆道: "我在拉德万 (Radvan) 上空逮着了它, 在第一次进攻中就在瞄准器里将目标完全锁定, 它在我前面就像是一座谷仓。打出的子弹全部击中。第二次我瞄着它的左引擎打, 那里冒出了烟, 在我开始瞄向右引擎时, 它开始下坠。我很高兴能够在起义中第一个打下敌机, 我带着无比的自豪感降到了机场。"

确实挺值得自豪的, 这不仅是斯洛伐克起义军的第一个空中战果, 还是整个二战期间由双翼飞机所取得的最后 1 个战果。可是, 当塞普里奇兴高采烈地跑去找托特少校报告情况时, 却没能从后者那里看到好脸色。"你为什么要开火? 为什么不截降那架飞机? 飞机可是宝贵的资源。"指挥官这样说道。原来, 他是在心疼那架已经无法再飞起来的 Ju 52。

斯洛伐克空军前 10 名王牌榜

姓名	击落数
扬·雷兹纳克 （Jan Reznak）	32
伊齐多·科瓦里克 （Izidor Kovarik）	28
扬·格托费 （Jan Gerthofer）	26
弗兰提赛克·塞普里奇 （Frantisek Cyprich）	14.5
弗兰提赛克·布莱齐纳 （Frantisek Brezina）	14
帕沃尔·兹利纳克 （Pavol Zelenak）	12
约瑟夫·斯塔德 （Jozef Stauder）	12
安东·马图赛克 （Anton Matusek）	12
鲁道夫·波齐克 （Rudolf Bozik）	11.5
亚历山大·格里克 （Alexander Geric）	9

由于德军向斯洛伐克调入了大部兵力，来援的苏军又受阻于喀尔巴阡山口，声势浩大——二战中德占区最大的反抗行动——斯洛伐克起义在持续了 2 个月后难以避免失败的结局。起义者于 10 月 25 日放弃了三橡树机场，那些不能飞的飞机被付之一炬，而剩下的几架则向东飞入苏军阵地。2 天后，起义大本营班斯卡—比斯特里察失守，起义失败了。

留在斯洛伐克国内的空军人员分散开来，有的加入了游击队，在接下来的那个冬天里以另一种方式继续抗击法西斯。而在苏军阵营中，以起义前夕驾机反正的那部分人员为基础，于 1945 年 1 月 25 日成立了第 1 捷克斯洛伐克混成航空兵师，下辖 3 个航空团和保障单位。几年来一直"对着干"的捷克人和斯洛伐克人再度团结在了同一面旗帜下。4 月 14 日，这个空军师首度出击，派出 18 架拉 –5FN 和拉 –7 战斗机护卫着 16 架伊尔 –2 进袭位于波兰捷克边境奥尔莎（Olza）地区的德军炮兵阵地。此后，这个师继续执行类似任务，直到德国投降。

5 月 14 日，第 1 捷克斯洛伐克混成航空兵师进驻布拉格近郊的机场，并于 8 月 1 日成为重新成立的捷克斯洛伐克空军的第 4 师。经历了 6 年分离，捷克和斯洛伐克重新结合到了一起。而这次携手的历史，将在 1992 年画上句号……

苏联送来了一些支援物资，包括 2 架 Bf 109G-6，它们是由不久前刚刚投入苏军阵营的前第 13 中队王牌飞行员哈诺维奇和波齐克驾着飞来的。才落地没几分钟，这 2 架战斗机就重新升空，并且显示出了它们的价值：击落了 1 架 Fw 189。几天后，塞普里奇又用其中 1 架 Bf 109 打下了 1 架 Ju 88……

第二章

暴雨将至：
克罗地亚空军秘密档案

引子：克罗地亚——历史与政治

封建制的克罗地亚国在公元8世纪末和9世纪初就已经出现，10世纪更是有了一个强盛的克罗地亚王国。不过这个王国的独立性始终存疑，她先后处于匈牙利王国和哈布斯堡王朝的统治下，直至奥匈帝国崩溃。

在奥地利帝国面临土耳其威胁的时刻，克罗地亚人成为了帝国的守卫者，他们在帝国的南部边陲，紧紧看守着那扇通往全欧洲腹地的大门。这种效忠延续着，即使在巴尔干地区的民族主义风起云涌的时候，克罗地亚人依然在相当程度上保持了对约瑟夫皇帝的忠诚。

一战爆发时，大多数克罗地亚人顺从地走上战场（包括后来的铁托）。然而战争改变了很多东西，前线的士兵们反对战争的情绪，和帝国的其他民族一样变得异常强烈。奥匈帝国的丧钟声中，1918年10月6日，在萨格勒布组成了有克罗地亚、斯洛文尼亚、波斯尼亚和黑塞哥维那代表参加的南斯拉夫各民族人民大会，发布了"联合所有……人的自由独立的人民国家"的纲领。29日各民族人民大会宣布同奥匈断绝关系，所有南斯拉夫人居住的行省脱离帝国，建立独立的斯、克和塞国家。11月4日奥匈投降。12月1日正式宣布成立统一的南斯拉夫。

尽管部分克罗地亚政治人物希望建立一个独立国家，但他们还是接受了这个"南部斯拉夫人"的国家。同捷克人和斯洛伐克人一样，塞尔维亚人和克罗地亚人讲同一种语言，却有着不同的历史和文化。克罗地亚人是南斯拉夫第二大人口，仅次于塞尔维亚人。从发展程度来看，前奥匈领土克罗地亚在经济上最为发达，她的大城市萨格勒布、奥西耶克、卢布尔雅那、马里博尔都是厂区密集的工业中心，几乎被战争毁灭的塞尔维亚则是个落后的农业国。

克罗地亚人起初对新国体抱有很大期待，但他们很快就大失所望，因为国家大权始终牢牢握在塞尔维亚人手里。在这个由多个民族构成的联合体中，各民族间远未达到"权利平等"的理想境界，克罗地亚人以及人口也较多的斯洛文尼亚人无法和塞尔维亚人平起平坐。1928年初夏的一次意外事件加剧了克罗地亚人的失望情绪。当时，一个塞尔维亚沙文主义分子居然公然在南斯拉夫议会大厅朝着正在发表辩论的克罗地亚议员开枪，造成2死1伤。

此事几乎将克罗地亚和塞尔维亚推向内战，虽然后来"平息"下来，但成为克罗地亚普通民众情绪上的一个转折点。此后分离主义情绪便占了上风，争取自主权的民族运动开始在克罗地亚盛行，而这种运动的一个不良后果，就是催生了打着国家独立旗号的法西斯组织——乌斯塔沙（Ustasha）。

到了1939年夏天，南斯拉夫竭力想缓和民族间的矛盾，贝尔格莱德政府对克罗地亚做出重大让步，允许克罗地亚作为一个自治的克罗地亚省分离出去，不过形式上仍留在南斯拉夫之内。贝尔格莱德认为此举最终消除了塞尔维亚和克罗地亚20年来的分歧，可问题是，外部环境风云突变：德国人来了。

1941年4月6日，轴心国入侵南斯拉夫。大批克罗地亚族军人逃亡或倒戈。德军的出现，让克罗地亚人感觉到他们再一次有了独立的希望。他们很清楚是德国人打走了塞尔维亚人，因此对侵略者表示热烈欢迎。当德国陆军第14装甲师于4月10日一路未遇抵抗地最先开进萨格勒布时，他们惊讶地发现了夹道欢迎自己的市民。和这些征服者的预想相反，他们被克罗地亚人当作是把他们从塞尔维亚人统治下解放出来的救星，而原本应该阻击他们的许多南斯拉夫陆军中的克罗地亚士兵早已成建制地临阵脱逃。

希特勒迅速对南斯拉夫王国进行了肢解。德国、意大利和匈牙利瓜分了斯洛文尼亚，保加利亚染指马其顿和塞尔维亚，意大利也插手到科索沃。至于克罗地亚则暂时处在一种待定状态。由于该地最有影响力的政党、克罗地亚农民党的领袖拒绝了纳粹德国提出的让他领导克罗地亚新政府的邀请，历史给了臭名昭著的乌斯塔沙一个机会。

这个极端右翼组织迅速抓住了这个机会，在4月10日宣布建立了自己的所谓政权。14日，在1支由数百名武装分子组成的乌斯塔沙小分队控制了首都萨格勒布的警察局后，一个所谓的"克罗地亚独立国"（NDH）就算正式成立了。在1929年创立之初，乌斯塔沙这个组织没有引起什么人的注意，其名称来源于塞尔维亚—克罗地亚语名词"起义"，名义上是用来纪念1875年黑塞哥维纳的塞尔维亚东正教徒大起义的。

根据这个独立国的扶植者德国和意大利的安排，国王由意大利的索勒托公爵出任，而乌斯塔沙的领袖、一个寂寂无闻的前神职人员安特·帕韦利奇（Ante Pavelic）则成为了"国家领袖"。独立国的领土包括今天的克罗地亚、波黑和一部分塞尔维亚，共有630万人口。这个含混不清的国体在很大程度上迎合了克罗地亚人从1102年开始就盼望独立的意愿。但这说到底就是德国的一个保护国，一个傀儡国。

"国家领袖"在4月20日安抵克罗地亚。帕韦利奇像个暴发户那般兴高采烈，在于6

月6日首次拜会希特勒后，他甚至自称为"元首"。索勒托公爵沉醉于罗马豪奢淫欲的生活，从未踏足克罗地亚半步，帕韦利奇大权独揽。但令这个"木偶独裁者"不快的是，他的国家机器从来都没有健全过，而德国和意大利在第一时间就把克罗地亚划分为两个势力范围，分别控制其东北部和西南部。

当然，乌斯塔沙迫不及待地成立了自己的军队。这支武装在成立后的主要任务就是对非克罗地亚人进行种族清洗。这些暴行甚至引起了德国驻军的极大不满，德国将军们就此事多次向国内报告，称对事态"极为担忧"，因为乌斯塔沙对塞尔维亚人实施的种族屠杀，"可以同土耳其人在19世纪中叶到20世纪初对基督教徒犯下的罪行相提并论"。

现在，这个被置于轴心国利益圈内的傀儡独立国隔着亚得里亚海与墨索里尼的意大利相望。她的北部与霍尔蒂海军上将的匈牙利接邻，东面和南面则是德军占领下的塞尔维亚与波黑。当德国入侵苏联后，克罗地亚很快就派出1支部队赴东线参战。他们表现得并不好，这支远征军除了那些乌斯塔沙军官外，其余人从一开始就毫无热情，不要说投入主战场，就连对付游击队也显得不可靠。关于战争，有人这样发问：这个国家是否知道将要付出什么样的代价？

此后，随着罗马的陷落和罗马尼亚的转向，整个巴尔干半岛都在期望盟军会随时到来，大多数克罗地亚军队又开始准备欢迎新的解放者。1944年9月初，最后一任国防部长还计划在萨格勒布对德军反戈一击。"起义"没能打起来，而到了1945年5月4日，最后一批德军从克罗地亚撤走了。那之后，"国家领袖"帕韦利奇通过迂回的路线逃到了南美洲，这一时期畸形的克罗地亚独立国画上了句号。

至此，克罗地亚人关于战争的那个问题，终于有了答案。战争期间，杜布罗夫尼克这座号称"亚得里亚海明珠"的城市一直静静地矗立着，她保持着自中世纪建立以来就一直如此的那份优雅和安详，同时仿佛悄声在说："只要看着，就足够了。"

空壳司令的雄心

克罗地亚的国徽外形，是一个在欧洲很常见的盾形徽，不过它的图案非常独特。克罗地亚盾形徽由25个红色与白色的方格组成，它们5个一行交错排成5列。这个构图，多少会让人联想起一级方程式赛车场上的旗帜。今天，这一红白方格图案因为被印在克罗地亚国家足球队的球衣上而为世人熟知。1998年，第一次参加世界杯足球赛的克罗地

▲ 克罗地亚"国家领袖"帕韦利奇

▲ 一架做公开展示的意大利制造的 S.79 轰炸机，引起围观者的极大兴趣。

亚队就以夺得第三名的优异成绩而震惊了世界足坛。在那届比赛中，年轻的克罗地亚队让 1996 年欧洲杯的冠军德国队止步于四强门外。现在，对很多人来说，他们的红白格战袍太令人熟悉了……

不过又有多少人知道，在几十年前，这个红白盾形徽就已经展示了它强悍的一面呢？在东线上空的残酷空战中，有一群飞行员把这个盾形徽涂在自己的德制飞机上，以此标记宣告自己是克罗地亚人。克罗地亚空军在远比足球场残酷的空战场上，在一条注定走向失败的道路上，留下了自己在历史长河中的一点点印痕。

克罗地亚空军随着独立国的成立而在 1941 年创立，后来在 1945 年的轴心国大崩溃中灰飞烟灭。这是一支完全由志愿者组成的空中部队，它使用的机型既有老旧的古董飞机，又有和德国空军最精锐的联队所装备的完全一样的先进战机。要说到这支空军，还得先回到被侵略前的那支南斯拉夫空军……

南斯拉夫王国从 1938 年起开始她的空军更新计划。到 1941 年战争爆发前，这个国家得到了一批先进的战斗机和轰炸机。同时，南斯拉夫的工厂也开始按照许可证制造一些军用飞机。很快，南斯拉夫空军号称拥有一千架作战飞机，这个数字很令人瞩目。

不过其实呢，能上天的飞机大约连一半都不到。当然，其中确实有一些在全欧洲范围内领先的机型，比如刚从德国买来的 Bf 109 战斗机。至于本国生产的 IK–3 战斗机，空军也是相当看好的。轰炸机的装备也称得上不错，有意大利的萨沃亚–马切蒂 S.79，有德国的道尼尔 Do 17，还有英国的布里斯托"布伦海姆"式 Mk I。侦察机部队的装备则清一色来自德国：梅塞施密特的 Bf 108 和费瑟勒的 Fi 156 "白鹳"。

能够买到这么多德国的一线军机，得益于当时南斯拉夫王室所持的明显的亲德国立场。然而，随着保罗亲王被放逐后新政府立场的 180 度大转变，希特勒决定用武力进攻这里了。

1941 年 4 月 6 日，德国空军和意大利空军分别从北面和南面两个方向进攻，涂着铁十字的飞机飞临克罗地亚、斯洛文尼亚和马其顿上空，绘有古罗马权杖标志的飞机则到了黑山和达尔马提亚，南斯拉夫空军所有能

▲ 描绘克罗地亚 Bf 109 进击场面的画作

用的机场无一能在这些空袭中幸免。

在首都贝尔格莱德上空，南斯拉夫战斗机奋力进行了抵抗，不过总的来看，空军能做的事不多。当战事告一段落后，这支曾经实力不俗的空军被肢解得体无完肤。

胜利者攫取着战利品，德国人把近百架完好无损或者便于修复的飞机据为己有。当然，他们可以说，这其中多数本来就是德国制造的。接着，意大利、保加利亚、匈牙利和罗马尼亚等国都分到了一些飞机。最后还要说一下，连希腊和埃及都接收了南斯拉夫的飞机！当时，这些飞机是在走投无路的情况下越境逃离的。

而满心希望接收"遗产"克罗地亚独立国，则几乎什么都没分到。此时的独立国正忙于组建自己的军队，一个被称作国家卫队的组织。虽然捞得的好处不多，但是克罗地亚空军还是在1941年4月19日匆匆创建了。符拉季米尔·克兰（Vladimir Kren）上校被任命为空军司令，并很快晋升为将军。

这位1903年12月8日出生的上校是个风云人物。战前，他毕业于南斯拉夫皇家军事学院，并成为一名空军军官。就在德军进攻南斯拉夫的前夜，他独自驾驶着1架法国制造的波泰兹25型飞机，逃到了奥地利东南部城市格拉茨（Graz）。德国人对他的到来表示了热烈欢迎，倒不是因为克兰是什么了不起的人物，而是因为他随身携带着大量重要资料：南斯拉夫空军的通讯密码本、各地机场的航空兵力配备，以及首都附近的防空体系配备图。

这一出逃事件显然令克兰得分不少，他的任命状上写着："该员在长期为乌斯塔沙运动服务的过程中，表现出了弥足珍贵的高尚人格。"现在，这架曾经由司令官驾驶过的特殊的波泰兹飞机，成了新成立的克罗地亚空军的第一架飞机！

克兰又行动起来了，他召集了一批前战友，把他们分配到8个新成立的临时机构中，为空军的创建尽力搜索资源——飞行员、飞机、补给物资、机场。

这些人找到了4个适用的机场，分布在首都萨格勒布（Zagreb）、萨拉热窝（Sarajevo）、莫斯塔（Mostar）和泽蒙（Zemun）。至于最重要的飞行中队，根据当时的情况准备按照

▲ 和下属交谈中的克兰，他算得上是克罗地亚空军的创立者。

侦察机中队——战斗机中队——轰炸机中队的顺序来逐步建立。

空军的空壳司令克兰在 5 月中旬报呈政府的计划书里写道："中期目标是拥有 1 个侦察机大队，1 个战斗机大队和 2 个轰炸机大队。每个大队辖 3 个中队，每个中队的标准编制是 9 架飞机。具体装备的机型及数量为：侦察机大队 22 架 Fi 156，战斗机大队 22 架 Bf 109E 和 3 架 Ju 52，轰炸机大队 22 架 Ju 87、22 架 Ju 88 和 6 架 Ju 52。"

克兰写得兴起，除此之外，他还开列了一张长长的需求清单：航空学校、燃油、航空照相机、机枪子弹、各种规格的航空炸弹、降落伞、飞行夹克、地勤设施⋯⋯

这项规划显然过于庞大，过于面面俱到。克罗地亚独立国根本不可能照单完成，德国人对军备的输出也有严格控制，他们很快就有大仗要打，自己的飞机都还不够用呢。何况克罗地亚的重要性远远排在罗马尼亚、匈牙利这些国家后面。于是，计划归计划，现实归现实，1941 年初创之际的克罗地亚空军只好尽量从南斯拉夫空军的剩余物资——那些搜刮后残存下来的——去寻找些能用的东西。

就连这些"垃圾"也来之不易，那是政府在和德国人进行了谈判后才争取到的。总共要回了大约 60 架飞机，许多是过时货，也有一些还可以的：1 架卡普罗尼 Ca 310bis，1 架 S.79，5 架"飓风"式 Mk I。

克兰把搜寻更多飞机的任务交给了伊万·普皮斯（Ivan Pupis）少校。在泽蒙的那幢漂亮的大楼里，少校开始分配人手，打算找遍这个国家的每个角落。那栋楼原来是南斯拉夫王国海军司令部的办公楼。

普皮斯反复强调："我连那些无法修复的飞机也要，把其中的部件拆下来，说不定什么时候可以替换别的飞机呢。"果然，有一些"无法修复"的飞机被找到了，到 7 月 1 日时，空军的第一个正式基地萨格勒布基地完全投入了使用，萨拉热窝基地也快建好了。

至于人员倒是不缺，志愿者正从许多地方赶来。但是真正的飞行员不多，因为这些人在独立国成立后就迅速分化了。有的人选择投入新创立的空军，有的人去了苏联或者远道前往中东以继续和德国人战斗，有的人因反纳粹立场而立即被俘入狱，也有人哪里都不去，当了逃兵——回到自己在山区的老家。

"扔在那帮家伙头上！"

在萨拉热窝基地还没有完全投入使用前，克罗地亚空军就已经从那里展开了自己成立以来的第一次行动。

率先在这里创建了第 3 大队。1941 年 6 月下旬的连续 3 天时间里，该部的 2 架波泰兹 25 型和 1 架布雷盖 19 型飞机从该地出发，对活动在黑塞哥维那东部的游击队进行了攻击。飞机上携带着 12 公斤的航空炸弹，飞行员接到的命令很明确，一旦发现有可疑的队列，就把炸弹"扔在那帮家伙头上！"

不过，这些飞行员们正在执行的是非常危险的任务，因为他们没有带降落伞。事实上，那时的整个空军连一具能用的降落伞都没有。结果，这些飞机发现了游击队，而游击队也发现了他们。地上的人猛烈开火，3 架飞机全部被击中，最终只有 1 架波泰兹飞机挣扎着回到了基地。

这个开局真是恰如其分，在接下来的整个战争中，空军的一大使命就是和游击队周旋——那支最终将要消灭他们的游击队。那时，有两支反抗力量同时存在着，这就是塞

克罗地亚"空中力量"序列（1942年1月）

第 1 空军基地（萨格勒布）
第1大队：第1中队 / 第2中队 / 第3中队

第 2 空军基地（萨拉热窝）
第2大队：第4中队 / 第5中队 / 第6中队
第3大队：第7中队 / 第8中队 / 第9中队
第6大队：第16中队 / 第17中队 / 第18中队

尔维亚游击队和南斯拉夫游击队。前者的领导人德拉查·米哈依洛维奇上校当时远比后者的领导人铁托更有名望，他还在 1942 年与麦克阿瑟、铁木辛哥、蒋介石一道被美国《时代》杂志选为该年度最得人心的盟国将领。

克罗地亚空军的任务就是抓紧时间，向这些反抗者投下更多的炸弹。为此，几个基地的修理厂都抓紧赶工，争取为所有可飞的飞机都装上炸弹挂架。由于这些飞机的性能不太可靠，所以飞行员们都被反复进行了这样的训导：当飞机不得不迫降在有游击队活动的地区后，必须尽快使用一切手段——树枝、茅草、沙袋——把飞机伪装隐藏起来。如果估计飞机在经过简单处理后还能再次飞起来的，那么就必须把发动机上的关键部件拆下来，随身带走！

虽然实力很薄弱，但一切得像那么回事。统一的空军机身编号系统发布了，继第 3 大队后，在萨格勒布基地建立了第 1 飞行大队的指挥部，不过它目前只下辖第 1 中队这一个中队而已。人员倒是管够，这里的各级官兵加起来有六七百人了。这时传来了一个好消息：在一个废弃的仓库里找到了 3 具降落伞！

到了 9 月，这个中队有了 16 架各型飞机，它们都在针对游击队的行动中轮番上阵。有意思的是，第 1 中队里唯一的一架真正的轰炸机 S.79 却始终没有出过任务，只是在一次

检测中它的发动机才启动了几分钟。

游击队的活动到了 10 月变得愈加频繁，于是 S.79 轰炸机终于登场，这架飞机发挥载弹量大的特长，对一些重要的公路进行了轰炸。有时候，空军负责对被游击队孤立的地区实施救援，投下补给物资或者是把伤员运出来。为此，想到了在机身上涂上大大的红十字，不过这照样逃不过从地面打上来的枪弹。

1942 年 1 月，克罗地亚空军进行了扩编，至少在序列上是如此。第 1 大队的第 2 和第 3 中队在萨格勒布成立；在萨拉热窝则有了 2 个新的大队：第 2 和第 6 大队，分别下辖第 4、第 5、第 6 中队和第 16、第 17、第 18 中队。这样在国内就有了 4 个大队。另外还有专为东线作战而准备的第 4 和第 5 大队，正在德国受训中。

1 月 17 日，德军在波斯尼亚东部地区展

▲ 克罗地亚的战时海报

◀ 克罗地亚于1943年发行的东线作战邮票

开了一次大规模的清剿行动，克罗地亚空军和一些意大利飞机负责为其提供空中支援。意大利飞行员很快就犯了错误，他们的轰炸机对一队德国士兵穷追不舍。于是，克罗地亚飞机成了该地区仅有的空中力量。这次行动一直持续到3月，克罗地亚飞行员努力行动着，他们在1月出动121架次，2月是100架次，3月上升到350架次。

一进入5月，空军便很快得到了这样一个情报：游击队不知从哪里搞到了2架飞机。这可不是闹着玩的，空军立刻增加了侦察飞行的次数，力求尽早发现并摧毁这2架飞机。

1架布雷盖飞机在返回后兴奋地报告发现了目标。好几架装上炸弹的飞机立刻出发了，并在一处半山腰的平地炸掉了那2架飞机。然而很快就得知，那不过是游击队用木头做的假飞机而已。可是，始终搞不清楚游击队到底有没有真的飞机，于是为了应对很可能出现的紧急情况，把萨拉热窝第2大队的战斗机全部调到了首都附近。

事情很快就在5月23日搞清楚了：游击队手里是有2架飞机！之所以能够搞清楚，是因为就在这一天发生了叛逃事件。克罗地亚空军的飞行员弗兰约·克鲁茨（Franjo Kluz）和鲁迪·卡亚维奇（Rudi Cajavec）及其机械士米洛斯·雅兹贝奇（Milos Jazbec），分别驾驶波泰兹25型和布雷盖19型投奔游击队去了。这标志着南斯拉夫游击

队空中力量的开端。

看起来，应该有一个专门而精干的单位专门用于对付游击队了。于是5月30日在萨拉热窝成立了"塞尼奇飞行大队"，大队长是伊万·塞尼奇（Ivan Cenic）上校，他手下有9架飞机、12名飞行员和16名地勤人员。该部进驻班加卢卡（Banja Luka）机场，对游击队实施重点打击。

一段时间以来，泽蒙等地的修理厂似乎渐入佳境，不断利用各种零配件让残破的飞机重新上天。仅仅是在6月下旬，那里就向萨拉热窝的空军基地提供了3架"布伦海姆"式轰炸机。多亏了泽蒙工厂的努力，不然持续遭到的损失是无从弥补的。第3大队在8月20日就发生了严重损失，那架仅有的意大利产的S.79轰炸机居然在一次为数不多的出击时被游击队击落了！

这一年里的最后成果，大概要算是叛逃者的最终了结。在一次从自己的波泰兹飞机上往下投掷土制炸弹的战斗中，这架飞机被击伤后迫降。卡亚维奇受了伤，无助地躺在一个小村落的入口处动弹不得，为了避免被前同事报复，他饮弹自尽。和他一道行动的机械士雅兹贝奇则赶来的克罗地亚人俘虏了，他很快就在萨格勒布被枪决。只有克鲁茨还活着，继续为游击队飞行着。

1943年到来了，轴心国的形势变得非常糟糕。他们在北非和俄国都遭到了重大失败，游击队的实力则越来越强大，西方国家的飞机开始也出现在克罗地亚上空。至于克罗地亚空军本身，则正处在一个低谷期。

战斗机单位的最好装备要算是意大利的菲亚特G.50了，曾经向德意两国寻求过帮助，不过全无结果。德国人只是送来了2架Fi 156，说是用作救护机。上年底从俄国前线

▲ 克罗地亚空军的 Do 17 轰炸机机组在一次任务后归来

回来的 8 架 Do 17 算是一支有效的补充力量，这些飞机在寒冷的 1 月里频繁出动，对一些被认为是游击队据点的村庄实施了轰炸。当然，并不是每一次它们都空舱而回，有些时候天气恶劣到无法对地面进行识别，于是只好带着炸弹回到机场。

20 日，这些道尼尔飞机迎来了更多的德国同伴：从泽蒙起飞的 Ju 88 和 He 111，从萨拉热窝起飞的 Ju 87。这差不多是司令官克兰理想中的阵容，只可惜那不属于克罗地亚空军。这一天，德军再次发起对游击队的大规模清剿战役，这些飞机来自前来助阵的德国空军。不过游击队主力最终还是突破了进剿者的重重封锁。

1943 年 2 月，空军的官方名称还发生了变化。之前，它被称作"空中力量"（Air Force）；现在，它的名字是"战斗空中力量"（Combat Air Force）。1944 年 8 月 24 日，这个名字又变成了"军事空中力量"（Military Air Force）。这些变化大概是想把空军的定位变得更清晰，但却不免给人混乱而且无谓的感觉，因此人们只是简单地用"空军"来称呼它。

德国人在 2 月答应提供更多的道尼尔轰炸机。于是一个接收团被派往德国，他们陆续带回了 20 架飞机。此时期还得到了其他一些飞机，有的是德国和意大利的过时机型，有的是由德国人从斯洛伐克空军里调剂过来的，有的则是法国仓库里的存货。

"战斗空中力量"就这样度过了增长实力的几个月，当阳光闪耀的夏季到来时，情况已经比年初大有好转了。然而 8 月 11 日夜里他们却遭了殃，游击队实施的一次大胆的夜袭炸毁了 34 架轴心国的飞机，其中有 17 架是克罗地亚的。

意大利在 9 月宣布投降，其空军的一批飞机到了克罗地亚人手中。飞行员们满意地看着这些 G.50 战斗机，暂时还想不到这个大变化将带来的后果。一个重要的进口飞机来

克罗地亚"战斗空中力量"序列（1943年10月）

第 1 空军基地（萨格勒布）
第 1 大队：第 1 战斗机中队 / 第 3 联络机中队 /
第 19 轰炸机中队

第 2 空军基地（萨拉热窝）
第 2 大队：第 4 侦察机中队 / 第 5 侦察机中队 /
第 20 联络机中队

第 3 空军基地（莫斯塔）
第 3 大队：第 7 轰炸机中队 / 第 8 联络机中队

第 5 空军基地（班加卢卡）
第 6 大队：第 13 侦察机中队 / 第 18 联络机中队

源没有了，而盟军的前进基地离克罗地亚更近了。这些严重影响很快就在几个月后显现出来。

世事总是祸福相倚。

自去年那两架投诚的飞机后一直没有任何新的空中力量的南斯拉夫游击队也从意大利的投降中获益。一支原南斯拉夫海军航空兵的小型水上飞机编队，在1941年被意大利军队缴获后，就一直停放在迪武列（Divulje）没有使用。现在，这成了游击队的家当。这些飞机神出鬼没，令克罗地亚人头疼不已。

接着又发生了叛逃。2架飞机在10月逃到了游击队控制区，其中还有1架是Do 17。这架轰炸机在它为游击队的处女航中被德国飞机击落，当时机上坐着前往意大利与盟军接洽的要员，他们全部当场身亡。

就在人心需要稳定时，空军的创始人克兰退役了。围绕着空军司令这个职位，几天之内展开了相当复杂的人事斗争，阿达尔贝特·罗古贾（Adalbert Rogulja）最后胜出。

新司令上任后，很快就对飞行中队的配置和指挥官的人事进行了大调整，军官们在基地里进进出出，不同的飞机也被从一个机场转调至另一个机场，这在一定程度上加重了空军的混乱。只有一点没有变化：到年底时，尽管拥有了230架飞机，但是克罗地亚空军的先进军机依旧少得可怜。

秋天，游击队已经成为拥有30万人的南斯拉夫人民军，并解放了一半的国土。1943年11月29日，铁托成了南斯拉夫元帅。与此同时，在德黑兰聚会的三巨头一致承认在铁托指挥下的人民军是南斯拉夫抗击德寇的基本力量，三巨头同意"尽可能以最大限度的规模对南斯拉夫游击队提供物资和装备，并且派遣突击部队给予支持"。

至于他们的对手克罗地亚国家卫队，连乌斯塔沙内部都有人说他们是"南斯拉夫游击队的候补队伍。"铁托就说得更明白了："我们俘虏了敌人，剥光他们的衣物，缴收他们的武器，然后放他们回去。让他们重新武装起来，以便被我们再次抓获。"

克罗地亚上空暴雨将至。

"铁托的飞机来了！"

空军在1944年里明显减弱了对游击队的打击力度，主要原因是来自同盟国空中打击的压力增大了。尽管不是主要目标，境内也没有什么重要的资源，克罗地亚的土地上还是经常落下炸弹，机场和交通要道更是经常被"关照"。

4月5日，第5空军基地几乎被这样一次打击所摧毁，实施进攻的是英国制造的"喷火"式，里面的飞行员则来自南非第2中队。南非飞行员对班加卢卡附近的扎鲁扎尼（Zaluzani）机场的打击极为突然，守卫者没有得到任何警告。克罗地亚空军的飞机有的停在跑道旁，有的停在机库里。21架飞机被炸毁，10架严重受损，另外还有10架德国人的飞机一同被毁。更糟糕的是，许多经验丰富的飞行员在这次打击中丧命。

此时空军司令罗古贾能做的，只有发来慰问电而已。一周后，美国飞机以同样的方式出现在首都附近的第1空军基地上空，也把那里炸了个底朝天。

这些倒是教会了克罗地亚人如何保护自己剩下的那点空军家当。他们不再把飞机过分集中在大机场上，并且为它们涂上了和地面色调一致的伪装色。当美国人在6月份再次来轰炸萨格勒布时，"战斗空中力量"的损失就要小得多了。

与飞机的减少相对应的，是航空燃油供应的紧张。那些为数不多的先进飞机因为耗油量较大而不再出动，作为弥补的措施，往那些耗油量较小的老式双翼机上加装了炸弹挂架。

对于空军日益窘迫的局面，当局对上任还不到一年的新空军司令表示了明显的不满。其结果就是把退休的克兰将军重新找来，因为也实在没有什么其他合适的人选了。

这似乎是一个转机，因为克罗地亚人很快就得到了一些不错的飞机：意大利的马基MC.202战斗机。这些飞机来自米兰的制造厂，当然，是由占领那里的德国人提供的。不过此时，从德国获得的15架布克尔Bu 181教练机显得更加实用。它们一到萨格勒布就忙碌起来，从各地向首都运送新鲜食物，特别是鲜肉。此时，这个独立国的首都正处于食品严重短缺的时期。

相比之下，铁托的人民军的后勤保障要好得多，盟军的飞机不断为他们送去各式各样的武器、食物和药品。起初还只是空投，后来随着游击队控制区域的不断扩大，那些C-47式运输机都可以直接降落了。

空军当然应对这些临时机场进行打击，一场代号为"卡萨诺瓦"的特别行动开始了。发现这样的机场不难，为了指引夜间飞来的运输机，人民军士兵们会在地面上提供足够的灯光信号。克罗地亚人的办法是颇具创意的，他们没有选择直接轰炸这些地方，而是在夜色中悄悄飞过，记录下地面灯光的特点，然后在本方的机场模拟这种信号。有几次，还真有一些美国运输机落到了他们手中。

铁托的实力增长得非常迅速，9月21日夜至22日凌晨，克罗地亚空军遭受了最惨痛的一次打击。遇袭的是班加卢卡的第5空军基地。不是像以往那样被袭击，而是这座机场和城市本身的大部分被完全攻占了！

胜利者得到的战利品包括11架飞机、400吨燃油、数千枚航空炸弹和大量其他航空材料。剩下来的德国和克罗地亚士兵被挤压到班加卢卡的一角、一座石头垒成的要塞里。游击队们知道该怎么做，他们出动了飞机，没错，刚刚缴获的那些。飞机上装着刚缴获的炸弹，对石头堡垒毫不留情地轰炸。

9月里也有好事，德国人"慷慨"地提供了一批独特的飞机：Fi 167。克罗地亚飞行员很快就喜欢上这种飞机，它有很大的载运量，这样就能为首都运进更多的生肉了。而且Fi 167的起飞距离非常短，这个特点在那些条件糟糕的小机场可是非常实用的。于是克罗地亚人称赞Fi 167为"了不起的费瑟勒"。他们不知道，这些飞机原本是要用在很"了不起"的地方的——它们是第三帝国未完成的"齐柏林伯爵"（Graf Zeppelin）号航空母舰的舰载鱼雷轰炸机。

克罗地亚"军事空中力量"序列（1944年10月）

第1空军基地（萨格勒布）
第1大队：第1混合中队／第2战斗机中队／第3轰炸机中队／第19联络机中队
第11大队：第21战斗机中队／第22战斗机中队／第23战斗机中队

第2空军基地（萨拉热窝）
第2大队：第4轰炸机中队／第5侦察机中队／第6侦察机中队／第20运输机中队

第3空军基地（莫斯塔）
第3大队：第7轰炸机中队

第5空军基地（班加卢卡）
第6大队：第13轰炸机中队／第14战斗机中队／第15轰炸机中队

▲ 这幅作品很好地展现了克罗地亚人驾驶的 Bf 109G－14，它正在抛掉副油箱。

人民军很快也有了 1 架"了不起的费瑟勒"。9 月 25 日，罗密欧·亚当（Romeo Adum）驾驶着他的 Fi 167 投诚到了游击队一方。是的，又一次叛逃。在新的阵营里，亚当一点也不会感到孤单，那里已经有许多来自克罗地亚空军的飞行员了。

但这架飞机没能在新阵营中服务多久。在 10 月 17 日的一次联络飞行中，它被 4 架英国皇家空军的 P–51 追击并击落。虽然机身已经改涂上了南斯拉夫人民军的标识，但是坐在"野马"式里的南非飞行员显然分不出那和克罗地亚空军标识的区别。事后，英国方面表示了道歉。

同样是和"野马"式相遇，还留在克罗地亚阵营的 1 架 Fi 167 则比较幸运。它在 10 月 10 日躲开了 5 架 P–51 的攻击，最终回到了基地。降落后，飞行员马特·约科维奇（Mate Jurković）对"了不起的费瑟勒"的低空性能

赞不绝口。约科维奇的飞机在后面的日子里也将安然无恙，并在战后被编入了南斯拉夫空军。

总的来说，对于盟军飞机的活动克罗地亚空军无能为力，他们只是在年底时小小地报复了一下。格拉波夫尼茨（Grabovnice）的居民在一天夜里报告说，城外降落了 1 架英国飞机。托米斯拉夫·布里奇（Tomislav Buric）带着他的机组成员，登上 Do 17 出发了。居民的情报没有错，他们投弹解决掉了那架敌机。原来，那是 1 架因机械故障而迫降的皇家空军"哈利法克斯"式轰炸机。

直到 1944 年 11 月，一直苦苦支撑的克罗地亚空军才从德国人那里得到了最好的作战飞机，Bf 109G–6、G–10 和 G–14。这还是空军司令克兰 10 月赴柏林经过反复活动后才得来的。尽管派去俄国作战的航空"兵团"早就在飞梅塞施密特式，但是这种飞机还是

第一次在克罗地亚本土上空出现。这些飞机被交给第 11 和第 12 战斗机中队，中队里的飞行员大多是从"兵团"退下来的老兵。对于他们来说，终于不用驾着老式的法国和意大利飞机上天冒险了。

显而易见，这些飞机除了能让这群老兵再过一回瘾外，对于空中的战事不能起到任何影响。如果再考虑到此时人民军的空中实力，就更是如此了。

铁托的麾下早已经鸟枪换炮了，他们得到了英国人和苏联人的大力帮助。

在英国皇家空军建制内，一个被称作南斯拉夫第 1 战斗机中队（英国人称之为第 352 中队）的部队在 1944 年 3 月成立。飞行员全部来自从各地赶来报效祖国的南斯拉夫人。几个月后，又成立了南斯拉夫第 2 战斗机中队（第 351 中队）。这两个中队装备着 16 架"喷火"式 16 架"飓风"式，全部被派往南斯拉夫上空作战。

而随着苏联红军在 1944 年中进抵南斯拉夫东部边境，铁托的空中实力就更强了。从 12 月底至 1945 年 1 月初，成立了人民军第 42 攻击机师和第 11 战斗机师的总部。3 月中又建立了空军师集群的作战司令部，其实力超过 250 架一线作战飞机，包括雅克 –1、雅克 –3、雅克 –9 以及伊尔 –2。

1945 年来临的时候，克罗地亚空军的实力又如何呢？有价值的飞机如下：17 架 Bf 109G、12 架 MS 406、7 架 G.50、2 架 CR.42。3 个月后，统计出来的损失数字则是：15 架 Bf 109G、10 架 MS 406、2 架 G.50、2 架 CR.42。剩下来的兵力，用一只手就数得过来了。

铁托的飞行员们勇敢出击，他们驾着英国或者苏联战斗机呼啸着掠过萨拉热窝上空，把基地里的人赶得一边来回乱跑，一边大声喊叫着："铁托的飞机来了！"克罗地亚空军尽情掌握空中优势、睁大眼睛在山间树丛搜寻游击队踪迹的日子，已经一去不复返了。

第一课

对付游击队当然不是克罗地亚空军战斗的全部内容，他们还有别的事要做。德国入侵苏联后，克罗地亚很快派出了一支被称作"克罗地亚航空兵团"（Croatian Air Force Legion）的空军特遣部队参战。这支部队的特殊篇章事实上构成了克罗地亚空军最主要的章节。在许多资料来源中，它甚至成了整支空军在二战中的"全部"。

现在，在粗略浏览了克罗地亚空军在国内上空的作战行动后，让我们把目光集中到"兵团"身上。"兵团"在俄国上空作战，它其实是克罗地亚东遣兵团的一部分。根据帕韦利奇的命令，克罗地亚在 6 月 27 日创立了这支旨在追随德国人作战的部队，这距离德军入侵苏联还不到一个星期。

之所以把派往东线的部队称作"兵团"，是因为这更容易记也更有力量感。毕竟，对于进入俄国的部队来说，这个名词并不陌生。

▲ 初登苏联战场不久的克罗地亚飞行员

20 年前，在那里和初生的苏联红军作战的捷克斯洛伐克人，就被称作"捷克兵团"……

东遣兵团可谓麻雀虽小五脏俱全。它包括了陆海空 3 个军种，其中的航空"兵团"成立于 7 月 12 日，其正式番号是克罗地亚空军第 4 混成航空团。虽说是克罗地亚空军的部队，但事实上克罗地亚人没有指挥权！

这个航空团算是德国空军的一支编外部队：其人员全部向德国元首宣誓效忠，全部穿着德国空军制服，遵照德国空军的规章制度管理；部队装备着清一色的德国飞机，机身上当然涂着黑色的十字标记；在战术编制上，它更是直接隶属于德国空军的一线联队。

唯一昭示着自己不同身份的，只有飞机上的国徽图案。克罗地亚飞行员在自己的座机上涂着漂亮的"兵团"徽章：一个进行了变形的国家盾形徽。

克罗地亚空军是在 1941 年 5 月 24 日开始在机身涂装盾形徽的，其主体就是那个红白相间的图案。这一标识一般涂在军机的主翼上下面，以及垂直尾翼的两面。为了和在国内作战的军机有所区别，"兵团"的盾形徽在两侧带有一对银色的翅膀，顶部加了一个由编织节环绕的字母 U，以此表明特殊身份。飞机的机身编号，则采用了简单的数字，基本上是从 1 到 15 之间，按飞行员顺序排列。

这一涂装将在 1945 年 2 月 24 日进行改动。从那天起，克罗地亚空军改用一种新标识，这是由"兵团"军机上涂着的德国十字图案演变而来的，是一个黑色车轴草或者说是三叶草的图案。从其形状来看，也可以算是巴尔干十字的一个变形。这个非常有特色的标识覆盖在一个黑边的白色十字底纹上面。这个标识涂装在机身两侧和主机翼的上面，而垂尾两侧则保留着原先的那个盾形徽。

克罗地亚航空兵团序列（1941 年 10 月）

第 4 战斗机大队：第 10 战斗机中队 / 第 11 战斗机中队
第 5 轰炸机大队：第 12 轰炸机中队 / 第 13 轰炸机中队

就东线空战的巨大规模而言，克罗地亚航空"兵团"的规模小得可怜，不过这支隶属在德国空军联队编制下作战的部队在作战中很有特色，也颇有成效。一批尖子飞行员在此过程中脱颖而出，成为轴心军阵营中的王牌。事实上，就王牌在普通飞行员中所占比例以及王牌们的击落效率来看，克罗地亚空军在德国仆从国阵营中还算是排名相当靠前的。

这支部队刚刚筹组时，空军司令克兰指派他的副手伊万·姆拉克（Ivan Mrak）上校担任指挥官，他的实力包括第 4 战斗机大队和第 5 轰炸机大队。战斗机大队的指挥官是弗朗约·扎尔（Franjo Dzal）上校，由 202 名成员组成；轰炸机大队的指挥官是武耶科斯拉夫·维切维奇（Vjekoslav Vicevic）少校，共有 154 人。

1941 年 7 月 15 日，第 4 航空团的一线人员坐上火车，前往德国。战斗机部队去到纽伦堡（Nürnberg）附近的菲尔特（Fürth），轰炸机部队则去了格雷斯瓦尔登（Greisfwalden），分别在那里接受正规的空军训练。

志愿参加战斗机部队的飞行员们来到了菲尔特的第 4 战斗机飞行员学校，同属一个大队的地勤人员则被分配到巴伐利亚的赫佐根诺拉赫（Herzogenaurach）学习飞机的养护与维修。实机训练从 19 日开始，克罗地亚人接触到了许多机型，Bu 133、Ar 96B、Bf 109D。

德国人急于让这支异国部队形成战斗力，因而课程进度很快，可也造成了麻烦："兵团"有了第一个牺牲者。伊万·卢比契奇（Ivan Rubcic）中尉在训练中坠机身亡了。德国教官对这种无谓的损失不以为然，在提交的报告中写道："如果胆子更大一些，他完全可以挽救自己的生命和那架飞机。"当然，成效还是主要的。2个月后第4战斗机大队按战斗需要编成了2个中队，第10和第11中队。他们现在可以动身出发上前线了。

9月28日，第10中队的部分人员取道波兰城市克拉考（Cracow），前往乌克兰东部的波尔塔瓦（Poltava）。他们在10月6日到达目的地，被编入JG 52联队的第3大队麾下，成为这个东线联队的第15（克罗地亚）战斗机中队。

对于他们的到来，第3大队指挥官胡贝图斯·冯·博宁（Hubertus von Bonin）少校表示了热烈欢迎。在这条战线上，德军和罗马尼亚军队正在向罗斯托夫—顿河一线推进。

3天后克罗地亚人在野战机场上得到了第一批飞机：5架Bf 109E。就在那一天，这个战斗机中队首开纪录，击落了1架苏联R-10侦察机。不过，取得这个战果的是德国空军中尉埃瓦德·鲍姆加登（Ewald Baumgarten），他是以联络官的身份被派到第15中队的。

克罗地亚飞行员的主要任务是保卫机场，在那段时间里他们亲身感受着本方阵营的巨大成功。因为基地不断推进着，先是在克莱门巧格（Kremencug），接着到了亚速海沿岸，沙皇的"南方明珠"塔甘罗格（Taganrog）也已在望。身处胜利者一方，克罗地亚人感到非常自豪。这些统一穿着德国空军制服的年轻人意气风发，在战地记者的镜头前留下了一张张帅气的照片。

10月下旬的一天，阿尔宾·斯塔奇（Albin Starc）和他的长机斯蒂普西奇（Stipcic）遭遇到了敌机。他们本来是为德国轰炸机护航的，不过在厚厚的云层中失掉了联络，就在他们四处张望时，1架轰炸机突然钻了出来并直冲他们飞来。斯蒂普西奇猛烈开火，并看着那架飞机在一具引擎起火后消失在了云层中。他兴奋地在无线电里通报："我击落了1架敌机！"返回机场上空时，他猛烈地摇动机翼示意。

当他着陆后，斯塔奇和基地里的其他克罗地亚人一拥而上，把他高高抬了起来。是啊，这可是本部的第一次空战胜利啊！不过，很快就发生了极富戏剧性的一幕。斯塔奇在他的日记里对此做了记录。

"这时，有一架联络机降落了，从上面下来一位德国将军，我们认得他，那是沃尔夫冈·冯·里希特霍芬本人啊。我们迅速列队接受将军的检阅。里希特霍芬大步上前，并问道：'是谁取得了这次了不起的击落？'

"斯蒂普西奇骄傲地上前一步，大声回答，'是我，将军阁下！'

"我们正暗自为他高兴着，不料里希特霍芬却非常恼火地骂了一句笨蛋，接着又用德语说了许多，我听不明白，但显然他极为生气。"

将军"生气"的真相很快就清楚了，斯塔奇的长机在白天击落的，恰恰是1架他们应该为之护航的德国轰炸机！这是克罗地亚人在东线上的第一课。

到了11月2日，终于赢得了第一个真正的胜利，V·费伦西纳（V Ferencina）在罗斯托夫以北击落1架苏联飞机。这扇大门一旦打开，胜利便接踵而来。第4大队（或者说是第 15 中队）指挥官扎尔在 7 日击落 1 架 I–16。几天后，在返航途中与僚机分开的扎尔又宣称击落了 4 架敌机。这令克罗地亚报纸和电台都热闹起来了，他们用了大量篇幅来报道这位大队长的事迹。然而尴尬的是，德国空军对此战果连 1 架都不予确认，理由是没有明确佐证。

也有不好的消息。18 日，联络官鲍姆加登在当日的空战中被击落身亡。另外一个情况是可用的飞机在减少。直到 12 月第 15 中队的装备只有 7 架战斗机，而德国人本来答应提供 15 架的，其他飞机迟迟没有送到。前来增援的只有第 11 战斗机中队的飞行员们。

"这些可怜的人"

在 1942 年到来的时候，尽管天气寒冷，可是"兵团"依旧很活跃。他们为德国轰炸机护航，扫射地面的苏军车队，到 1 月底时宣称击落了 23 架苏联飞机。这一年里的首次胜利发生在 2 月 9 日，库利诺维奇（Culinovic）在塔甘罗格附近一举击落了 2 架 I–16。上年底时短暂奉调回国的扎尔这时重回队部。

但是当寒冬中止了一切飞行活动后，2 个中队可用的飞机都已经很少了。于是进行了重编，第 4 战斗机大队的番号撤销，把第 10 中队和第 11 中队合并，改称为第 10 增强中队。当然这些只是克罗地亚空军记录在本部日志上的，对德国人来说，他们始终是 JG 52 联队第 15 中队。

3 月天气回暖，更多的巡航带来了更多的击落数。未来的二号王牌、斯维坦·加利奇（Cvitan Galic）就在这时驾驶着他的 Bf 109E 取得了自己的第一次空战胜利。后来，应一家战地杂志之邀，他撰文回忆了这"第一次"。

"我跟在那架飞机后面——我牢牢地记

▲ 克罗地亚二号王牌加利奇和他的黑色 3 号座机

着我的教官对我们说过的话。它就在我正前方，位置非常好！我按下了射击钮，子弹直射过去。接着我从它的左侧掠过，我可以清楚地看到里面的苏联飞行员。我的飞机侧转，继续射击，它终于掉下去了！奇怪的是这并没有给我带来多少喜悦，我只是感觉非常吃惊。这一切发生在非常短的时间里，我都还没有回过神来呢！"

3 月 20 日，指挥官扎尔带着两名部下出航，他击落 1 架米格 –1，改变了到目前为止他的部队所击落的战斗机都是 I–16 的记录。几天后，扎尔则差点被打死。当几架克罗地亚飞机攻击苏联的 SB–2 轰炸机时，护航的米格 –1 不顾一切地扑上前来。子弹打中了扎尔座机的座舱罩、发动机和螺旋桨。他能活下来全凭命大。

这位勇猛作战的指挥官在 3 月底再次死里逃生。当日清晨，扎尔带着僚机冲进一个由 I–16 和 I–153 组成的机群，在打下其中 1 架后，迅速遭到另外 10 架更先进的战斗机的围攻。又一次的，扎尔的座舱、机身和螺旋桨纷纷中弹，无线电全部被打废，结果 2 架 Bf 109E 居然成功返回了基地。

1906 年 4 月 9 日出生的扎尔和克兰将军一样，都毕业于南斯拉夫皇家军事学院。在战前当战斗机飞行员时，扎尔就以大胆心细和敢于顶撞上级而著称。现在，他以自己的作战风格赢得了部下的信任，于是大家都把自己的部队称作"扎尔战斗机大队"。

"扎尔大队"在4月被调往塞瓦斯托波尔前线，投入那里的攻城战。在克里米亚半岛狭窄的空中走廊，获得猎物的机会并不多，但仍有成功者。4月7日，克罗地亚的第一位王牌诞生。清晨时分，维卡·米科维奇（Veca Mikovic）打下了他的第5个战果，1架米格–3战斗机。差不多在同一时段里，加利奇也取得了个人的第5次空战胜利而跻身王牌之列。到月底时，米科维奇后劲乏力，而加利奇还将打下3架DB-3轰炸机和5架I-16战斗机。

也是在4月，有了"兵团"在俄国"阵亡"的第一人。27日，贝利斯拉夫·苏佩克（Berislav Supek）上尉的Bf 109E-3在红军战线后方被击落，他被宣称为身亡。然而战后许多年后才知道，他很可能是驾机逃到苏联那一方去了。这在当时是根本没有人想到的，因为苏佩克本人是一名乌斯塔沙分子。

不过5月4日就有一次被确认的变节行为。尼可拉·武西纳（Nikola Vucina）中尉驾着他的Bf 109E-7逃走了。这是"兵团"乃至整个克罗地亚空军宣布的第一宗变节行为，同时拉开了此后一系列叛逃事件的序幕。不过这不是武西纳本人的唯一一次。他在1946年再次行动，这回是驾着Po–2飞机从苏联逃到了意大利！

对于选择坚持下去的飞行员来说，又有了一个问题，大家对自己的那几架Bf 109E感到不满足了……克罗地亚人手里的梅塞施密特E系在潮湿的5月里毛病不断，有3架因为事故而无法使用。这些旧式型号的确服役得够久的了。

作为补充，德国人送来了一些替换飞机。然而有几架竟然是从在北非的JG 27联队手中替换下来的。这些被沙漠风尘侵蚀得够呛的补充飞机让飞行员们直摇头。刚投入作战时，与苏联空军的I-15，I-16和I-153战斗机比较，Bf 109E系的卓越性是毋庸置疑的。但是随着时间的推移，敌人有了许多新型的飞机，E系有些过时了。

与此同时，德国战斗机部队已经普遍装备了F系，有的甚至装备了G系。情况很清楚，如果得不到新型飞机，第15中队将很快陷入窘境。

对此，指挥官扎尔非常较真，甚至擅自离岗去了柏林！通过驻柏林的克罗地亚武官，扎尔正式提交了一份要求尽快更新装备的申请或者说是抗议信。当然，抗议信这种事带来的不快情绪不会影响到战事的进行。到6月21日时，扎尔大队已经出动了1000架次，击落了52架敌机。指挥官本人也已有多次胜利记录，他在大战中一共将击落16架敌机，在王牌榜上位列第三。

出人意料的是，扎尔那封冒失的抗议信居然成功地发挥了正面作用。第15中队接到一通电话："派你们最好的飞行员过来，接受梅塞施密特G型的训练。"紧接着，7架Bf 109G-2在7月1日被送到了克罗地亚人手里。过了几天又来了另外7架这样的飞机。

兴高采烈的第15中队在26日那天出动了10架战斗机，其中有9架是刚到手的G型。不过俗话说乐极生悲，到了第二天，大队长扎尔座机的发动机就在空中出了问题，他的这架G-2惊险地被苏联飞机击中，所幸最终迫降成功。

这个夏天，在为各种德国飞机护航的过程中，许多飞行员取得一个又一个胜利。这群

▲ JG 52 第 15 中队的合影，摄于 1942 年 6 月，乍一看你会以为这是个德国中队。

初出茅庐、在飞行学校的初级教练机上第一次摸到操纵杆的克罗地亚人，现在已经算得上是飞行老手了，他们甚至在和苏联空军的较量中，依稀觉得自己才是这片天空的主宰。

多次空战胜利在身的约赛普·海勒布兰特（Josip Helebrant）回忆道："苏联人的高射炮是挺吓唬人的，不过那打不着我们，苏联的战斗机就更别提了。其实最困难的事情是，如何在空中找到一架敌机。我们不停地搜索，当你幸运地发现一架后，你要做的就只是接近、瞄准、射击并把它击落了。

"无论是 SB 轰炸机还是米格战斗机，情形都是如此。那种需要展示你真正实力的空中缠斗，几乎根本就不会发生。看起来，这些可怜的人只学会了如何起飞、降落、笔直飞。我对我的牺牲者感到非常抱歉，可这就是战争，又有什么办法呢。"

战争的确是非常残酷的，空战的实际情形远不如海勒布兰特描写得这般轻松。

7 月 20 日，克罗地亚空军的第一位王牌米科维奇就在罗斯托夫的空战中阵亡了。当时他"接近、瞄准、射击"了 1 架 Pe-2，可是这架轰炸机没有被击落，上面的机枪手反而奋起反击，在空中把米科维奇座机的油箱打爆。

第 15 中队随着地面部队，开始深入高加索地区。活跃的扎尔少校在 7 月 28 日再次遇险。他的"黑色 1 号"座机被多架苏联飞机围攻，最后迫降在苏联战线后方。那里是一个小村庄，炊烟袅袅而青山在望。据他自己说，"在欣赏了一番恬静的美景后"，他成功地返回了基地。

8 月 29 日异常繁忙，飞机不停起起落落。当日的第一个击落战果发生在凌晨，而第 15 中队最年轻的飞行员也在这一天被杀。接着有更多的苏联飞机被击落，有伊尔 -2，也有米格 -3。

德国空军在 9 月展开持续的空中攻势，克罗地亚航空"兵团"也加大了出击频率。飞行员们承受着肉体和精神的双重压力，到 9 月时，该部能够正常出击的飞行员只有 9 个人而已。部队的战斗力在下降，后方受训的飞行员还不够格补充上来，于是从 JG 52 联队第 2 大队临时借调了 5 名飞行员，连同他们的飞机一起前来增援。第 15 中队暂时成了一个混编飞行队。

联合作战有了成效，25 日 16 时 55 分，加利奇和一名德国人在迈科普油田附近空域各击落 1 架敌机，其中一名苏联飞行员被关进了战俘营，8 天后逃回了本方阵营。这位名叫格里高利·K·科契金（Grigoriy K Kochergin）的飞行员后来成了红军的一位战斗英雄。

10 月 3 日，加利奇击落了他的第 20 架战利品，1 架 Pe-2。不过就在同时，他的僚机在中弹后撞毁在一座山上。20 天后，第 15 中队宣布取得了建成后的第 150 次空战胜利。

第二批在德国的飞行员学校里学成的克罗地亚人在此时到了前线，第 15 中队紧张的人力终于有所缓解。这次来了 8 个人，其中包括 1918 年出生的年轻的中尉马托·杜科瓦克（Mato Dukovac）。1940 年 4 月，杜科瓦克以优异成绩从南斯拉夫皇家军事学院毕业，后来在 4 月 21 日加入了克罗地亚空军。这位极具争议性的人物将成为二战克罗地亚空军的头号王牌。

在伴随长机班塞蒂奇（Bencetic）中尉的过程中，杜科瓦克很快就展现出了在空战领域的过人之处。11 月 11 日，在为 Ju 87 护航的过程中，他就取得了自己的第一个战果，为自己的"黑色 11 号"座机首开纪录。

到年底时，战斗机部队奉令回国休整。他们在 11 月 15 日动身，回国后在首都受到了一场精心安排的欢迎仪式的热情迎接。这支部队已经出动 3300 架次，确认击落了 164 架敌机。加利奇是此时名副其实的头号王牌，在 255 次任务中他共击落了 24 架敌机，另外还有 7 个可能战果。

头号王牌之争

克罗地亚战斗机部队在 1943 年 2 月重回东线，这次开局不利。2 月 18 日，11 架 Bf 109G-2 在波兰克拉考集结，然后分成两批飞往第一站：利沃夫（Lvov）。当日天气极为糟糕，不过飞机还是照计划出发，结果在第一批的 4 架中，只有 1 架成功抵达目的地。

在夹带着冰雹的冷雨和疾风的袭击中，同行的队形很快就被打乱，费伦西纳少校的抵达被看作是一个小小的奇迹。与他同行的 2 架飞机好不容易在油料耗尽前找到了一个可供降落的地方——那里距离利沃夫有 10 公里远。最倒霉的要算是约瑟普·西佩奇（Josip Cipic），他飞到了利沃夫以北 40 公里的地方，并最终坠毁在那里，他当场身亡。

第二批出发的 7 架飞机就幸运得多，主

▲ 登上某杂志封面的克罗地亚空军防空部队人员

要是领头的海勒布兰特果断地在中途决定紧急降落，待天气好转时再出发。海勒布兰特是临时顶替因公务而推迟出发的扎尔，他的这一队里面包括加利奇和杜科瓦克这样的飞行员，如果冒险前行后果可是不堪设想。

黯淡的开局，再加上轴心军在斯大林格勒的惨败——克罗地亚的地面"兵团"中的大部分人在那里丧命或被俘，使升空飞行不再那样轻松自如。在第 15 中队的战区，德军从高加索全面撤退，现在的战斗围绕在库班桥头堡上空展开。

敌人，正在变强。那些容易对付的波利卡波夫战斗机已没了踪影，取而代之的是更多更新的战斗机，其中有许多还是由美国和英国提供的。苏联飞行员们也不再是只会"起飞、降落、笔直飞"的"可怜人"了，他们渐渐掌握了灵活的空中格斗技巧，尖子飞行员们更是成为了可怕的空中杀手。

不过对于有强烈求胜欲望的人来说，敌人变强不失为一件好事。这样一来，他们就能够在苏联空军的全线进击中得到更多击落敌机的机会，进而证明自己的空中格斗技巧。在库班上空持续一个多月的一连串激烈交战中，克罗地亚飞行员总共打下了29架敌机，除了拉格和雅克战斗机外，还有英国的"喷火"式和美国的"空中眼镜蛇"式。

在击落数上位列前两名的王牌的空战竞争，无疑是这个时期中"兵团"最引人瞩目的事件。1909年11月29日出生的加利奇，在1927年入伍后起初被分配到步兵单位，由于他的一再坚持而调去了空军。他是志愿加入第4战斗机大队的。他在空战中的表现使他被看作是"兵团"中的一位标志性人物，而后生可畏的马托·杜科瓦克同样表现出旺盛的精力和过人的技巧，正紧随其后。

新一年的战果在4月1日开张。4架Bf 109和8架拉格-3来了番激战，结果1架苏联飞机被击落。第二天，克罗地亚飞行中队进至塔曼地区，指挥官扎尔也在此时归队，他是开着1架Bf 108来的。

4月15日下午，杜科瓦克和米哈尔契奇（Mihelcic）搭档出击，他们爬升到3500米高空时，都谨慎地观察四周。晴空万里，点缀着一两朵白云，不过并无敌机的踪影。飞了半个小时后，杜科瓦克开始意兴阑珊，差不多就在那时他注意到右侧出现了4个黑点。他立刻感到热血上涌，并在无线电里召唤他的僚机注意。

这2架克罗地亚飞机实施大拐弯机动，奔向那4个黑点，现在他们可以清楚地看到那些飞机涂着的红星了。苏联人也注意到了他们，并开始急速拉升，于是一场看谁爬升

得更快的生死时速展开了。

梅塞施密特飞机毕竟还是有优势，到了约6000米高度，杜科瓦克向离他最近的1架苏联飞机开火。那架飞机做了许多机动动作试图来摆脱，不过杜科瓦克仍然在50米的至近距离内准确射击。这时他才看清，那是1架美国制造的P-39"空中眼镜蛇"式战斗机，那时这种敌机在克罗地亚人的战区尚不多见。

杜科瓦克就以这样的势头展开了王牌头名之争。20日下午，他和加利奇以及另外两人一同出发，为德国轰炸机护航。他们在黑海沿岸上空遇见了25架敌机，其中还有几艘水上飞艇。加利奇打下了1架硕大的MDR-6飞艇，而杜科瓦克则击落了1架拉格-3，然而后者由于飞得较偏，他的这一战绩没人能够证明。

在这天上午，杜科瓦克单独出动时击落的1架敌机也没有得到确认。不过，这并不妨碍他继续增长个人胜利的次数。

这两个在射手榜上领先的伙伴兼对手，在几天后的早上再次联袂出发。杜科瓦克很快击中1架米格-3，但在那里，加利奇的"黄色6号"座机也被击中，他们不得不提早结束了狩猎。总的来看，杜科瓦克保持领先。

4月22日两人又成了搭档。本来他们是各自领着僚机出发的，不过杜科瓦克的座机在诺沃罗西斯克港口上空出了问题，他勉强迫降到了机场上。这样，他在下午成了加利奇的僚机，两人在黑海上空再度遭遇大量敌机，他们在5分钟内各自取得一个战果。

25早晨，4名克罗地亚人护卫着德国的攻击机前去执行一次反舰任务，其中也有杜科瓦克和加利奇。这次他们也随着德国人向海面俯冲，各自打沉了一艘小型拖船。

两人在4月的最后一天再次结伴自由狩

▲ JG 52 第 15 中队的战地简报会

猎，他们和一群拉格 –3 打了起来，由于两人被冲散得很远，因此当杜科瓦克击落其中 1 架敌机时，加利奇完全无法看到这一幕，也就无法提供证明。

德军的战线在 5 月里总算稳定了下来。克罗地亚人在 3 日取得了 5 次空战胜利。杜科瓦克依旧是第一个报告胜利的人，他在早上 8 时 30 分打下了 1 架拉格 –3。紧随其后的当然就是加利奇，他的战利品是架伊尔 –3。下午的情形掉了个头，杜科瓦克打下了伊尔 –2，而加利奇宣称击落 1 架战斗机。

杜科瓦克表现出了惊人的精力，他常在一天内出击 3 ~ 5 次，而第二天又显得精神很好。5 月 5 日，他在白天出动三次，紧接着又在晚上驾机出发，为一次实施夜攻的"斯图卡"护航。在那个夜里，他把 1 架拉格战斗机打得解体，这是他在这天里的第三个战果。

这场竞争几乎在 5 月 13 日提前结束，加利奇在那一天遇险。由于轮胎的问题，他的 Bf 109G–2 在降落时突然侧翻，所幸他在飞机起火前从狭窄的座舱里挣脱了出来。

到了 5 月下旬，扎尔被提升为整个航空"兵团"的指挥官，他的战斗机指挥官职务被交给了伊万·塞尼奇（Ivan Cenic）少校。作为飞行员，塞尼奇并没有什么令人印象深刻的战功，甚至连一个东线"老手"都算不上，

不过国内对他的评价是"极为可靠"。

这次人事调整后不久，争相击落敌机的两位竞争者遇到了新的敌人：英国制造的"喷火"式战斗机。在为"斯图卡"护航的过程中，4 架"喷火"式发起了突袭。杜科瓦克宣称击落了 2 架，加利奇则报告说击落了 1 架。不过关于这次遭遇战的结果多少有些存疑，因为从苏联方面的记录看，当天他们在该地区只损失了 1 架"喷火"式。

27 日，杜科瓦克、加利奇和斯维契奇（Cvikic）遇到了 8 架拉格 –3，他们每个人都击落了 1 架，然而，杜科瓦克的战果又落了空，他的空战过程没人证明，加利奇和斯维契奇都在忙着对付自己的目标呢。

持续不断的战事在 6 月终于得到缓解，大家可以稍稍松一口气。要说明的是，尽管上面的篇幅都集中在杜科瓦克和加利奇身上，但这不代表他们是此时期唯一取得空战胜利的两个人。他们的战友也都有战果在身，只是不一一赘述罢了。

苏联空军在库班上空的损失已经很大（有资料指出数字已接近 2000 架），因此需要补充和喘息。这也意味着头号王牌争夺赛的"库班回合"落幕，结果是，加利奇以微弱优势领先。

头号王牌……逃跑了！

战争的胜利似乎已经遥不可及，看起来在击落数之外，还有更重要的东西需要思考。克罗地亚飞行员对于战争前途和自身命运的考虑，正在变得越来越多。对于刚刚在今春补充来的新兵来说，就更是如此了。

5 月 14 日，这样的两个新人，阿尔宾·斯塔奇（Albin Starc）和博戈丹·武济契奇（Bogdan Vujicic）驾着 Bf 109G–2 出发后，就一去不复

返。基地收到了他们的无线电报告，说是遇到了敌机，但事实上他们安全降落到了克拉斯诺达（Krasnodar）东北的一处苏联机场上。他们从去年冬天就开始策划这次行动了，在和苏联方面的特派人员接洽后，他们掌握了一切资料：飞行路线、降落信号、对讲暗号。

德国人很快知道了事实的真相，但克罗地亚当局迟迟不愿接受这一切。他们甚至正打算在首都的阵亡纪念碑上刻下这两人的名字。看来乌斯塔沙真是善忘，武济契奇这个塞尔维亚人的大部分家人都死在乌斯塔沙掌权后的恐怖活动中，尽管他本人是被克兰将军直接从狱中救出的，但这又怎能代替他的仇恨呢？

差不多一个月后，另外一个飞行员斯维契奇又不见了。他在那天上午起飞，5分钟后回到了基地，称飞机的螺旋桨有点毛病。地勤人员很快解决了这个问题，他再度上天，于是他的"黄色2号"座机就再也没有回来过——也去了武济契奇他们降落的那个机场。

德国空军震怒了。怎么，不是说这些飞行员全是精挑细选出来的战斗素质与政治素质双重过硬的精英分子吗！震怒之后做出的反应是立即给克罗地亚人下达了停飞令：取消所有飞行员的飞行权，第15中队后撤至二线机场。

克兰将军感到颜面扫地，一怒之下免了指挥官扎尔的职，并把"兵团"的所有军官全部臭骂了一顿，这当然是毫无道理的。扎尔，这位一直非常称职的战斗机大队领导者，当即提笔给高层写了一封信，除了表明自己无意留恋这个职位外，还把当局的政策大骂了一通。

这道禁令很快就有所松动，德国人渐渐允许那些"可靠的"飞行员恢复行动。杜科瓦克和加利奇当然是"可靠的"，于是他们继续增加着自己的击落数。在所有的克罗地亚飞行员中，杜科瓦克已经被公认为是独一无二、不可替代的神射手，普遍认为他的空战感觉是与生俱来的。

然而除了这两位之外，第15中队的其他老兵们更关心的是如何让自己活下去。他们都很清楚，斯大林格勒之后，胜利只能是一种侈谈。为逃兵事件付出代价的扎尔，在远离战场的地方变得消沉起来，烈酒成了他最好的伙伴。至于班塞蒂奇、费伦西纳和海勒布兰特这些人的情形也差不多，不是有飞行禁令吗，那就干脆在飞机旁边拿张靠椅晒晒太阳吧。

德国人对这些人的厌恶简直前所未有，在他们看来，这些人已经没有了和敌人搏斗的锐气，他们年华老去，风光不再。当然，克罗地亚航空"兵团"还是要在东线卖命的，不过是等新一批在德国训练的飞行员完全到位之后。

12名新飞行员在10月1日到第15中队报到了，他们是从国内的志愿者中反复斟选

▲ 克罗地亚轰炸机机组成员

出来的。这时的中队长已经由马托·杜科瓦克中尉担任，让这位空战英雄领导国内的新人，看起来无疑是非常正确的选择。杜科瓦克还得到了 1 架新座机：机身序号为 1497513 的 Bf 109G-4。这批飞机是由 JG 52 联队从其他中队调剂过来的，杜科瓦克这架飞机原来的主人是斯洛伐克中队的头号王牌延·雷兹纳克（Jan Reznak）。

杜科瓦克的部下几乎全部成了新人，那些与他并肩作战的老飞行员们一下子都成了二线人员，他们都被调回国内，加入到一直在和游击队作战的同事当中，接下来他们的任务还将包括拦截美国重型轰炸机。这些"二线人员"中甚至包括了空战能手加利奇，看来那场还没有完成的榜首之争不得不提前结束了。

"库班回合"成了第 12 回合。还将有更多出场机会的杜科瓦克，超越加利奇最终成为克罗地亚的头号王牌已成定局。

新中队的开局之战在 10 月 29 日来临，首开纪录的当然还是杜科瓦克本人，他击落 1 架拉格 -3。第二天他又把 1 架伊尔 -2 和 1 架拉格 -3 打下了地。不过就在 29 日，克罗地亚人也损失了 1 架 Bf 109，一名刚到前线的年轻人在第一次出击中就丧了命。

如同德国人期望的，"新鲜血液"的从军热情在 11 月 1 日得到了印证。先是爱德华·马丁科（Eduard Martinko）在他的处子航中击落 1 架 Pe-2 轰炸机，10 分钟后杜科瓦克把 1 架伊尔 -2 送下了地，接着德拉古丁·加扎皮（Dragutin Gazapi）干掉 1 架 P-39。过了一些时候，约瑟普·克拉尼奇（Josip Kranjc）打下了 1 架拉格 -3，与此同时马丁科梅开二度，这次的猎物是伊尔 -2。在上午取得第二个战果的还有加扎皮，也是 1 架拉格 -3。

用过中餐后，这帮飞行员继续上阵，马丁科紧追 1 架落单的伊尔 -2，结果取得一天内的第三次胜利，他的僚机萨罗门（Salomon）则打爆 1 架拉格 -3。就在离他们稍远一些的地方，中队长杜科瓦克和阿夫蒂奇（Avdic）各打下了 1 架伊尔 -2。克罗地亚人在这一天的惊人成就由马丁科开局，最后也由他来收关。在全体返回前，他又成功击落 1 架 P-39"空中眼镜蛇"，只差一点就可以成为"一天里的王牌"。

一天里击落 11 架敌机，这是整个"兵团"赴东线参战以来最成功的一天。看来德国人刻意执行的新老交替成效明显。

紧接着的 11 月 2 日虽然没有这么突出的战果，不过发生了多样化的事件。首先是马丁科补上了他在前一天的遗憾，在打下 1 架老式的 I-153 后，跻身王牌行列。

那天晚些时候，杜科瓦克又击中了 1 架伊尔 -2，不过他的座机很快也被护航的苏联战斗机命中，最后迫降在马林塔尔（Mariental）地区。杜科瓦克本人毫发无损，不过他的 G-4 座机——先后搭乘过斯洛伐克和克罗地亚的头号王牌——不得不被废弃了。

但是这一天最大的新闻，当然是扎尔的重新归队。非常令人惊奇的是，他的返任令不是由克兰将军签署的，而是来自更高级的层面——德国空军司令、帝国元帅赫尔曼·戈林本人！在他签署的命令中，戈林写道："着令弗朗约·扎尔中校立即返回原指挥岗位，全权指挥克罗地亚前线空军的全部兵力。"

不知道扎尔的免职是如何惊动这位大人物的，总之，这是扎尔第二次在和德国人的直接交涉中胜出，上一次是为了要新型的梅塞施密特飞机。他的属下们在 11 月 7 日用击落 7 架敌机这一最好的方式来庆贺老牌指挥官的回归。

时光到了 1944 年，新一年里的头一次击落又是由杜科瓦克获得。与此同时，12 次空战胜利在身的马丁科在乌曼地区被击落而身负重伤。同样的糟糕事很快也发生在无往不胜的杜科瓦克身上。2 月 25 日，杜科瓦克在前两次出击中各击落 1 架雅克战斗机，之后，在当天的第五次任务中，他被苏联飞机击中。他的"黑色 1 号"座机在迫降过程中猛烈触地，这造成杜科瓦克背部严重受伤。

这时期的克罗地亚中队简直伤亡相继，不断有人在空战中被杀或者被送进野战医院，到 3 月中旬时，队里能飞的飞行员只剩下一个人了！

终于，这支部队被送回国内休整。在"新中队"参战以来的 5 个月时间里，他们共击落了 68 架敌机，有 5 人阵亡，4 人重伤，给人留下的印象无疑是非常深刻的。

到了 7 月，晋升为上尉的杜科瓦克带着他的部下，又重新踏上了返回东线的道路。克罗地亚航空"兵团"这一番号此时结束了历史使命，现在的这支部队从 7 月 21 日起改称克罗地亚空军独立大队，后来又在 9 月 26 日改为克罗地亚空军教导大队。

就在这时，一件最令人意想不到而又最令人难堪的事发生了：克罗地亚空军的头号空战王牌、马托·杜科瓦克驾机逃跑了！

9 月 20 日，他和僚机符拉季米尔·斯波贾（Vladimir Spoljar）一同出发，消失在蓝天白云之间。他们义无反顾地飞去了苏联人那里，杜科瓦克似乎毫不顾忌自己击落了 44 架红军飞机这一事实。

在没有任何预兆的情况下，基地突然从收音机里听到了苏联方面的德语广播："傀儡的克罗地亚飞行部队指挥官，马托·杜科瓦克于今晨驾机向我方投诚，他的军官证编号和机身编号如下……"

2 个月后，杜科瓦克被送去了铁托的南斯拉夫人民军，成为那里新生的空中力量中的一员。铁托在潘采沃（Pancevo）创立了一所飞行员学校，以此来为人民军空军奠定人才基础，他本人成为了学校的首席教官。不过他没有留在祖国，而是在战争结束后不久驾机飞去了意大利。他的经历在延展，在辗转加入了叙利亚空军后，还参加了和以色列的第一次中东战争。最后他去了加拿大并最终客死异乡。

头号空战专家阵前变节这一令人吃惊的消息所引起的后果是不难预料的：教导大队被全线禁飞。德国人再也不信任克罗地亚人了，11 月 1 日，他们收回了交给克罗地亚人的全部作战飞机，并把人员全体后送——不是送去休整，而是送去步兵单位！

新任指挥官德约罗·斯瓦克（Djuro Svarc）除了照办，别无选择。这些训练有素的飞行员们被送到了波兰，先是在波兹南（Poznan），接着在斯罗达（Sroda），进行认真的步兵操练。到了年底，这支小小的部队——在学会了如何使用打坦克的"铁拳"后——被填充到了什切青（Szczecin）附近的战壕里，在这个所谓的奥德河防线上，去面对汹涌而来的红军地面部队……

克罗地亚空军在东线的战史就以这种莫名其妙的方式画上了句号。他们一度被认为极具价值，然而在不停地"出问题"后被抛弃了。

在被抛弃前，"兵团"总共出动 5000 架次，击落了 299 架敌机，共有 25 名飞行员跻身王牌行列，其中 18 人的击落数达到或超过 10 架，这 18 人的总共击落数超过 270 架。无疑，

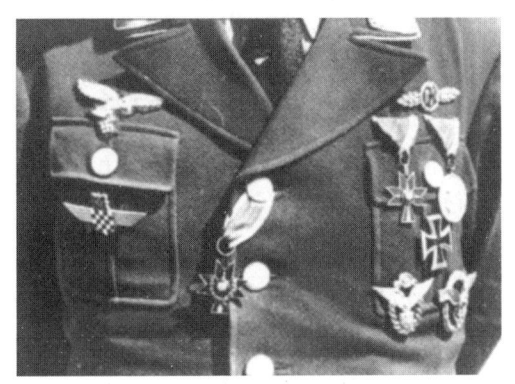
▲ 这个满是勋章的胸部特写来自二号王牌加利奇

这是非常高效的一个团队。在最初于1941年参战的16名飞行员中，有7人在战争结束时还活着。

另一群人的故事

就像人们习惯用"兵团"来概括整个克罗地亚空军的二战史一样，"兵团"的战斗机部队也常常被同"兵团"本身画上等号。事实上还有另外一群人，还有另外一个故事，那就是"兵团"的轰炸机部队。

时光回到1941年，和战斗机部队一样，首批被送到德国格雷斯瓦登受训的轰炸机部队成员，包括10名机组成员和100名地勤人员。在3个月的训练中，这些人被分成两部分，第一部分是比较有飞行经验的，他们很快就开始接触Do 17轰炸机，另一些则经历了完整的教练课程。

10月上旬，这些克罗地亚人统一在柯尼斯堡领到了德国空军的制服，开始前往东线。他们途经明斯克，在10月25日到达维帖布斯克，编入德国空军第1航空队下辖的第3轰炸机联队KG 3的第3大队序列中。德国人称之为KG 3联队第10（克罗地亚）中队，也即克罗地亚空军的第5轰炸机大队。

刚一到达前线，帕夫利奇（Pavelic）中尉的机组就率先出了任务，并且旗开得胜击落了1架苏联的I-16战斗机。不过此地区的行动充满了危险，4架Do 17在莫斯科附近的一次任务中全部被击中，虽然所幸都回到了机场，但是首任指挥官符拉季米尔·格拉奥维奇（Vladimir Graovac）却在空战中被击中身亡。在到达战场后的2个月里，这个中队平均每天出动4~6架次，摧毁了470辆运输车、25辆装甲车，以及其他一些地面目标。

该部在1942年1月调至维亚济马地区，转隶KG 53联队指挥，该大队的德国番号也变成了KG 53联队第15（克罗地亚）中队。这时的战斗是在零下40度的严寒条件下，努力抵抗着苏军自莫斯科城下发起的反攻。根据战时日志记载，该部在1月共投下了2360枚炸弹，炸毁了150辆运输车和5辆装甲车，另外还击落了4架敌机。3月，在完成了400次任务后，轰炸机大队回国休整。

这支部队再次回到前线是在1942年6月了。道尼尔轰炸机在25日那天结队同行，顺利飞抵伊尔门湖西南的索尔济（Solzy）机场，第15轰炸机中队将从那里展开新的任务。

可是刚一落地，新任大队长尼可拉·米凯克（Nikola Mikec）少校就发现飞机少了。他手里共有13架Do 17，在从柯尼斯堡起飞时，有2架因为发动机有小故障就暂时留在那里了。那么剩下应该有11架才对，可现在只有10架了。反复搜索了机场周边地区，也没有发现任何失事的痕迹。

结论已不难做出了，由奥列格·奥科塞夫维奇（Oleg Oksevski）为首的机组肯定驾机飞到苏联人那边去了。这是轰炸机大队第一架叛逃的飞机，比战斗机部队的首起叛逃事件迟了一个月。

在排除了故障的那2架轰炸机在28日

赶来会合后，轰炸机中队便开始在列宁格勒东南上空展开行动。道尼尔飞机在7月里以400到500米的低空掠过俄罗斯村庄上空，投下50公斤重的航空炸弹。一座座木头建造的村舍起火燃烧，有时连附近的小树林也不能幸免。这些任务，据说是针对以那些村庄为据点的游击队的。这些行动一直波澜不惊，直到7月9日。那一天，伊万·波克（Ivan Bok）中尉驾驶的Do 17在一片林地上空突然遭到小口径武器的射击，子弹打爆了道尼尔飞机的一个油箱，结果它坠毁在地面上。

这次损失后不久，轰炸机大队转隶KG 1"兴登堡"联队麾下，从那时起直到冬天来临，日子都在平稳中度过，损失不大。由于没有像去年那样回国过冬，全体人员还在1943年初得到了特制的冬季服务奖章。

1943年8月，前进基地转场到了距斯摩棱斯克东南约120公里的地方。也是在那里，德国空军第1航空队指挥官凯勒（Keller）将军光临队部，向30名克罗地亚人颁发了一级或二级铁十字勋章。作为回赠，大队长向德国将军赠送了克罗地亚航空"兵团"的飞行徽章和荣誉证书。

接下来的几个月里，一些人员回国休整，一些人继续向俄国村庄扔炸弹。总的看，德国方面对这些轰炸机的表现还是相当满意的，尽管在10月天气变坏后，许多预定的轰炸任务不得不取消。

偶尔也发生了误炸，还发生过把炸弹带回机场的情况。1架Do 17在雾天中危险地迫降，停稳后才发现它的机腹里带着20枚SC 50炸弹！到11月时，这支部队还剩下5架能用的飞机，德国空军第1航空队在当月11日签发命令，允许这些克罗地亚人回国。

在经过布雷斯劳和维也纳新城等地的加油补给后，他们最终在月底回到了萨格勒布。这支部队在东线总共出动1300架次，摧毁了245辆运输车，307门各种火炮，581门迫击炮，将近40辆装甲车，另外还击落了10架苏联战斗机。

和战斗机部队最大的不同之处在于，轰炸机部队的人员没有倒霉地被送进潮湿阴冷的散兵坑，相反，他们在12月的首都盛装集结，为政要和围观群众上演了一场胜利阅兵式。在这次仪式上，大部分人都获得了克罗地亚的最高级奖章。

糟糕的结局

1945年4月23日，15次空战胜利获得者班塞蒂奇和他的僚机M·耶拉克（M Jelak），一同在萨格勒布以南执行例行飞行。这两位驾驶着Bf 109G的飞行员，都是从东线的航空"兵团"退下来的老兵，他们早就看透了黯淡的前景，一直以来对空战胜利更加不抱任何希望。

留给空军的空间和时间已极为有限。游击队早已今非昔比，他们的飞机数量更多质量更好；曾经风光一时的航空"兵团"已经不复存在，那些击落过雅克和米格飞机的人现在说不定已经被T-34和IS-2坦克收拾掉了。现在的时光，已经是百无聊赖了。

不过就在那时，他们发现有2架低飞的P-51正在他们前方。那种久违的空战格斗的欲望升腾起来了，于是他们准备干一场。这2架"野马"式属于英国皇家空军第213战斗机中队，尽管在战争后期，克罗地亚飞行员被要求尽量避免与盟军战斗机发生空战，但是这一次，班塞蒂奇他们决定发动攻击了。

英国人飞得很低，而且在克罗地亚人前面，他们毫无准备。班塞蒂奇在大约80米的距离上首先开火，枪弹打中了其中 1 架的机翼，当那架飞机试图逃离时，班塞蒂奇很快补上了一阵机枪，一下子把这架 P-51 击落了。这时，另外 2 架 P-51 不知从哪里冒出来了，他们很快击伤了耶拉克的座机。耶拉克倒是不管不顾继续作战，后来他也宣称击落了其中 1 架"野马"式，但是没有得到确认。

这场空战持续了 10 分钟，双方在 2000 米高空遭遇，然后一直追逐到树梢高度。班塞蒂奇取得了个人的第 16 个战果，这是克罗地亚空军取得的最后一次空战胜利，同时也是在本土上空最值得称道的一仗。

此时，苏联红军和铁托的人民军已快要解放南斯拉夫全境了。至于克罗地亚飞行员，有的直接投奔了人民军，有的加入了混乱无序的败退人流，有的驾机飞往意大利和奥地利——希望能向美英军投降。

取得空军最后胜利的班塞蒂奇在 5 月初的一天夜里召集了他的部下，在赞扬他们的奉献与团队精神后，他说："现在起，让我们各自为生存而战了。"第二天，他试图驾机前往奥地利，但是夜里已经有人对他的飞机动了手脚。于是他不得不在半途迫降而成了人民军的俘虏。

克罗地亚空军剩下来的飞机成了战后的南斯拉夫空军的第一批装备。人民军在"独立国"的机场里找到了 17 架 Bf 109，其中有一些还能飞，有一些损坏得已经很严重。在萨格勒布，他们甚至发现了 1 架涂着克罗地亚空军标志的 B-24 "解放者"式轰炸机。这架大家伙是在 2 月误降到那里的，它很快成了克罗地亚空军唯一的四发重轰炸机，虽然它从来没有飞起来过。

5 月 6 日萨格勒布解放，克罗地亚独立国和她那支小小空军的历史终结了。乌斯塔沙彻底失败了，这个组织的余部在德国投降后依然负隅顽抗，但很快就被歼灭。

帕维里奇设法逃脱了。他在奥地利和罗马躲藏了一段时间，随后流亡阿根廷。正是在那里，他在一次意外中身亡，有人说那是铁托派去的特工的杰作。

空军司令克兰将军在 1945 年 5 月随地面部队退至奥地利，并从那里去了意大利。1947 年 7 月，在搭乘一艘客轮准备前往阿根廷时，克兰被登船检查的英军士兵发现，并被交至南斯拉夫。他很快就在那里被处决。

同样被枪决的还有"兵团"的战斗机部队指挥官扎尔上校。从俄国回来后，扎尔在 1945 年 3 月 9 日成为空军总部的高级军官。独立国垮台后，他在出逃途中被游击队抓获，并很快在年底于贝尔格莱德被判处死刑。

尚留在克罗地亚阵营中的"头号"王牌加利奇也死了。回到国内之后，他成了第 23 中队的指挥官。在 1944 年 4 月 5 日由南非飞行员实施的那次毁灭性的打击中，加利奇的人生走到了头。

一名在场的飞行员事后回忆道："加利奇刚完成一次试飞任务归来，他关掉了发动机，一名地勤人员正帮助他爬出座舱。突然，扫射的子弹和炸弹同时袭来。正站在飞机旁的加利奇仿佛完全呆住了，我们大声喊着他的名字，他卧倒在自己的飞机下面了。大概几秒钟后，就有一枚炸弹紧挨着他那架莫拉纳飞机爆炸，加利奇浑身是火，趴在那里一动不动。"这位从东线的天空全身而退的王牌飞行员，却在国内被盟军飞机炸死在本国的地面上。

克罗地亚空军，大概是所有德国仆从国空军中处境最尴尬的一支了。作为一个傀儡国的微弱力量，其存在自始至终都没有得到德国人的认同。在南斯拉夫被占领后，本来应该是最名正言顺的继续者反而分到了最糟糕的遗产，就空军而言，那些好东西一样也没有交给克罗地亚人。6 架 Do 17K 给了保加利亚人，6 架"飓风"式和 6 架"布伦海姆"式则归罗马尼亚空军所有。当和自己地位差不多的斯洛伐克空军在 1942 年得到 Bf 109E 的时候，克罗地亚空军对此连想都不敢想。

当然，还有一支跟随德国人作战的航空"兵团"，但即便是这支在东线靠自己的奋战赢得声誉的部队，最终也只得到了一个被摒斥的下场。而且在德国人看来，这和克罗地亚空军根本就关系不大，那完全是属于德国空军的特编部队，克罗地亚人没有任何指挥权。

这不禁让人想起了 JG 52 联队的另外一个特编部队：第 13（斯洛伐克）中队。这个中队的性质和克罗地亚部队是一样的，都是由飞着德国飞机的外国人来组成。然而不同的是，尽管那些斯洛伐克人飞着德国飞机，但他们却穿着斯洛伐克的制服，受到斯洛伐克法规的约束。简言之，德国人承认他们的独立性。

还有什么能比这更糟糕呢？也许，克罗地亚头号王牌的叛逃包含了太多复杂的原因吧。而这种终将无法善终的结局，似乎早在

克罗地亚空军前 10 名王牌榜

姓名	击落数
马托·杜科瓦克 （Mato Dukovac）	44
斯维坦·加利奇 （Cvitan Galic）	38
弗朗约·扎尔 （Franjo Dzal）	16
柳德维特·班塞蒂奇 （Ljudevit Bencetic）	16
萨费特·波斯契奇 （Safet Boskic）	13
拉特科·斯蒂普契奇 （Zlatko Stipcic）	12
马托·古利诺维奇 （Mato Culinovic）	12
维卡·米科维奇 （Veca Mikovic）	12
爱德华·马丁科 （Eduard Martinko）	12
约赛普·海勒布兰特 （Josip Helebrant）	11

1941 年时就由一位驻南斯拉夫地区的德国武官道出了个中缘由。他在写给自己的长官李斯特陆军元帅的报告中说："乌斯塔沙的行径荒谬绝伦，这个集团及其治下的武装力量，无论如何发展壮大，终将成为德国的累赘！"

第三章

折翼轻骑兵：
匈牙利空军的荣与辱

引子：匈牙利——历史与政治

匈牙利王国的创始，同善战的马背民族马札人的历史紧密联系在一起。匈牙利建国的第一个世纪是战争不断的世纪，他们和同样善战的鞑靼人以及土耳其人展开着血腥的厮杀。正是在这种捶打下，匈牙利人慢慢成长为坚强的战士；而匈牙利也赢得了"欧洲门户"的美誉。

虽然匈牙利在整个欧洲战争史中并不占据特别重要的地位，但是无疑的，没有哪个别的国家同轻骑兵的联系比匈牙利更加密切。每一个入侵的种族都在这里留下了优秀的战士和作战技巧，而发生在这里的所有重大战事，都在马背上解决问题。到了中世纪，那服饰优雅的奇特兵种——匈牙利草原轻骑兵已经成为欧洲大陆上一支重要的打击力量。

哈布斯堡王朝统治时期，匈牙利爱国诗人山道尔·裴多菲等民族志士不断激励着匈牙利人寻求民族独立。1867 年春天，出现了一个历史性的时刻：在著名的"茜茜公主"的努力下，他的夫君、奥地利的约瑟夫皇帝终于和匈牙利达成协定，成立了奥匈帝国这样一个二元君主国。

奥匈帝国和德意志帝国结成了同盟，一次大战中，匈牙利军队自然在同盟国一方作战。这场失败的大战使得匈牙利伤亡了近 200 万人，这个数字占到其总人口数的 2/3 ！与此同时，工农业生产水平也锐减至战前的 50%。1918 年 10 月底，匈牙利爆发秋玫瑰革命，奥匈帝国解体，匈牙利宣告独立，之后于 1919 年 3 月 21 日成立了一个苏维埃共和国。

战后分离出来的匈牙利面临四面楚歌的境界，国内爆发的苏维埃革命则给了邻国干涉的口实，1919 年 8 月，罗马尼亚军队甚至开进了匈牙利首都布达佩斯，而南斯拉夫人和捷克斯洛伐克人也乘机沿边界深入匈牙利境内。

在这种内忧外患之际，匈牙利历史上的一个重要人物现身了，他就是海军上将米克拉斯·霍尔蒂（Miklós Horthy）。霍尔蒂的显赫身世使他极具号召力：他出身贵族家庭，毕业于奥匈帝国海军学院，一战爆发前任奥匈帝国约瑟夫皇帝的侍从副官，一战中出任奥匈帝国海军司令。这位海军上将最有名的事迹发生在1917年5月15日的亚得里亚海。当日他率领一支海军分舰队袭击了意大利运输船队，在成功地击沉了14艘商船后，他带着舰队全身而退，让闻讯追击而来的英国、法国和意大利舰队徒劳无功。

在匈牙利苏维埃共和国昙花一现之后，霍尔蒂于1919年11月16日进驻首都布达佩斯，迅速展现了他强硬而高效的一面。1920年3月1日，他用武力强迫国会选举他为摄政王，恢复匈牙利的君主制度，从而实际上成为独揽国家军政大权的"元首"。

不管怎样，在经历了一番混乱的政权交替和一个短暂的苏维埃模式后，匈牙利军事力量终于开始艰难重生。此时，许多观察家们开始担心，以霍尔蒂的军人作风以及他的独裁做派，可能导致匈牙利出现一个白色恐怖的暴力统治时期。但也有一些人认为，霍尔蒂的身上具有当时匈牙利所需的稳定局势的内在力量。

看透了这些观察家的霍尔蒂，很快在外交上采取了一个重大的步骤，来稳固他在匈牙利的统治。借助英法的调停，1920年的6月4日在法国凡尔赛的特里亚农宫，匈牙利与协约国签订了《特里亚农条约》。这个条约算是凡尔赛和约的一个组成部分，其内容对于匈牙利来说极为苛刻，既要割让大片国土又须支付巨额赔款，具体来说是要丧失

70%的领土和约50%的人口。

这是霍尔蒂为了得到协约国对自己执政地位的支持所付出的代价。并不意外的，《特里亚农条约》很快就在匈牙利国内引起极大的震动，这个国家公共建筑上的国旗全部降半旗致哀，反对谩骂声不绝于耳，一些匈牙利上层的保守势力甚至密谋复辟哈布斯堡王朝。但这一切都是徒劳的，霍尔蒂手握重兵，协约国又从他的"诚意"中觉得他非常可靠，保皇党人的企图只得落空。

霍尔蒂自然清楚"条约"的杀伤力，他其实和普通匈牙利人一样，自此也患上了渴望收复因条约而去的故土的"怀乡症"。这种影响的一个后果是，匈牙利从上世纪30年代开始不再追求英法的保护，而是转而谨慎地向德国和意大利靠拢。有一批议会领袖对德国持抵触态度，他们觉得希特勒的政策终将威胁到匈牙利的政治独立，不过霍尔蒂开始持明确的亲德立场。等到匈牙利从1938年的《慕尼黑协定》中获利，获得一小片斯洛伐克领土和整个鲁斯尼亚地区之后，向德国靠拢就成了这个国家的不二选择了。

而追随德国的一个严重后果，就是参加侵略苏联的战争。传统上，匈牙利人对苏联是怀有强烈敌意的，但是在是否派兵参战这个问题上，马扎尔统治集团则存在分歧。战争的前景是不容置疑的，霍尔蒂身边的人都认为德国"一定会打赢"。如果能够抢在令人厌恶的罗马尼亚人前面去博得希特勒的好感，那是值得参战的，可是如果在这场战争中要成为罗马尼亚的盟友，又是匈牙利人不愿看到的。乃至有人建议，先不要出兵，等到罗马尼亚在俄国弄得筋疲力尽时再上阵。

德军入侵苏联4天后也即6月26日，一个突发事件给了匈牙利参战的口实。这天正

午，一批涂有俄国标志的飞机轰炸了两座匈牙利边城。这样一来，政府就同意了匈军总参谋长维尔特（Werth）将军提出的立即对俄宣战的要求。匈牙利就这样参加了德国的东线大进军，但是执政者很快就觉得自己在俄国其实没有明确的作战目标，以至于从1941年秋季起，"他们的精力大都花在设法把他们的军队撤回来"！

进入1942年，德国要求匈牙利全国动员以对抗俄国，这个要求遭到了霍尔蒂的抵制，一是经济原因，二是防备来自罗马尼亚的威胁。霍尔蒂并不是在找借口，实际情况是，战争对匈牙利国民经济的影响已开始展现，到1942年年底，由于小麦大量出口到德国，匈国内的食物供应状况开始恶化。

这一年，年事已高的霍尔蒂希望能够保证他的长子伊斯特万成为继承者，于是后者被

▲ 匈牙利摄政霍尔蒂上将和希特勒，摄于1938年。

推选为匈牙利的副摄政，这意味着小霍尔蒂就将是下一任摄政。伊斯特万行事素来低调，很少表明自己的政治立场，但有一点是清楚的，他不甘心充当德国的工具。那年春天，小霍尔蒂上了前线去接受锻炼，但他在8月里因坠机事故而身亡，许多匈牙利人都议论说这是德国人故意送了小霍尔蒂的小命。

匈牙利对德国和这场战争的态度，开始改变了。1943年4月底，这个国家把自己的军队从东线撤出，政府的一些声明使人觉得这简直像一个中立国的政府，而普通公众的态度也转而认可苏联了。也是从这时起，德军占领匈牙利已经变得不仅是有可能，而且是势所必然了。

1944年3月19日，德军进占匈牙利，而随着罗马尼亚在8月23日对德国倒戈一击，匈牙利又同罗马尼亚处于战争状态。10月16日清晨，由曾经搭救过墨索里尼的斯科尔兹内率领的党卫队部队冲进布尔格宫，控制了霍尔蒂。在二战的最后阶段，匈牙利的历史就是这样一堆乱账——直到1945年初其大部分领土被苏军占领为止。这年的4月4日，这个国家的最后一批德国人逃往奥地利，匈牙利即将迎来自身发展史上红色基调的新一页。

"空中轻骑兵"初生

1架Bf 109G-10战斗机，静静地躺在美国加利福亚尼州奇诺（Chino）市的航空博物馆里。尽管全身的深灰色涂装已经略呈暗淡，但机首和方向舵上的明黄色涂装依旧如往昔模样。机身两侧的正方形黑底上嵌着的白色十字图案表明，这是1架属于二战时期匈牙利皇家空军（RHAF）的军机。事实上，这是现今存世的唯一一架匈牙利空军在二战中使用过的飞机。

▲ 反映向东方进军的匈牙利海报

▲ 匈牙利战时海报：建设全新的布达佩斯

G–10 是 Bf 109 这种著名的德国战斗机家族中的重武装改进型，它以装载口径为 30mm 的 MK 108 机炮而著称，这也是匈牙利空军在二战中得到过的最好战斗机了。在 1945 年春天的最后阶段里，匈牙利飞行员们正是驾驶着这种战斗机，与数倍乃至数十倍于己的强大兵力进行了绝望的战斗，试图写下世界空战史上属于自己的那一页。

这架馆藏品的机身号为 611943，这表明它曾经是匈牙利空军第 101 战斗机联队第 101/III 大队的一分子。1945 年 4 月，在异国他乡奥地利的雷费丁（Raffelding）机场，这架飞机和其他飞机一样，在一次次的生离死别中消磨掉了战争的最后时光。也是在那里，它被美军缴获。这个奥地利的临时小机场成为了整个匈牙利空军二战史的句点。而这支空军的起点，又在哪里呢？

一战后获得独立的匈牙利很早就开始拼凑自己的空中力量，包括一些残留的飞机和制造厂里的存货。事实上，这块土地产生过一些很不错的飞机制造厂，比如 UFAG 和 MAG 等，一战中，这些工厂共制造了 2 千多架飞机。至于人员储备，也不是从零开始。在隶属于奥匈陆军航空兵的那些飞行中队里面，匈牙利飞行员和奥地利飞行员，以及一些其他民族的飞行员一起飞行。不过现在，所谓的匈牙利空军对于罗马尼亚这样的邻国的空中入侵毫无办法。

匈牙利苏维埃共和国成立后，飞行中队被称作匈牙利红军空军。纸面上，这支空中力量共包括番号从 1 至 8 的 8 个飞行中队，分别配属到陆军的志愿步兵师，可实际上其战斗实力非常微弱。貌似不错的起步很快被现实扯碎，这些飞行中队既没有足够可用的

▲ 一群刚从航校毕业的匈牙利年轻人

机场，也没有充足的保障物资，而且不断面临罗马尼亚侵蚀领土的威胁。

霍尔蒂上台后，这位新主政者迅速注意到空军的薄弱，于是专门在战争部之下成立了一个名为"第37航空部"的机构来统筹空军发展事宜。第37部刚成立时，手里只有10架勉强能用于训练的飞机而已。航空训练在小范围内展开。如果现在是一战时期，那么训练场上的机型还颇为可观——著名的德国福克 D.VII 和布兰登堡 C.I 都在其中。值得一提的是，正是这些昔日名机，在霍尔蒂向布达佩斯进军的过程中，小小地展示了一回空中武力。

对军队来说，随后到来的《特里亚农条约》有如自己身上的一道枷锁，因为条约规定，匈牙利只能保留一支35000人的军队，而且不能拥有任何重武器，包括坦克和重炮等。空军人员注意到：匈牙利根本不被允许拥有或建造飞机，甚至连军用气球都不行。

当然了，即便没有被强加这种规定，当时的匈牙利也根本没有能力去进行多么可观的扩军。已经被战败拖得一穷二白的这个国家，当务之急是偿还亏欠协约国的巨额债务。实际上，在整个多瑙河盆地，这是一个最没有能力建立新式军队——尤其是空军的国家。

令人惊奇的是，正在这种极端困难的情况下，关于建立一支空军的愿景恰恰点燃了匈牙利人内心的强国之梦。一个口号开始流行："我们是一个马背上的民族，现在我们要成为一个飞翔的民族。"这句话激励了一代年轻人——尽管在当时那仅仅是一种激励而已。

1922年，协约国派驻匈牙利监督她执行《特里亚农条约》的监督委员会撤离，这使得发展空军这一愿景或将成为可能，毕竟没有人整天监视着你了。实际上，委员会在离开前就已经在考虑放宽条约中对于航空部分的条款，最后，他们同意将这一限制最多再

一度为德国挚友的霍尔蒂上将

延长一年。1924 年 4 月 10 日，匈牙利政府悄悄地在商务部下面设立了一个称作"航空办公室"的机构，这标志着匈牙利空军的重建正式启动了。

强硬的霍尔蒂海军上将终于有机会发展自己的军力了，不过他依旧很耐心，始终采取秘密增强的手法，以避免刺激英法等国。尽管没有能力搞出什么像样的本土军事工业，但他还是想尽办法从收紧的国库开支中挤出军费，向外国订购各种武器。至于航空人才，飞行员的培训在各地的飞行学校里从来就没有中断过。

欧洲的政治局势在 30 年代风云变幻，看准机会的霍尔蒂开始坚定地靠拢德国和意大利。这个国家的运气正在变好，随着墨索里尼的上台，昔日敌人的意大利一下子成了匈牙利的可靠伙伴，这终结了匈牙利一直以来的孤立地位。对空军来说，好处是建造飞机和向外国购买飞机都成为可能。

政治环境宽松的"益处"很快显现出来，一大批濒临淘汰的意大利、英国和德国飞机相继蜂拥而至。德国的恩斯特·乌德特将军亲自跑来游说，劝说这个国家买下了一批 U 12 飞机，并且还让 WM 飞机制造厂买下了这种过时飞机的生产许可证。飞行员们对于这种该进博物馆的飞机倒是满不在乎，毕竟，他们还在使用一战中的福克战斗机呢！

1938 年，东欧和巴尔干地区的多个国家在南斯拉夫签订了一项协议，宣告匈牙利拥有发展自卫军力的正当权利。作为一个表示善意的回应，匈牙利政府承诺绝不会行使武力来夺回她在《特里亚农条约》中失去的土地。

在德国人向匈牙利输出其飞机之前，匈牙利的飞行中队普遍装备着意大利的飞机。1939 年，有 100 名空军军官和 100 名预备军官被送往意大利的塔兰托（Taranto）接受训练。学成后，他们中的 60 人被分配到战斗机部队，90 人分配到轰炸机部队，另外 50 人则归属侦察机部队。到了 1940 年，又有 200 人前往受训。

和周边国家相比，是该加快空军的建设步伐了。1934 年，捷克斯洛伐克有 546 架飞机，南斯拉夫有 470 架，罗马尼亚多达 773 架，而匈牙利，就只有 200 架而已。

作为加强战斗机部队的第一步，从 1936 年开始，匈牙利从意大利购买了超过 80 架的菲亚特 CR.32 双翼战斗机。当时确定的编制是，每个战斗机中队下辖 3 个小队，每个小队 3 架战斗机，加上中队部和后备飞机，每个中队应该拥有 15 架飞机。

至于德国，早在希特勒上台伊始，霍尔蒂就与之建立了密切关系。德国吞并奥地利后，德匈两国成为邻居，走得就更近了。这次吞并还给匈牙利空军带来了意想不到的好处，前奥地利空军的 36 架飞机被送给了匈牙利人。

1938 年，霍尔蒂去德国的基尔拜会希特勒，后者对他全盘托出了对捷克斯洛伐克的领土企图，霍尔蒂对此表示了无保留的支持。于是，在德国占领捷克斯洛伐克全境后，作为始终积极参与其中的回报，匈牙利分得了斯洛伐克南部的一片狭长地带，这次"回归"的土地面积，大约有 12000 平方公里。

国势和人力在不断强，但装备的购买却遇到了困难。匈牙利采购团发现，要从英法这些国家购买装备已经越来越困难，因为随着形势的趋紧，这些国家的军工企业连满足本国军队的需要都很吃力。由于买到了意大利飞机，战斗机部队的情况要好一些，而根据空军在 1938 年秘密扩军规划中的要求，其他中队的标准飞机数量为 12 架，对照这个标准，空军的军机缺口数为：7 架长程战略侦察机，49 架短程战术侦察机，47 架轰炸机。

但是这种困难是可以克服的，最重要的是，空军活过来了。而且，德国人打算提供轰炸机了。采购团应邀到了德国，起初，亨克尔公司热情地向访客推销他们的 He 111，但是后者兴趣一般。他们倒是看中了容克公司的 Ju 86，在当时，这是一种号称"连战斗机也赶不上"的快速轰炸机。匈牙利人认定这是装备轰炸机中队的理想机型，于是很快订购了 63 架，事实上，如果容克公司的存货更多的话，购买的数量还将不止这些。

Ju 86 在匈牙利空军中扮演着多面手的角色，在对苏作战的前期，它承担着主要的轰炸任务，随着战争的进行，它被改装成运输机、侦察机、联络机以及训练机，一直使用到战争结束前夜。

南方的冒险

就在匈牙利空军积极培养力量的时候，1939 年春，有了一个新变化：斯洛伐克宣布成为独立国家；紧接着，希特勒强迫捷克政府接受了波希米亚 – 摩拉维亚保护国。这样一来，围绕在匈牙利周边的、由捷克斯洛伐克、

斯洛伐克边境冲突时的匈牙利空军序列（1939年3月）

第 1/I 战斗机大队：第 1/1 战斗机中队 / 第 1/2 战斗机中队 / 第 1/3 战斗机中队（CR.32）
第 1/II 战斗机大队：第 1/4 战斗机中队 / 第 1/5 战斗机中队 / 第 1/6 战斗机中队（CR.32）
第 3/II 轰炸机大队：第 3/4 轰炸机中队 / 第 3/5 轰炸机中队 / 第 3/6 轰炸机中队（Ju 86）
第 1 长程侦察机大队（He 170）

南斯拉夫和罗马尼亚三国建立的"小协约国"联盟瓦解了，多年来带给匈牙利危机感的捷克军事力量几乎不再存在。

然而这件"好事"却导致了一次边境冲突的爆发。匈牙利人越过了斯洛伐克边境线，并且很快升级双方都出动陆、空军的程度。匈牙利皇家空军在此展开了自己在二次大战中的第一次行动，空军向北方重城德布勒森（Debrecen）的近郊机场派驻第 1/1、第 1/2 和第 1/3 战斗机中队，第 3/4、第 3/5 和第 3/4 轰炸机中队，以及第 1 长程侦察机大队。每个战斗机中队装备 9 架 CR.32，而每个轰炸机中队有 9 架德国的 Ju 86 轰炸机。

面对集结的匈牙利飞机，斯洛伐克空军前来迎战。令匈牙利人高兴的是，他们这支新生的空中力量，似乎继承了祖辈那驰誉欧陆的轻骑兵的勇敢传统，在空战中旗开得胜。而在之后的战斗中，匈牙利飞机又总是获胜的一方，"空中轻骑兵"可谓崭露头角。

大喜过望的摄政王霍尔蒂紧急赶制出了一种勋奖：皇家匈牙利米克拉斯·霍尔蒂航空奖章。1939 年 3 月 31 日，他在卡萨（Kassa）亲自为首批获此殊荣的飞行员颁奖。霍尔蒂本人的军衔是海军上将，可是自从奥匈分离后，匈牙利就一直是个内陆国家，所以他被人戏称为"没有海军的海军上将"。这一次，

海军上将觉得他的抱负说不定可以在空中实现了。

胜利鼓舞了士气，可是掩盖不了装备不足的问题。到 7 月 29 日，整支空军只有 252 架飞机。9 月，采购团再度出发，目的地还是意大利。空军官员们在罗马和意大利独裁者握手言欢，同时交上了一张购买更新式的 CR.42 双翼战斗机的订单。6 月 17 日，首批 3 架就飞抵匈牙利，其后还有约 70 架将陆续交付。

但是，和其前作一样，CR.42 这种双翼机在匈牙利决定投入战争时已显得过时，不过仍有一部分这种飞机参加了对苏作战。战争中期，还进行过把它当成夜间战斗机以及战斗轰炸机的尝试，其结果当然可想而知。

匈牙利人也清楚这一点，他们在寻求着更好的战斗机。同样在 1939 年，德国开始向巴尔干国家推销一种战斗机，亨克尔公司的 He 112。匈牙利空军很快购买了几架，并试图购买生产许可证，但德国人拒绝了。于是，匈牙利人只得把目光又转回意大利，这一次，后者提供了最新出厂的雷吉纳 Re.2000 战斗机。

即便如此，空军缺乏优秀战机的局面在短期内仍然无法得到根本性的缓解，意大利人的效率太低，经常拖延交付速度。飞行员们抱怨道，等到意大利工厂终于完成订单的时候，订单上的飞机早已经过时了！

拿 Re.2000 来说，匈牙利人是在 1939 年下单，首批交付到了 1940 年，而全部完成则要拖到 1942 年下半年了。不过，在展开 Bf 109 的生产之前，这种飞机是匈牙利最主要的战斗机资源。匈牙利购买了它的生产许可证，在本土制造厂生产出来的匈牙利版 Re.2000 除了武装有所增强外，还有了一个响亮的名称叫"鹰"式。

意大利人还承诺提供更好的轰炸机。本来，匈牙利在 1938 年购买了 36 架卡普罗尼 Ca.310 轻型轰炸机。没有想到的是，这种飞机虽然新颖，性能却极不可靠，结果一怒之下的匈牙利人要求全部退货。感到不好意思的卡普罗尼公司允诺用 Ca.135bis 来作为替换。现在，这些替换品交付了，然而飞行员们很快发现，Ca.135 在交付前肯定没有经过检验，因为它们的发动机根本是麻烦不断！

外交危机和边境冲突在 1940 年再次发生，这次是和宿敌罗马尼亚。匈牙利部队在 7 月 2 日就收到预警，接着到了 8 月 23 日，据称交战一触即发，于是陆军的 3 个集团军约 36 万人全部到位，空军则全体动员，所有新老飞机全部上阵。

到了前进基地才发现，刚刚到手的几架 Ca.135 轰炸机既没有装轰炸瞄准器，也没有装炸弹挂架。他们的对手罗马尼亚空军，虽然也同样年轻，可是其实力却明显超过了匈牙利空军。1939 年，罗马尼亚被迫向匈牙利割让了一些领土，他们可是耿耿于怀呢。

两个老冤家非正式地动了手。27 日，罗空军的 He 112 战斗机向 1 架"没有炸弹挂架"的匈牙利 Ca.135 开火，使得后者遭到重创，不过它总算坚持着回到了基地。作为报复，匈牙利方面派出国产的 WM-21 观察机带着炸弹上阵，在第二天偷偷飞到一个罗马尼亚机场上空投弹，实施了一次小型的空袭。

在这两个德国在东线的重要盟友准备全面开打之前，德国和意大利赶快出面，在 8 月 30 日搞了一次仲裁，轴心国在东方还有更重要的计划呢。结果，匈牙利如愿得到北特兰西瓦尼亚地区，毕竟，多少个世纪以来，那里就是匈牙利的领土。

1941 年春，南斯拉夫经历了一次戏剧性的政治秀。这个国家先是在维也纳同意加入轴心条约，接着又在英国人的软硬兼施下，打算反其道而行之。保罗亲王、亲纳粹的政府首脑被放逐，新一届政府成了德国人的眼中钉。

希特勒暴跳如雷，他马上定下了武力夺取南斯拉夫的决定。得知这一点的匈牙利异常尴尬，因为她刚刚和南斯拉夫签订了互不侵犯的友好条约。不过霍尔蒂摄政王马上找到了如下的解释理由：既然签约时的政府已经不是现在的政府，那么条约的合法性当然也就不存在了。

德国国防军已经把匈牙利视作此次战役的盟友，至少，她应该无条件地开放领土领空供德军使用。实际上，如果匈牙利拒绝这样做，德军也将强行通过。

4月2日，英国驻匈牙利大使递交了一份电报，内称：如果匈牙利政府允许德军通过其领土，大英帝国将断绝与该国政府的外交关系。如果匈牙利直接参与德军对南斯拉夫的军事行动，那么不论其参与动机为何（比如保护南斯拉夫的匈牙利侨民），大英帝国及其盟国都将正式向匈牙利宣战。

如果用进退两难来形容霍尔蒂的处境，似乎是不太合适的。在一贯的亲德情绪和兵临城下现实局面的共同作用下，他顺理成章地做出了让德军通过匈牙利领土的决定。毕竟，英国的外交威胁空洞无物而缺乏现实的力量感。另外，打击南斯拉夫意味着"小协约国"联盟的彻底崩溃，匈牙利人乐于见到任何有关罗马尼亚遭到羞辱的事件发生。

德国空军飞来了，第54战斗机联队JG 54的第3大队降落到凯斯科梅特（Kecskemet），第76驱逐机联队ZG 76的第2大队则以南部城市塞格德（Szeged）为基地。这是匈牙利机

场首次进驻这样实力雄厚的空军力量。

从4月6日开始，德军以及意大利和保加利亚部队开始进攻南斯拉夫和希腊。与此同时，霍尔蒂也希望匈牙利军队能够进行有限的推进，从而把与南斯拉夫的国境线推进到一战前那"更为合理"的所在。

就在匈牙利军队为此目的的集结和准备的时候，她的对手再一次占了先机。南斯拉夫空军率先飞临这个国家的上空，在没有向匈牙利宣战的情况下，向几处军用机场投下了炸弹，有的飞机一直到达巴拉顿湖上方。正是在那时，布达佩斯第一次在二战中拉响了防空警报。

入侵南斯拉夫的匈牙利空军序列（1941年4月）

第1航空旅

第1/I战斗机大队：第1/1战斗机中队 / 第1/2战斗机中队（CR.32）

第1/II战斗机大队：第1/3战斗机中队 / 第1/4战斗机中队（CR.32）

第2/I战斗机大队：第2/1战斗机中队 / 第2/2战斗机中队（CR.32）

第2/II战斗机大队：第2/3战斗机中队 / 第2/4战斗机中队（CR.32）

第3/I轰炸机大队：第3/1轰炸机中队 / 第3/2轰炸机中队 / 第3/3轰炸机中队（Ju 86）

第3/II轰炸机大队：第3/4轰炸机中队 / 第3/5轰炸机中队（Ju 86）

第4/I轰炸机大队：第4/1轰炸机中队 / 第4/2轰炸机中队 / 第4/3轰炸机中队（Ca.135）

第4/II轰炸机大队：第4/4轰炸机中队 / 第4/5轰炸机中队（Ju 86）

第1独立长程侦察机大队：第1/1长程侦察机中队 / 第1/2长程侦察机中队（He 170）

第11短程侦察机中队（He 46）

第1运输机中队（SM.75）

在这次突然的袭击过程中，匈牙利飞机没有什么反应，高炮部队打下了 2 架敌机。另外，一名匈牙利裔的飞行员驾驶着"布伦海姆"式轰炸机投奔到了匈牙利这一边。这名飞行员是生活在因《特里亚农条约》而被割让给南斯拉夫的土地上的 50 万名匈牙利人中的一个。

正是以保护这些居民为理由，匈牙利军队在 4 月 11 日下午开始全面越境，攻击南斯拉夫。前一天，克罗地亚宣布从南斯拉夫王国独立出来的消息，对匈牙利也是一个刺激。

匈军的打击直指塞尔维亚的巴奇卡地区（Batchka），该地在匈牙利语中的意思是南方土地，该地正是匈牙利裔人的聚居地。在陆军推进的同时，空军几乎集中了自己全部的战斗机、轰炸机和侦察机力量，它们组成由伊斯特凡·班法维（István Banfalvy）上校指挥的第 1 航空旅，总兵力包括近 20 个飞行中队。

▲ 匈牙利空军制服的腰带特写

这个时期，匈牙利飞机的涂装基本方案为灰色底色加上淡绿和棕色迷彩。引擎罩和主翼两端用黄色涂装，机身号则用鲜明的红色等。国家徽章的涂装是在 1938 年 9 月 1 日定下的：在军机的垂直尾翼涂有国旗色绿、白、红三色的箭三角图案，中队的徽章则涂在机身两侧靠前的部位。

值得一提的是，匈牙利空军的各中队都拥有鲜亮的徽章图案，比如，第 1/1 战斗机中队的徽章是一只黑鹰和一只拉弓的手，第 1/4 战斗机中队是一位跃马持矛的骑士，第 3/5 轰炸机中队是一个骑着扫帚的巫婆，第 4/2 轰炸机中队是坐在炸弹上俯冲的红魔鬼。另外，许多中队都拥有表示力量的外号，而其徽章也如同这些外号一样，采用了猫头鹰、虎头、豹头和狼头这样的动物图案。

机身号的数字颜色也不尽相同，有黑色红色也有白色，最醒目的是第 2/3 战斗机中队，不仅数字是金黄色，而且其间还涂着白色的繁星。

涂装方面最显著的变化是引擎罩、翼端和机身中部都涂上了黄色，这是轴心国空军在东线作战的标准识别色，这意味着匈牙利空军正式被绑在了纳粹德国的战车上。

4 月 11 日，战斗机部队率先出动，和预

▲ 创立初期的匈牙利空军飞行员

想的相反，南空军的反应出奇的弱。这倒并不全因为他们在全力对抗德国空军，而是当日天气非常恶劣，匈牙利飞机的行动令他们大出意料之外。当时阴雨连绵，双方的多个机场都泥泞不堪，只有极少数水泥铺设的机场可供使用。

第二天上午，3个轰炸机中队也做好了准备，不过绝大部分轰炸机在挂弹完毕后就接到了推迟行动的命令，而一直停在机场上。只有第4/4中队的12架飞机成功地展示了一回武力。由于地面入侵者的快速突破，轰炸机部队的预定目标也一变再变，使得他们一直处于"待命"的状态。倒是战斗机灵活地扮演起了攻击南斯拉夫卡车纵队和运输专列的角色。

至于侦察机中队，其行动的唯一后果就是显示了其装备有多么的老旧，该部共损失了6架飞机，无一是被敌军击落，全部因机械故障而损失。曾经在和罗马尼亚边境冲突中上阵的本国产的WM-21，同样表现得令人失望。前一直不为人知的匈牙利仅有的一支伞兵精锐，第1伞兵营也在这场战役中亮相。这支部队于1938年开始组建，1939年以意大利的飞机为制式运输装备。它在1940年扩展为一个三连制的营，共辖约410人。不过该部在建制上摇摆于陆军和空军之间，此次侵南之役就配属为陆军第3集团军的预备队。

4月12日，第1伞兵营在维斯普雷姆机场（Veszprem）首度登场，结果就发生了悲剧性的一幕。当日雨势绵密，伞兵营仍然坚持从备有水泥跑道的机场起飞突击。1架意大利萨沃亚－马切蒂SM.75运输机的液压系统突发故障，在准备起飞时坠毁。这次事故造成23人死亡，其中包括这支精锐部队的首任营长阿尔帕德·贝尔塔兰（Arpád Bertalan）少校。

贝尔塔兰是一战时奥匈帝国最高级奖章——玛丽亚·特雷西勋章的获得者。不管怎样，这位伞兵营长算是在南斯拉夫土地上的唯一知名的牺牲者。之后的6月，第1伞兵营将以他的名字来命名。

因事故而中断的空降行动直到当日晚上才得以恢复，剩下的飞机把3名军官和57名伞兵投了下去。着陆后，带队的左尔丹·基斯（Zoltan Kiss）中尉总觉得情况有些不对劲，后来才发现，空降地点距离目标足足差了30公里！

和起先设想的夺取荣誉的过程不同，匈牙利空军的这次冒险，在一番乱哄哄的经历中度过。所幸这次战役历时很短，到4月20日时，南斯拉夫空军已经基本丧失了活动能力。此时，匈牙利第1航空旅的总飞行时间刚刚达到600小时，他们损失了2架CR.32、2架CR.42、1架SM.75和1架WM-21。

对年轻的匈牙利空军而言，尽管此役的实战价值微乎其微，不过毕竟得到了胜利的刺激。这么多年来，匈牙利一直极度渴望收复失地，这种"怀乡症"在此役中得到了部分释放。兴高采烈的民众把军队看作是真正的胜利者。这其中，年轻的空军被誉为"空中轻骑兵"，阳光下那一张张年轻的脸庞被看作是国家力量复兴的绝佳象征。正是带着这种劲头，空军觉得更多更大的冒险能够为他们带来更加令人振奋的成功。

"这么多天的地图总算没白看！"

有一段时间，似乎可以用"友好"来形容匈牙利和苏联的关系。两个国家彼此尊重，在边界上从未发生过不愉快的事件。当然，这只是表象。匈牙利人有种种理由要强烈反对苏联。自从苏联占领波兰南部而与匈牙利接壤以后，匈牙利始终感受着来自俄国人的压力。在巴尔干战局之后，这种压力陡然增加。

另一方面，此时德国在匈牙利的军事影响已今非昔比。第三帝国军事机器的优越性正达到其顶点。然而，在德国拟制的"巴巴罗萨"计划中，起初并没有提到匈牙利。这份密令中与匈牙利有关的内容，大概就是要求她允许德国南方集团军群使用其境内的道路和集结地了。

但是德国的态度很快发生了变化。他们开始积极劝说匈牙利加入这次"圣战"。与此同时，苏联政府通过秘密渠道询问匈牙利在很可能到来的苏德战争中的立场，并暗示其在匈牙利对罗马尼亚的领土要求问题上毫无意见。

6月22日凌晨，轴心军全面入侵苏联，霍尔蒂紧急召见德国大使，表示进攻苏联是他本人20多年来的梦想，人类将为此感谢希特勒。但是匈牙利所采取的具体措施，除了在次日宣布与苏联断绝外交关系外，就再没有什么了。此时，据称摄政本人其实在玩水球！

紧接着，6月26日中午时分，发生了一起离奇的空袭事件。3架轰炸机突然飞至匈牙利城市卡萨（Kassa）上空，投下大量炸弹，造成近300人的伤亡。这些飞机来历不明，但有目击者称机身和翅膀上都涂着黄色。黄色识别带，这可是当时轴心国空军的统一涂装啊？可是德国方面马上宣称这是苏联轰炸机。

如果说这次空袭给人含糊不清的印象，那么紧接着在12时40分，1701次特快列车的遭遇就比较清晰了。当时，这列匈牙利客车被3架单发飞机扫射，目击者指出那正是苏联的波利卡波夫I-16战斗机。终于，在总参谋长等人的坚持下，匈牙利于27日对苏联宣战——在霍尔蒂并没有认可的情况下。

"巴巴罗萨"作战匈牙利空军序列（1941年6月）

第1/I战斗机大队：第1/1战斗机中队 / 第1/2战斗机中队（CR.32/ Re.2000）
第1/II战斗机大队：第1/3战斗机中队 / 第1/4战斗机中队（CR.32/ Re.2000）
第2/I战斗机大队：第2/1战斗机中队 / 第2/2战斗机中队（CR.42/ Re.2000）
第2/II战斗机大队：第2/3战斗机中队 / 第2/4战斗机中队（CR.42/ Re.2000）

第3/I轰炸机大队：第3/1轰炸机中队 / 第3/2轰炸机中队 / 第3/3轰炸机中队（Ju 86）
第4/I轰炸机大队：第4/1轰炸机中队 / 第4/2轰炸机中队 / 第4/3轰炸机中队（Ca.135）

第1独立长程侦察机大队：第1/1长程侦察机中队 / 第1/2长程侦察机中队（He 170）

第7短程侦察机中队（He 46）
第10短程侦察机中队（He 46/WM-21）

当日凌晨，16架隶属第4/I轰炸机大队的Ju 86K-2轰炸机，和8架来自第3/I轰炸机大队的8架Ca.135轰炸机一道，在9架CR.42战斗机的护卫下，对苏联城市斯坦尼斯拉夫（Stanislav）展开了首次空袭。对于执行这轮任务的轰炸机中队是经过精挑细选的，他们都拥有响亮的外号，诸如"上帝之箭"和"上帝之剑"之类。

空军的各飞行中队已经在基地集结待命了很多天，许多飞行员们甚至都已是迫不及待。在最终接到了全面出击的命令后，"上帝之剑"中队的一位轰炸机领航员在登机前说："终于开始了！这么多天的地图总算没白看！"

东征展开后，摄政本人在首都的英雄广场检阅了部队方阵，并向他们祝福。英雄广场中央矗立着一尊建于1893年的高达36米的千年纪念碑，那一年是马扎尔人首领阿尔帕德率领马扎尔人越过喀尔巴阡山，来到匈牙利境内定居 1000 周年。现在，匈牙利空军希望继承先辈善战的传统，为阿尔帕德和他的 6 个部落王的荣耀添上新的一笔。

作为地面兵团的"喀尔巴阡"快速集群开始整装上阵。但"空中轻骑兵"骄傲地宣称自己才是第一支投入东征的部队，标志之一是这场战争的第一个牺牲者就来自空军。

6 月 29 日，飞越国境后的第三日，第 10 短程侦察机中队报告称 1 架 WM-21 侦察机执行任务后没有回来。这个绰号为"鹰眼"的中队的这架飞机是匈牙利空军在东线空战中损失的第一架飞机，机上的飞行员和观察员都被宣布为失踪。

同一天，战斗机部队拦截了一个飞入匈牙利领空的苏联轰炸机编队。在这场同苏联空军的第一场空战中，第 2/3 战斗机中队的 CR.42 对阵一个由 7 架图波列夫 SB-2 轰炸机组成的机群，击落其中 3 架，为空军在这场漫长的战役中首开胜利记录。

与苏联空军相比，更让匈牙利飞行员担心的还是飞越喀尔巴阡山脉时所遇到的多变天气。夏季的喀尔巴阡上空不时被浓雾或暴雨所笼罩，这让飞行变得异常危险，对于那些敞开式座舱的飞行员们来说更是如此。

鉴于飞行因天气干扰而变得时断时续，第 1/3 和第 2/3 战斗机中队、第 7 和第 10 短程侦察中队等都陆续转进至前线的野战机场。这些中队腾出的基地，让给了第 3/2 和第 4/1 等轰炸机中队。

在伴随地面快速集群作战的 7 月里，第 2/3 中队因为取得击落 5 架敌机的成绩，而得到了在月底返回国内休假的奖赏。如果与之一同作战的德国战斗机部队也按照这个标准

休假的话，那么南方集团军群的上空可能就剩不下什么本方的战斗机了。匈牙利战斗机部队一直在低烈度的交战中毫发无伤，直到 8 月 4 日才宣布第一架飞机"失踪"。

8 月 6 日，萨科尼（Szákonyi）中尉带领 6 架 Ca.135，对横跨在尼科拉耶夫（Nikolayev）地区布格河上的桥梁实施了成功的轰炸。它们遇到了 6 架 I-16 战斗机的拦截，然而卡普罗尼轰炸机成功地击落了 3 架 I-16，仅有的创伤是萨科尼自己的座机被打伤了一具引擎。

26 日和 27 日，战斗机部队持续在第聂伯罗彼得罗夫斯克（Dniepropetrovsk）桥头堡上空的大规模交战中取得成功，共宣称击落了超过 15 架敌机。轰炸机则继续对布格河的桥梁采取行动，这些空袭成功地将苏军阻遏在布格河的西岸，并最终落入乌曼（Uman）"口袋"之中。

空军在 8 月 27 日发布战报称，从 7 月 7 日至今，匈牙利飞机已出动 555 架次，进行了 58 次对地攻击，共击落 27 架敌机，投弹 40 吨，仅损失 4 架飞机。

接下来的两个月像是调整期，几支初步接受了实战考验的飞行中队纷纷返回国内，到 11 月初时，前线的空军兵力仅有一个侦察机中队和一个轰炸机中队了。而这两支部队也很快接到了回国休整的命令。此时，俄国的冬雪已经飘飘扬扬，"空中轻骑兵"东征的第一年就在这样看似祥和而宁静的氛围中结束。

军方在 12 月发布年终战报，称空军共出动 1454 架次，投弹 217 吨，击落 30 架敌机。本方有 23 人阵亡或失踪，28 人负伤；飞机的损失数为 56 架，其中侦察机 25 架，战斗机 14 架，轰炸机 11 架，联络机 5 架，运输机 1 架。总体来看，这几个月的对苏战争损失不大，

▲ 两名机组成员在他们的德制 Ar 96 飞机中，摄于 1942 年。

▲ 匈军的高射炮部队

这够令人高兴的了。

匈牙利人就这样参加了德国的进军，但是霍尔蒂的心中却一直感到很不安。这也是为什么，从秋季起，他就开始不断要求空军后撤。年底的时候，行宫里的摄政本人，和在首都附近机场无所事事的飞行员们都发现，匈牙利现在同英国和美国都处于交战状态了。追随轴心国的代价，正在变得越来越大。而来年将会发生什么，谁都无法预知。

属于侦察机的夏季攻势

当德军在莫斯科城下备受打击时，撤回国的匈牙利人显得超然事外。

墨索里尼的女婿齐亚诺在 1942 年 1 月造访布达佩斯时，对这个城市的宁静气氛大感意外。他在日记里写道："这里没有灯火管制，交通完全正常，吃的面包跟战前一样白。"

德国人当然无法接受"盟友"的这种状态，他们坚持匈牙利军队应在 1942 年尽快重返前线。很快，里宾特洛甫和凯特尔这样的纳粹大员轮番到访，要求匈牙利进行全国总动员以全力对抗俄国。

尽管没有同意总动员，但是匈牙利的在役部队还是结束了整训，开始陆续返回前线。为了参加德军的夏季攻势，匈牙利空军在 4

月组成了第 1 航空师（在 10 月改称第 2 航空旅），来统辖即将再赴东线的各飞行中队。

总体而言，匈牙利人敷衍性的态度是显而易见的，他们没有像罗马尼亚人那样在这一年里再度积极调兵遣将，而是缓慢地前送兵力。所谓的第 1 航空师，其主力单位的兵力七拼八凑，既没有核心主干，其实力大概连当面苏军的一个航空团都比不上。

首先抵达前线的，是隶属于第 1 独立长程侦察机大队的第 1/1 长程侦察机中队，它于 6 月 12 日进驻科诺托普（Konotop）机场。新到任的中队长霍洛斯（Hóllos）检视了一番后发现，自己手中的兵力只有 2 架较旧的 He 111P 和 1 架原本属于南斯拉夫空军的 Do 17K-2 而已。该中队的其他飞机，都还在国内接受检修呢。

几天后，霍洛斯得知自己的友邻部队、侦察机大队的另一个单位，第 1/3 长程侦察机中队也到了科诺托普。然而这位中队长前去表示欢迎时发现，所谓的第 1/3 中队只是由运输机送来了几名飞行员，至于飞机是连一架也没有！

6 月 22 日苏德战争爆发一周年的时候，新编成的第 3/2 短程侦察机中队抵达前线，这是一个齐装满员的飞行中队，于是被紧急

▲ 匈牙利空军 Do 215 长程侦察机机组

改变指挥序列，急就章地成了第1长程侦察机大队的第三个中队了。这实在只是个权宜之计，这个中队装备的是老式的 He 46，怎么可能应付得了纵深侦察的重任呢？

稍后，空架子的第1/3 侦察机中队从德国空军第4航空队那里得到了一批 Do 215B-4，这才能展开其侦察任务。接下来，第4/I 轰炸机大队队部和号称"女巫"的第4/1 轰炸机中队也来到前线，这是第4/I 轰炸机大队的一部分，装备着 11 架 Ca.135bis，实力还算过得去。

真正的调遣高潮在 7 月才算来到。之所以这么说，不仅仅是因为第1/I 战斗机大队队部、装备 9 架"鹰"式（匈牙利自行制造的 Re.2000）的第1/1 战斗机中队和拥有 11 架"鹰"式的第2/1 中队这样的部队的到达，还因为第1/1 中队的飞行员当中有一位名叫伊斯特凡·霍尔蒂（István Horthy）的年轻中尉。这个霍尔蒂正是匈牙利摄政的亲生儿子，这位预备役军人是主动请命上阵的。

与此同时，其他一些辅助单位，如运输机中队和联络机中队等，也都陆续开抵前线。

在部队积少成多的时候，飞机上国家标识的涂装方案也已经发生了变化。原先垂直尾翼上的箭三角被红白绿三色横条图案所取

代，这个图案同时也涂在水平尾翼上。主翼和机身两侧涂上了新的国家标识：一个黑底的白十字图案。它将一直使用到战争结束。

1942 夏天的空中行动开始得并不顺利，在逼人的阳光和飞舞的沙尘中，空军部队暴露了不少的问题。最突出的就是轰炸机的零配件保障情况极其糟糕，7 月 13 日，4 架返航的 Ca.135 中有 3 架因油料耗尽而迫降，结果这些并不严重的损坏迟迟得不到修理。

8 月 14 日，轰炸机中队曾有一次雄心勃勃的出击。当这群 Ca.135 飞临目标——一座铁路桥上空时，天空中堆满了云层，于是亲自上阵的第4/I 轰炸机大队的少校大队长莫克萨利（Mocsary）在他乘坐的长机里示意先投下一半的炸弹。这道命令发出后不久，目标上空便云开雾散，于是莫克萨利又下令抛下另一半炸弹。少校觉得云散有助于他的轰炸机瞄准目标，但他忽略了那同样有助于地面的高射炮瞄准他们。结果轰炸机群遭受了惨痛的打击，大队长本人也当场身亡。

又过了半个月，轰炸机部队无奈地宣告：由于保障乏力，能起飞的轰炸机只剩下一架了。实际上，抛开零配件的原因不谈，Ca.135 也已经是一种跟不上东线要求的过时机型了。当然，轰炸机部队的这种表现和战斗机也有一点关系，本国制造的雷吉纳战斗机的速度远快于轰炸机，后者不得不经常"掉队"。

所幸当时轴心军是不断推进的一方，匈牙利空军——尽管表现平平——渐渐地把自己的力量伸展到了顿河上空。不过此一时期，原本不该成为焦点的侦察机单位倒是在行动中大显身手，几乎成为"空中轻骑兵"在这场夏季攻势中的唯一主角。

第1/1 长程侦察机中队的指挥官霍洛斯树立了勇敢作战的榜样。6 月 29 日，他和他

的机组成员在其座机 He 111 里面和纠缠他们的苏联战斗机搏斗，在被击伤但成功返回前，击落了 2 架敌机。

这个中队另一架 He 111P-4 在 7 月底的经历无疑就更具有代表性了。那是一个万里无云的晴好日子，这架飞机飞越顿河、朝着沃罗涅日（Voronezh）前去。它此行的任务，就是要拍下这座城市的清晰照片。在它飞抵目标上空时，机组的日志记载道："一瞬间，仿佛地狱之门完全打开了。"差不多有 30 门高炮对着这一架孤零零的猛烈开火，5 架苏联战斗机则划出优美的飞行弧线朝它猛扑过来。

第一架苏联战斗机朝着亨克尔飞机的机尾笔直冲来，或许苏联飞行员知道，这样一来，He 111 的背部炮塔就会因为垂直尾翼的阻挡而无法开火。但他不知道，这架 P-4 型已经在机尾下方加装了一个炮塔。匈牙利无线电报务员兼机枪手抓住机会，给了这架苏联战机以意外的一击，后者径直掉落了下去。

第二架战斗机紧接着试图故伎重演，结果再次被无情击落。至于第三架战斗机，开始改从左侧接近，不过在两机相距约 50 米的距离上，又是匈牙利机组的动作快了一步——机枪手用机背炮塔将苏联飞机击落。就这样，连续 3 架苏联飞机就 1 架匈牙利侦察机打掉了，另外 2 架也放弃了继续攻击的念头，迅速飞离了战斗。

这次交手不是安塔尔·克莱曼（Antal Kelemen）中尉的机组的第一次胜利，也不是最后一次，克莱曼的亨克尔飞机一共击落了 7 架敌机。

从这时开始，匈牙利侦察机简直被赋予了空战的传统。数日之后，第 3/2 短程侦察机中队的 1 架 He 46 击落了 1 架苏联飞机，这是它的第二个战果。这个中队的另一架飞机也身手不凡，在受到 2 架苏联飞机攻击时，有条不紊地把其中 1 架打下了地。8 月 14 日，短程侦察中队又上报战果，这次是 1 架 He 111，它击落 1 架敌机，还"很可能"击落了第二架。

9 月 25 日，第 1 航空师发布战报称共击落 25 架敌机，其中多达 15 架是由侦察机部队取得。这些拥有足够自卫武装的侦察机在匈牙利空军真是如鱼得水，1942 年行动的前半阶段简直像是一场属于侦察机的夏季攻势。

如果说侦察机部队的这些行动算是喜剧，那么战斗机部队的悲剧则持续了好几天。

从 7 月下旬开始，战斗机部队都应步兵的要求出动，目的是掩护这些地面上的同胞的行动。匈牙利战斗机的确在许多场合都捕捉到了苏联飞机，可尴尬的是他们一直两手空空。最后，第 1 航空师的指挥部不得不向附近的德国战斗机寻求帮助。

憋着一口气的战斗机飞行员在 8 月 7 日再度上阵，结果证明他们的霉运尚未结束。那天上午，第 1/1 战斗机中队的年轻军校生彼得菲（Peterffy）驾驶着他的雷吉纳或者说是"鹰"式战斗机，进攻 1 架外貌粗笨的苏联飞机，后者当时正在顿河东岸扫射匈牙利的地面部队。

令彼得菲惊奇的是，他的明明击中了对方，可是那架飞机却似乎毫发无伤。而且，它还凶猛地掉转头来还击，结果把雷吉纳飞机的机首打爆。彼得菲送掉了自己的性命，这是匈牙利飞行员第一次遇到坚固的伊尔-2 攻击机。他们很快就被告知，如果一击不中，应尽量避免与这种飞机过多纠缠。

那天下午，"鹰"式战斗机终于在另一场与轰炸机的对话中赢得了胜利，可惜苏卡斯（Csukás）少校击落的居然是 1 架德国人

▲ 战后残破景象中的匈牙利军机

的 He 111！当时，德国飞行员误把一个匈牙利轻步兵师的阵地当成了苏联人的，而匈牙利飞行员也就不假思索地认定那肯定是苏联轰炸机。当苏卡斯少校和他的僚机兴高采烈地降落后不久，就得知了误击的实情。所幸那架 He 111 挣扎着迫降成功，机组成员当中只有两人轻伤而已。苏卡斯在第一时间赶去表示歉意。

8 月 9 日，6 架"鹰"式在黎明时分起飞巡航，当这些飞机在 4 时 28 分飞越一个名叫大卫多夫卡（Davidovka）的村庄时，16 架伊尔 -2 和数量相当的拉格 -3 迎面飞来。直到领头的 2 架苏联飞机迫近时，匈牙利人还不以为然——他们觉得那一定是德国飞机！

拉格 -3 迅速开火，拉斯洛·莫尔纳（László Molnár）中尉的座机被咬住，所幸其他飞行员一下子回过了神，卡萨尔（Kazar）中尉运用自己准确的射击击中 1 架苏联战斗机。他的另外两名战友，也各击落 1 架。匈牙利方面，莫尔纳安然无恙，他得以继续自己的未来王牌生涯。在一个惊险的开场后，战斗机部队的精彩演出时间终于来到。

为了便于协调，2 个战斗机中队在此时进行了分工：第 1/1 中队负责为轰炸机护航，而第 2/1 中队的任务则是掩护侦察机。不久，第 2/1 中队的吉梅斯（Gémes）中尉、一名老

资格的飞行员，就在新任务中遭了殃。当时他的座机和由他护航的 He 46 侦察机同时遭到了攻击，结果侦察机没事，他却不得不选择跳伞。不幸的是，风向对他很不利，不停地把他吹向东边，最后他落到了顿河东岸苏联人的手里。

8 月 11 日，第 1/1 中队的 4 架战斗机参与了一次掩护装甲部队进攻的行动。中午 12 时 30 分，12 架拉格 -3 出现了。在四散飞离的混乱中，帕尔·伊兰伊（Pál Irányi）中尉一头扎进了厚厚的云层，当他钻出来后不禁大吃一惊：自己的周围有 5 架拉格战斗机！

就在苏联人的错愕间，伊兰伊迅速地开火，1 架拉格 -3 冒出浓烟向下坠去，他本人则趁机拉起机头扑入了另一片云层的怀抱。伊兰伊后来跻身匈牙利王牌的行列，如果不是运气和机敏兼备，他在这一天肯定会被打成筛子。

伊兰伊中尉在 9 月 2 日再度上阵，这次遇到的是结伴而行的 4 架伊尔 -2，伊兰伊瞄得很准，成功打下了 1 架。如果记录准确的话，这应该是匈牙利飞行员第一次击落"黑死神"攻击机。

悲哀咏叹调

对整个匈牙利空军来说，轰炸机部队莫克萨利少校在 8 月 14 的死亡或许带有不可避免性，因而其影响也微乎其微。然而，6 天后一名空军中尉的死亡，却成为震动匈牙利全国的大事件。

8 月 20 日凌晨 5 时许，1 架 He 46 侦察机和护卫它的 2 架"鹰"式战斗机一同升空。就在起飞后不久，其中 1 架战斗机发生了操纵故障，它在 300 米的高度突然向左侧坠落，一头撞毁在伊洛夫斯卡亚（Ilovskoye）地区。

▲ 匈牙利飞机在东线作战的情景

这架飞机的机身号是 V.421，那正是摄政之子、小霍尔蒂的座机。这架匈牙利制造的 Re.2000 在沙褐色底色上涂有中绿色的斑状迷彩图案，机首还绘有伊斯特凡·霍尔蒂的个人标记：一个由一颗白星和两把手枪组成的图案。现在，这些鲜亮的色彩全部在黑暗中幻化为迸飞的烈焰。

此前的 8 月 6 日，霍尔蒂在和其僚机于顿河附近空域巡航时，曾遇到一个包括 12 架伊尔 –2 和 24 架拉格 –3 的机群，这位中尉果断地运用自己的高度优势开始俯冲攻击并迅速脱离，1 架拉格 –3 被打得起火，并"可能坠落"。这是小摄政仅有的一次空战胜利，虽然未经确认，不过他座机上的 8 个弹孔证明了他的勇气。

小霍尔蒂的死是匈牙利二战史上的一个谜团。霍尔蒂本人希望他的这个长子成为国家权力的继承者。伊斯特万不愿意追随德国人，相反，他有明显的亲英美倾向。他在 2 月被选为匈牙利副摄政后，德国人对他就一直比较担心。因此，很快就有人推测，这次意外是德国人的蓄意所为。当然也有观点指出，匈牙利制

造的"鹰"式战斗机很难掌控，许多飞行员在训练和实战中都发生过失事。不管怎样，小摄政的死深深地刺痛了这个国家。

当然，这一事件尚不可能阻碍轴心国军队继续坚定而顺利地朝着斯大林格勒继续挺进。在那时，匈牙利空军也开始获得更多的德国军机。轰炸机飞行员被集中到波尔塔瓦（Poltava），到那里学习亨克尔轰炸机和"斯图卡"的驾驶。而战斗机飞行员中的佼佼者，则开始学习 Bf 109 的基本操控。匈牙利的战斗机部队，终于开始拥有性能一流的装备。

10 月 25 日，匈牙利飞行员第一次驾驶着 Bf 109 出击。分配到第 1/1 战斗机中队的首批 6 架全部是从德国空军中抽调来的，很快就有更多的 Bf 109 陆续交付，第 5/I 战斗机大队队部、第 5/1 战斗机中队和第 5/2 战斗机中队这些单位都被建立起来，专门用于接收 Bf 109。大队的指挥权交给了一名经验丰富的军官，阿拉达尔·赫普斯（Aladár Heppes）上尉。到年底时，这些梅塞施密特战斗机总共出动 140 架次，而无一损失。

到了 12 月，一直没有让人失望的侦察机部队也接收了他们的新飞机：Ju 88D。这些新血的注入和一直以来的顺境，让人不禁对接下来的作战抱有更大的希望。

不过，严寒降临到了 1943 年 1 月的顿河地区，空军的活动基本上被叫停。一方面，天气条件不利于飞行，另方面，各飞行中队的情况还不如预计的那么理想。各部基本上仍处在青黄不接的换装阶段，比如第 1/1 战斗机中队，把一些"鹰"式送回了国，而到手的 Bf 109 仍然只有 6 架，原本要到的另外 8 架还被暂扣在德国空军 JG 52 联队第 1 大队手里。

也有一些飞行员尝试进行战斗巡航，不过在 11 日后就全部停止了。因为就那一天，

匈牙利空军的第一位王牌，伊姆雷·潘策尔（Imre Páncél）中尉的 Bf 109 座机被苏联高炮击落，他本人身亡。这位王牌在当日 11 时 30 分同僚机一起离开，直到深夜都没有归来。稍后通过收听苏联的电台，才得知了这两位飞行员的死讯。

潘策尔是当时匈牙利战斗机部队的领军人物，在飞"鹰"式战斗机的时候，他最知名的一仗是带领另外 3 架飞机与 12 架进犯铁路的苏联飞机交战。在 22 分钟内，这 4 架匈牙利飞机宣称击落了 5 架敌机，其中 3 架来自潘策尔，当然了，其中有 1 架未得到确认。

在得到 Bf 109 后，潘策尔又在 12 月 16 日上演了对伊尔 –2 的帽子戏法。他在当日上午和午后各击落 2 架伊尔 –2，不仅成为匈牙利空军中驾驶 Bf 109 取得战果的第一人，也成为空军产生的第一位王牌飞行员。此外，在挂载炸弹支援地面部队的行动中，他还先后炸毁了 3 节火车头，17 辆汽车和 1 个高炮阵地。

这位标志性人物的死，令整个前线的空军都受到巨大的影响。霍尔蒂在第一时间发来唁电并向他颁发勋章，一方面表彰其功绩，另外也希望借此稍定人心。

配备尚称齐全的侦察机部队此时也全部停止了行动，他们觉得，在这种冰天雪地的条件下，没有什么有价值的情报可以收集吧？

他们犯了一个大错。

1 月 13 日，苏联红军在斯大林格勒城下的惊人反击从打击轴心军的侧翼开始了，匈牙利第 2 集团军首当其冲。这支地面部队在数日内迅速崩溃，而已经改名为第 2 航空旅的空军前线兵力被整个隔断在伊洛夫斯卡亚地区。

就在红军反攻发起当日，匈牙利空军紧急实施了一次有组织的出击。但是，当 2 架临危出动的"鹰"式战斗机在空中等待将与之会合的德国轰炸机时，却把后者当成了苏联飞机而一通开火。不一会，真正的苏联战斗机出现了，好在他们忙着追逐德国轰炸机，匈牙利飞机匆匆逃回机场。

要做出更多的努力是不可能了，其他"鹰"式战斗机的星形发动机此时已经完全发动不了。第 2 航空旅接到了"向推进中的苏军扔炸弹"的命令，可是，临时又上哪儿找那么些炸弹呢？

1 月 14 日，第 5/I 战斗机大队临时发挥了它作为一个大队部的作用，组织一切可用的人力投入到保卫乌拉索沃（Urasovo）野战机场的行动中。大约 750 名飞行员和地勤人员拿起了武器，他们可用的最重型的装备是几门 40mm 的博福斯火炮。

几天后，地平线上出现了一群黑影，空军战士们紧张起来。幸好，那是一支溃退的轴心军，有自己的同胞，也有德国人和意大利人。

赫普斯上尉和这支溃军中最有组织的、德国第 26 威斯特伐利亚步兵师接上了头。尽管有 800 名伤兵，但这支临时的陆空联军仍然团结起来，以令人难以置信的毅力准备杀出一条生路。对匈牙利人来说，尽管大家都是溃散不堪，不过在那种条件下，和一支地面部队同行总好过什么也靠不到。20 日，他们幸运地从包围圈逃脱，赫普斯也赢得了"老美洲狮"的称号。

与此同时，一些超载的运输机和长程侦察机也飞离了这个人间地狱。剩下的飞机，则全部被付之一炬。19 日，苏军突破了机场附近地区，大约有 50 名滞留的飞行员死于混乱中。

失败的命运注定了，匈牙利陆空军在伏尔加河畔遭到了痛击，这个国家对战争的怀疑超过了以往任何时候。

洗劫之后的空军整编从 1943 年 2 月 2 日勉强开始，战斗机中队先是短暂地被德国 JG 52 联队代管，接着又由第 5/I 战斗机大队来统辖，大队长，仍然是已升为少校的"老美洲狮"赫普斯。这个大队——暂时只有第 1/1 和第 5/2 这两个不满编的中队——也就被称作"美洲狮"大队。

从 3 月份起，德国人提供了一些 Bf 109G-2，于是到了 4 月，这两个战斗机中队宣布恢复战斗力。他们的任务，或者是为偶尔出动的轰炸机护航，或者是挂上 50 公斤的小型炸弹，去苏军前线偷袭一回。

轰炸机部队的情况更为困难。一项从意大利购买另外 36 架卡普罗尼轰炸机的预算刚刚被否决，德国空军又没有提供他们承诺过的轰炸机。在准备接收 Ju 88 的等待中，轰炸机飞行员们只能靠训练打发时光。

在这个百无聊赖的春季，只有长程侦察机中队保持了在一线的正常活动。差不多到了初夏的时候，短程侦察机中队也恢复了活力，这得益于他们的新机型：福克-乌尔夫 Fw 189 侦察机。在随之而来的库尔斯克战役中，这些侦察机不仅完成了本职任务，而且还客串起了轻型轰炸机的角色。

不过，匈牙利人并不为自己实力增长的过于缓慢而担忧，事实上，他们正打算以尽可能快的速度把它军队撤离东线。斯大林格勒战役的失败深深打击了匈牙利人，他们不愿，也不能承受更多的损失了。

但是事实没有他们想的那样简单，在 1943 年的春夏之交，苏联上空正是战云密布。

从 5 月 6 日开始，苏联空军以前所未有的密集兵力和坚决姿态展开了集中行动，在 72 小时之内，苏联飞机出动超过 1400 架次，对前线的轴心军机场实施了猛烈攻击。这轮"五月攻势"共摧毁德国及其仆从国约 500 架飞机。

为了还以颜色，德国空军调集 424 架轰炸机和 119 架战斗机，在 6 月 2 日对库尔斯克地区的铁路枢纽进行了 5 个波次的强袭。苏联战斗机部队对每个波次都出动数百架进行拦截，德军总计被击落 145 架飞机。

在这种暴风骤雨面前，小小的匈牙利空军战斗部队的确不能发挥什么太大作用。当然，有少数战斗机在此前后也参与了为德国轰炸机护航的任务。这其中就包括后来成为匈牙利头号空战王牌的德索·岑特戈尔基（Dezsö Szentgyörgyi）士官长。

6 月 26 日凌晨 4 时，他和另一架飞机一道出发，希望在微蒙的曙色来临时寻找运气。已经这是他的第 92 次任务了，但自从去年夏天来到俄国战场后，他只赢得过一次"空战胜利"——击落 1 架德国的轰炸机！当然，这只是匈牙利空军众多误击事件中的一件。

今天，岑特戈尔基渴望着一次真正的胜利。终于，他们迎头遇上了一个苏联机群，大约有 12 架雅克-1 朝他们进攻，未来的王牌终于成功地把握住机会，他为自己首开纪录——击落 1 架雅克战斗机。

东线空战的剧烈浪潮在 7 月达到了顶峰，伴随着德军进攻库尔斯克地区的"城堡作战"的展开，双方的空中力量都以上千架的规模进行拼杀。夹在其中的匈牙利空军仅能勉强自保，完全谈不到在这场大战中能发挥什么作用。

7 月 5 日凌晨 3 时，第 5/I 战斗机大队所在的瓦尔瓦索夫卡机场（Varvasovka）警报大作，苏联轰炸机来袭！匈牙利人把手里能用的战斗机全部派了出去，其中第 5/1 中队就近守卫机场上空，第 5/2 中队则前往拦截来犯机群。

在 3 时 30 分升空的飞行员中，包括米科拉斯·肯耶雷斯（Miklós Kenyeres）和伊斯特凡·卡尔曼（István Kalman）两人，他们很快和一些拉 –5 战斗机缠斗在一起。这两位匈牙利飞行员努力施展着自己的技巧，肯耶雷斯在一次侧滚动作后失掉了和僚机的联络，不过卡尔曼取得了自己的第一次空战胜利。

掉过头来的肯耶雷斯看到了另外一架落单的匈牙利战斗机，便摆动机翼示意他就僚机位置，那是帕尔·科瓦柯斯（Pál Kovács），也是刚刚失掉了自己的僚机。于是这两架长机临时组合，再次冲入苏军机群中。这次，肯耶雷斯取得了一个战果，而科瓦柯斯则击落了 2 架伊尔 –2。在凌明前的黑暗中获胜的这三个人，后来都成为了王牌飞行员。

在后面几天的战斗中，有更多的未来王牌取得了胜利，包括岑特戈尔基和乔治·德布罗迪（György Debrödy）等人。在库尔斯克会战期间，匈牙利战斗机大概总共击落了 17 架敌机。这些胜利绝不意味着些许的轻松意味，每一天的空战强度都大得前所未见，飞行员们一天要出动四至五次，他们在最终爬出座舱时腿脚都已完全僵硬。

地面上，德军猛烈进攻的势头很快被遏止，随着时间的流逝，战场主动权易手，现在要做的是延缓苏军地推进了。奥廖尔（Oriol）桥头堡，就是这样一个重要阵地，而第 5/I 战斗机大队的任务，就是帮助这里的守军。为此，德国人送来了物资：16 架 Bf 109F–4 或 G–2。在由攻转守的 7 月份里，第 5/I 大队总共击落

▲ 这名地勤正展示由他维护的机载武器

了 33 架敌机，投弹 60.5 吨，还打掉了 153 辆苏军车辆。

战斗机部队的活动范围开始转移到别尔哥罗德 – 哈尔科夫一带。8 月 3 日下午，岑特戈尔基在击落 1 架拉 –5 后，成功地跻身王牌飞行员行列，这次击落同时也使得第 5/I 大队的单日战果达到 7 架。3 天后，德布罗迪取得了个人的第 5 次空战胜利。9 月 5 日，又有了一个标志性的战果，未来的第四号王牌拉约斯·托特（Lajos Tóth）取得个人的首次空战胜利，这同时是"美洲狮"大队的第 50 次胜利。

这些个人成功丝毫不能改变匈牙利空军不断被苏军压迫后退的事实，在日益强大的

压力和永无休止的苦斗中，也许王牌们的胜利只能算是这种斗争的副产品。

9月和10月的空战都带有一点幸运的色彩，两位王牌：德布罗迪和托特先在苏军阵线后方被击落，好在他们都会游泳，通过泅渡第聂伯河得以生还。10月7日，三号王牌拉斯洛.莫尔纳在一天之内击落3架敌机，这分别是他的第4、第5和第6次胜利。

秋季来临了，空军的"习惯性"后撤又开始了。

这时，第4/1和第3/1轰炸机中队全体人员的训练场地已经转到了法国，在德国空军第3轰炸机联队KG 3的第4大队训练下，他们终于开始接触到Ju 88A轰炸机。从次年开始，这些装备了新型飞机的中队将重回东部前线。

早在1939年，德国空军在波兰的成功就让匈牙利人急于得到Ju 87"斯图卡"俯冲轰炸机。不过几年下来，他们仅仅得到6架用于训练的"斯图卡"而已。之后，德国人把

Me 210的生产线交给了匈牙利，这让匈牙利空军几乎放弃了装备"斯图卡"的希望。现在，这种情况发生了变化，"斯图卡"如愿以偿地到来。

第2/2俯冲轰炸机中队成为匈牙利空军的第一支"斯图卡"部队，共装备有12架。该部的首次行动是在8月3日，任务是打击隐藏在布良斯克森林中的游击队。之后，该中队转隶德国空军第77俯冲轰炸机联队StG 77第2大队指挥，写下自己独立于匈牙利空军整体之外作战的一个章节。

在约两个多月的战斗中，这个中队共出动1200架次，投弹800吨，击落了2架拉-5和1架P-39"空中眼镜蛇"式战斗机。当这个中队在1944年1月回国时，已经损失了2/3的飞机和超过一半的飞行员。

在第2/2中队之后，匈牙利又陆续组建了第101/1和第101/2两个俯冲轰炸机中队。它们的出击数字也分别突破一千架次，但是

▲ 德国和匈牙利的 Ju 88 混停在一个俄国机场上

飞机的损失却微乎其微。

当冬天再度来到时，前线的各中队全面后撤，任务是"重整和训练"。11月，第1/1战斗机中队被调回国，在此之前，赫普斯少校已经奉召返回布达佩斯。第2航空旅更名为第102航空旅，飞行员们全部从勤务飞行中解脱出来，其中有战斗经验的那些人，要么被调往飞行学校，要么被安排去享受休假。一直积极表现的侦察机部队也是如此，中队的人员成建制的回国，至于他们的飞机，则全部移交给了德国人——那本来就是德国人的飞机。

难忘的战友

1944年来了，一些有经验的飞行员们不再归队参战，战斗机中队来了批年轻人，他们要么接受训练，要么驾机为轰炸机护航，富于创造性的空战狩猎任务的次数也减少了。实验性地装备了Me 210Ca-1重型战斗机的部队本来已经被送到了前线，不过他们的表演还没有开始就谢幕了，由于飞机本身的缘故，这支部队被送回了国。

短程侦察机中队勉强保持着状态，除了一些Ju 88D外，其他实力就是第3/1短程侦察机中队的一些飞机了。约瑟夫·弗劳恩霍弗（József Frauenhöffer）上尉保持了高要求，他的部下驾驶着性能优异的Fw 189，完成了那一时期里大部分最困难的飞行任务。

前线战斗机单位只剩下一个第5/2战斗机中队，所幸肯耶雷斯和德布罗迪这样的有经验的飞行员还在阵中。在2月的最初几天里，肯耶雷斯的空战生涯走到了尽头，但是在这段时间里，他和自己的长机德布罗迪展现了军人间令人动容的情谊。

2月1日，他们一起出发，为运送补给品的德国Ju 52运输机护航。在返航途中，来自雅克-9和拉-5的打击自上方突然袭来，反应过来的德布罗迪马上侧转以求重新掌握主动，并且打开无线电通知僚机肯耶雷斯。不料此时他的无线电怎样也打不开，2架飞机失去了彼此的保护队形。

德布罗迪的座机几乎和1架拉-5同时开火，在那一瞬间他们都击中了对方。Bf 109的机首开始冒烟，德布罗迪准备打开座舱跳伞，这时他注意到自己的高度表，天哪，在这个高度上他只有摔死的份。接着，在烟熏火燎中，这位王牌居然迫降成功。深度没过小腿的地面积雪倒是帮助他的座机"安静"了下来。苏联士兵朝他跑过来了，他赶忙用尽力气砸碎机上的设备。

与此同时，肯耶雷斯猛烈地做着机动，并且打下了1架雅克-9，这是他的第18次空战胜利，也使他成为当时匈牙利空军的头号王牌。正是在那时，他注意到了地面上的飞机和向它围拢的苏联人，那架飞机上带有醒目的黑底白十字。肯耶雷斯鼓起勇气，朝地面俯冲过去。他放下起落架，平稳落地并开始滑跑，最终停在离德布罗迪约150米远的地方。

两位战友短暂地拥抱了一下——他们的时间不多。Bf 109的座舱可不是为坐两个人而设计的，肯耶雷斯敲掉了座舱盖，扯下了降落伞包，两个人都脱掉了厚重的冬季飞行服，这样才勉强一同挤了进去。在螺旋桨激打着的雪花中，梅塞施密特飞机跟跟跄跄地起步，伴随着呼啸而过的子弹升空。当这两个亲密伙伴飞回乌曼的基地时，他们全都在开放的舱室里冻僵了，当然，他们的内心肯定是异常火热的。

两天后，这对搭档再次上阵。这一次，

◀ 匈牙利装备的
意大利轰炸机

肯耶雷斯座机的整个左机翼被高炮打掉，他不得不跳伞。德布罗迪本以为这次轮到他搭救自己的伙伴，可是他失望地发现下面是一片森林地带。他只能无奈地一圈圈盘旋，希望发现一丝肯耶雷斯的踪迹，然而却一无所获。

当燃油耗尽的红灯闪耀时，德布罗迪才回过神来，最后他迫降到了苏军阵地一侧。德布罗迪逃回了自己人这一边，而肯耶雷斯进了战俘营。所幸，他们都活了下来，其友谊一直持续到1984年，那一年，德布罗迪辞世。

泥泞的天气使得3月的行动次数很少。第5/2战斗机中队改变番号为102/1独立战斗机中队，装备12架Bf 109G。随着补充战斗机的抵达，前线的战斗机实力在缓慢增长着。6月，同样有12架Bf 109G的第102/2中队也成军了，其指挥官是后来共击落13架敌机的拉斯洛·波蒂扬迪（László Pottyondy），它与第102/1中队共同组成了第102战斗机大队。

这时，许多飞行中队的番号都以101为基础，这大概在心理上能让人觉得部队的实力在壮大吧。但是，一个始终困扰空军的老问题不仅没有得到缓解，反而看起来根本无法解决，那就是先进飞机数量不足的麻烦。

照理说，在过去几年里，根据与德国达成的协议，匈牙利的工厂已经开足马力在制造德国的各种主力飞机了，但是现实是，这项建造计划在耗费了国家大量财力和人力后，并没有收获应得的回报。

根据德匈两国的协议，匈牙利从1941年3月19日起获得德国的生产许可，开始生产下列德国飞机：100架Bf 109，78架Ju 87，250架 和70架Ju 52。匈牙利军方当时极为乐观，认为这样一来，空军的装备问题将迎刃而解。有官员估计到1943年底时，匈牙利的工厂能够生产出400架Bf 109，200架Me 210以及800到1000台DB601发动机。

但实际情形远没有这么理想。首先，即便能造出这么多飞机，匈牙利也只能得一小部分。制造协议的补充条款上写明，在匈牙利制造的飞机按比例分配给德国和匈牙利，Bf 109的比例是2：1，Me 210的比例是1：1，发动机的比例是2：1。更何况，盟军的空袭让这些数字根本没能完成。

其次，从协议看，德国将为此支付给匈牙利2000万帝国马克，这可是一笔不小的数字。但是，那并非一次性付清，而是在战争结束后支付。到1944年时，谁都清楚这笔货款是不可能收回来了。

于是，这份协议最终令人失望，它对空军的实力增长帮助很小。正如一个议员在一次激烈的演说中提到的那样，"德国人向罗马尼亚提供军事装备，而匈牙利的工厂则正在为德国武装部队提供军需品。"

更令人悲哀的是，在这一年的3月19日，德军全面成了对匈牙利的占领。空军的主要作战单位全部被置于德国第4航空队的指挥之下，完全由匈牙利人自己说了算的空中力量，只剩下一些运输机了。德军掌握指挥权后，在波兰成立了一个第102快速轰炸机大队，它下辖的第102/1"老鹰"快速轰炸机中队和第102/1"老虎"中队分别成立于3月和4月，不过最后一个中队第102/3"闪电"中队要到年底才能成军。

在上一年就陆续接收了"斯图卡"俯冲轰炸机的飞行中队，在德国人的安排下被派到波兰前线作战。7月25日，几架"斯图卡"和一个新的敌人不期而遇：美国人的P-51"野马"式战斗机。从冲突的情况看，美国陆航第307战斗机中队的年轻飞行员至少和那些匈牙利"斯图卡"飞行员一样不知所措。

希普曼（Shipman）中尉，飞在"野马"编队的最前方，就在他准备向几架"斯图卡"开火时，有1架飞机却径直朝他飞了过来，双方都是手忙脚乱地才在最后关头避免了相撞。其后，这个美国人乱糟糟地开火，他自己的飞机也被击中，所幸问题不大。希普曼算是和匈牙利很有缘，之后他于7月30日在布达佩斯上空被击落，不过打下他的竟然是友军的P-38。

斯图卡中队到8月底时完成了242次出击，只损失了3架飞机。这或许证实德国人在去年10月为这些部队的飞行员颁发的铁十字勋章是物有所值，不过其实他们的好运气

▲ 德制Bf 109是匈牙利空军的主力战斗机

主要是因为其出击任务回避了一些最危险的空域。

已经非常虚弱的轰炸机部队在 6 月 2 日努力着出动了一次。4 架 Ju 88 的目标是苏军的物资集结地，迎接他们的是高射炮的痛击和苏联战斗机群的围攻，事先传达的"不会有太大抵抗"的情报完全不可靠。结果，共有 3 架被击落。这之后，理所当然的，轰炸机中队又"后撤"了。

事实上，的确到了该后撤的时候。1944 年里，匈牙利领空遭受到持续的入侵，本土防空的压力之大，迫使空军把力量集中到了家门口。那些富于攻击性的部队番号被取消，新时期的作战重心落到了本土防空联队身上。1944 年 10 月开始，匈牙利的东线远征宣告结束。

不是战争结束了，而是这场战争已经打到了匈牙利的国土上。

像美洲狮那样战斗！

匈牙利刚跨入战争的时候，本土防空的任务是由高炮部队和一些装备老旧战斗机的二线中队承担的。事实上，整个国家的领空一直安然无恙。最早侵入匈牙利领空的当然是苏联空军，不过其规模很小。另外，在 1942 年夏天，英国皇家空军也偶尔光临这个国家的上空。

所有这些空袭都是不痛不痒，直到 1942 年 9 月。在 4 日和 9 日两天夜里，匈牙利首都遭到了苏联轰炸机突如其来的袭击。此后，空军紧急成立了第 5/1 "猫头鹰"夜间战斗机中队来应付局面。中队长亚当·克鲁迪（Adam Krudy）上尉发现，夜间战斗机这个空军的新兵种根本找不到合适的机型，而不得不使用 CR.42 这样的老式双翼机。

到 1943 年下半年时，不仅苏联空军对匈领空的渗透次数更多、规模更大，随着西方盟国对德国的空袭升级，来自英美空袭的压力也日益明显。

1943 年 1 月，盟国的首脑在卡萨布兰卡做出一项重要决定，以北非和（后来攻占的）意大利为基地，开辟欧洲上空的第二战场，对轴心国势力的东南部欧洲实施打击。为此，专门成立了一个新的航空队也即第 15 航空队，其打击目标指向罗马尼亚和奥地利等地，虽然并没有把匈牙利列为明确轰炸目标，但是执行任务的美国飞机经常要从匈牙利领空穿越而过。

照理说，本土防空的压力此时应该陡增，然而战斗机中队却接到奇怪的命令：当西方轰炸机越境时，不要升空拦截！而且这道命令里没有任何有关为什么要这么做的解释。大惑不解的飞行员们当然不可能知道，自己的政府一直在秘密寻求与西方和谈的可能性，因此当然不会去惹怒他们啦。

然而，随着德国人的军事接管，以及新机型的到位，此前针对西方盟国的"虚假战争"已经难以为继。1944 年 3 月 17 日，匈牙利飞行员终于打破禁令，攻击了一个美国轰炸机编队。突破的勇气可嘉，结果可不怎么样：美国人毫发无伤，匈牙利损失 2 架 Bf 109 战斗机。

事实上，美国第 15 航空队在上一年的 11 月已经做出决定，匈牙利城市布达佩斯、塞佩尔（Csepel）和戈雅（Gyor）等应该列为轰炸目标，当时就预计此类行动将于次年春天开始。

这样，对美国飞机的作战禁令彻底结束，匈牙利空军开始直接和美国轰炸机对抗了。首要的部署是加强首都的防空力量。拥有 18 架飞机的第 2/1 战斗机中队在 1943 年 10 月从别处移来，接着，驻索尔诺克（Szolnok）的新编第1/1战斗机中队也被调来加强首都防空，该部起先装备"鹰"式战斗机，后来得到了Bf 109G。之后，又用最新出厂的18架Bf 109G组建了第5/3战斗机中队。

而"猫头鹰"夜间战斗机中队则装备了10架双发的Me 210Ca-1。同样装备了12架这种重型战斗机的还有一个新成立的单位：空军试飞中心驱逐机中队。这个名称奇特的中队由罗兰德·多齐（Lorand Dóczy）中尉指挥，人员全部是试飞员。几天后，试飞中心又组建了另一支部队：空军试飞中心战斗机中队，人员构成性质一样，不过飞机换成了6架Bf 109G。试飞员当然都是飞行界的老手，可问题在于这些人连一点点实际的空战经验都没有。在随后的交战中，恶果显现了：这两个中队都蒙受了非常惨痛的损失。

4月3日这一天，标志着同盟国对匈牙利的空袭真正拉开了序幕。白天，一个前所未见的美国大机群轰炸了布达佩斯，造成1036人死亡。晚上，英国皇家空军第205轰炸机大队又展开了夜袭。其他大城市和工业基地也同样受到空袭。

匈牙利最重要的飞机制造厂多瑙河工厂遭到严重损坏，厂里的试飞员科内尔·内吉（Kórnel Nagy）和他的机枪手、伊斯特凡·库

本土防空战中的匈牙利战斗机部队（1944年4月）

第1/1战斗机中队（Bf 109G）
第1/2战斗机中队（"鹰"Ⅱ）
第2/1战斗机中队（Bf 109G）
第5/1夜间战斗机中队（Me 210Ca-1）
第5/3战斗机中队（Bf 109G）
空军试飞中心驱逐机中队（Me 210Ca-1）
空军试飞中心战斗机中队（Bf 109G）

蒂（István Kuti）跳上1架Me 210，孤零零地升空迎战。当他们面对一大群P-38战斗机的时候，可以说是毫不畏惧。在他们的飞机最终被击落后，库蒂当场死亡，内吉侥幸得生，但是少了一只眼睛。

10天后的一次空战终于有收获，"空中轻骑兵"在自己国家的上空成功击落了7架B-24、6架P-38和2架P-47，当然，己方的代价也很惨重。在整个4月里，第1/1和第2/1战斗机中队出动114次，击落6架敌机，自己也损失6架。

5月1日那天，第2/1、第1/1和第5/3战斗机中队变更番号为第101/1、第101/2和第101/3中队，并重组为第101战斗机大队，和之前的第5/I大队一样，它的外号也叫"美洲狮"。这个大队构成了保卫祖国领空的最重要的打击力量。

这三个中队也各有绰号，第101/1中队是"钢琴"，第101/2中队是"萝卜"，第101/3中队是"金属画笔"。每个中队编有16名飞行员，装备12架Bf 109G，这些实力加上大队部的4架，使第101大队共有40架梅塞施密特战斗机。和以前那个"美洲狮"大队不同的是，这一次，所有的战斗机都在机首涂上了大队的徽章：白圆圈里的红色美洲狮头。这个图案将被认为是二战匈牙利空军最著名的部队标志。

至于大队长，依旧是那位曾在斯大林格勒闻名的"老美洲狮"阿拉达尔·赫普斯，他此时的军阶是少校，已近不惑之年。"老狮子"向自己的部下训话时强调："让我们像美洲狮那样战斗！"

第101/3和第101/2中队的人员储备看起来不错，前者拥有德布罗迪和莫尔纳，他们都从俄国上空带回了18次空战胜利记录；后

者则有岑特戈尔基和托特在列，当时他们的击落数分别是 6 架和 10 架。不过，迎接大队创立后的首战的，是第 101/1 中队。24 日那天，该中队的全部 Bf 109G 升空作战，共打下了 3 架 B-24,1 架 B-17 和 2 架 P-51，虽然本方有 8 架飞机不同程度的受创，但没有一架被击落。

这样的胜利很珍贵。随着苏军的不断推进，美国轰炸机开始采取从意大利出发到苏联降落、反之亦然的"穿梭轰炸"。在对匈牙利的铁路枢纽和工业中心等目标实施打击时，轰炸机的编队规模都是数百架，这种气势极大的编队打击着本土防空部队的士气。

"美洲狮"大队依旧努力扮演着中流砥柱的角色。6 月 14 日，该部的 32 架战斗机起飞拦截 600 架轰炸机，成功击落了其中的 20 架——当然，有一些是德国战斗机的战果。不过，轰炸机编队完全不受这些拦截的影响，照样狠狠轰炸了此行的目标：油品加工厂。

在这场本土防空战以来最激烈的空战中，领头升空的大队长赫普斯发出如下指令：大队部飞机和第 101/1 中队直扑轰炸机编队，第 101/2 中队负责掩护侧翼，而第 101/3 中队则爬升负责掩护头顶。这只能是训练时采用的理想队形，因为大规模的 P-38 护航机群很快就冲散了第 101/1 和 101/2 中队，使得他们不得不分散开来各自为战。不过在这次交战中，伊斯特凡·法比安（István Fábián）、莫尔纳、德布罗迪和岑特戈尔基等空战好手都取得胜利记录。

一周之后，"美洲狮"大队的 28 架战斗机再度起飞，这次要阻击的机群包括 658 架轰炸机和 290 架护航战斗机。结果，匈牙利空军的损失多达 13 架。

整个 6 月里都是空战不断，炸弹落到了

首都，战斗机部队疲于奔命，损失也不断增加。在一次空战中，托特中尉先是击落了 1 架 P-51，然后自己在被击中后跳伞。这是他第四次在空战中跳伞，前三次都是在俄国。

有意思的是，当他在祖国的土地上降落后，发现先前被他击中的那架"野马"式的飞行员也刚跳伞着陆不久。虽然语言不通，托特还是通过打手势的办法让那个美国人和他结伴同行，在遇到了匈牙利陆军的巡逻哨后，两人才握手告别。

7 月的开头很好。2 日上午，尽管"美洲狮"大队可用的飞机只剩下 18 架，但它们和来自德国第 76 驱逐机联队 ZG 76 的 Me 410、第 1 驱逐机联队 ZG 1 的 Bf 110，以及第 27 战斗机联队 JG 27 的 Bf 109 等超过 100 架德国飞机一道，在布达佩斯上空和 700 架规模的美国机群交战，据信后者的损失高达 50 架。匈牙利飞行员宣布击落 14 架，其中大队长赫普斯打下 1 架 B-24。

不过，空军总部最终只确认了其中一半。美国方面的阵亡人员中包括第 8 航空队的顶尖王牌之一、第 334 战斗机中队的拉尔夫·霍费（Ralph Hofer）中尉。他的座机坠落在离战场约有数百公里远的南斯拉夫山区，因此其死亡几日后才得以确认。由于当时没有证据，关于击落霍费座机的报告也在匈空军总部的"未确认"名单之列。这件事充分证明了确认程序存在的缺漏。

同样的问题又出现在 7 月中旬。在那次空战中，班科（Benkó）中尉在击伤 1 架 B-17 后，一路追击到了奥地利上空，他在那里最终将这架四发轰炸机击落。德国人对这次果敢的追击进行了充分肯定，颁发给他一枚二级铁十字勋章，然而，让人费解的是，由于没有"明确击落物证"，匈牙利空军拒绝认定班科的这个战果！

其实，飞行员们对有关认定击落数的规定，已经越来越有怨言。二战中，匈牙利空军对于击落战果的认定有一套非常严格的规定。一开始，这一规定要求人证、照相枪证明和飞机残骸物证缺一不可。这当然很困难，于是在试行一段时间后，改成了三个条件中至少得有两项符合。

事实上，匈牙利飞机很少安装照相枪，于是认定只好靠僚机证明和击落的飞机实物。在东线，当空军跟随着推进的地面部队作战时情形还好，因为物证很可能出现在本方控制区域，但是当飞机深入敌方区域作战时，击落后的物证就不可能获得了。到了本土上空，本来获得证据会方便些，但是不少情况下，被击伤的盟军飞机都飞到相邻国家的上空才坠落，而空军对此一概不予确认，所以造成很多中队申报击落数和实际认定数字的差距。

7月7日成为喜忧参半的一天。这一天有个千机编队从匈领空飞过，这支大部队是去轰炸奥地利和波兰的炼油厂的，第101大队升空进行了拦截，成功打下了7架轰炸机和3架战斗机，而本方毫无损失。本来，这是值得庆祝的日子了，但是悲剧紧随而来。在从维也纳折返后，同一批美国轰炸机出人意料地飞临维斯普雷姆（Veszprem）机场上空，向那里投下了人员杀伤炸弹，这造成了地面上62人死亡。

27日，美国第15航空队出动800架飞机对布达佩斯实施不间断轰炸，他们的损失数是29架，不过其中大多数是被德国战斗机击落的。

匈牙利空军的力量持续被削弱，8月7日更迎来一次标志性的打击。当日第101大队的18架战斗机在巴拉顿湖上空被自波兰飞返的P-51机群袭击，结果8架被击落，确认的战果只有2架而已。身亡的飞行员中，包括当时战斗机部队的头号王牌拉斯洛·莫尔纳。这是莫尔纳的第132次出击，此前他已经取得了25.5次空战胜利，正在匈牙利空军中领跑。死的时候，这位极有才华的飞行员只有23岁。

8月22日的空战总算有了一丝喜庆的意味，第101大队赢得了创建以来的第100次空战胜利。也是从这以后，"美洲狮"大队暂时撤出了战斗，进行补充和休整。连续的剧烈战斗使这支部队的人员和装备都呈现了巨大的危机，他们的重返战场，要一直等到10月了。

根据统计，从5月到8月，第101大队总共击落104架美国飞机，其中56架是重型轰炸机，为此，大队付出了18人阵亡的代价。

无主孤军

9月下旬开始，来自红军的压力陡增。苏匈前线——经过了一段时间的平静——此时变得非常危险，红军开始重启积极的攻势。

作为应变之策，空军在9月中旬重整战斗机部队，第101战斗机大队升格为第101战斗机联队，下辖第101/I和第101/II两个大队。第101/I大队，也就是原来的"美洲狮"大队，下辖原来的3个中队；新编组的第101/II大队，则辖有第101/3、101/4和101/5三个中队。

同时，还在紧急抽调人员以组成第101/III大队，这些人员预计将包括从东线后撤的人员，以及被派到德国去接收飞机的一批人员，不过，该部要到次年1月才能全部到位。不难看出，这种番号游戏的意义不是很大，真实兵力并无显著增加，只是用了一些二线

▲ 这幅画表现的是波蒂扬迪在 1944 年 10 月 9 日的一次空战胜利

飞机和菜鸟新兵来填报数字而已。

美国人在 10 月里集中攻击机场，这给匈牙利空军造成了极大的困扰。9 日和 10 日，一批"斯图卡"被炸毁在博根德（Borgónd）机场；12 日遭殃的是一批 Bf 109 和 2 架 Ju 52；到了 13 日，另外 10 架 Ju 52 和 2 架 Fw 58 被毁。

11 月 5 日，500 架美国轰炸机照例在从奥地利返回途中轰炸匈牙利，在巴拉顿湖上空遭遇到 20 架匈牙利战斗机。美国人有 4 架"解放者"式和 1 架"野马"式被击落，不过同样打下 4 架匈牙利战斗机。第二天，第 101/II 大队的一位中队长发生了坠机事故，当时他的座机因机械故障而直冲地面。他的僚机穿越云层紧随其后，结果居然也撞毁在地面上！

看到己方的运气如此糟糕，第 101 联队在 7 日被禁止再与英美飞机交战，而是集中全部力量对付苏联空军。

10 月初，俄军越过了匈牙利边界，从 10 日开始，苏联第 2 乌克兰方面军的兵锋穿透匈牙利东部重城、全国第三大城市德布勒森（Debrecen），直指首都布达佩斯。红军在这个方向上的空中力量为戈留诺夫（Goryunov）空军上将麾下的苏联空军第 5 集团军，包括 1100 架作战飞机。这样一来，匈空军的作战重心迅速从对抗美国轰炸机变为阻止红军推进。

此前的 10 月 11 日，匈牙利实际上已经接受了盟军的停战条件，摄政霍尔蒂更是几天后通过电台宣布了匈牙利的停战声明。但是这个国家不可能这么轻松地退出战争。

10 月 16 日星期一的凌晨 5 时，由搭救过墨索里尼的斯科尔兹内率领的武装党卫队攻进了布尔格宫，仅仅 20 几分钟后，这支突击队就控制了局面，霍尔蒂听任他们的摆布了。这位统治匈牙利达 24 年的摄政不得已发表辞职声明，并将政权移交给亲纳粹的箭十字党。

此时全力对抗苏联空军的本土防空联队，得到了一支援军。由于战线后撤，此前一直在苏联境内活动的第 102 战斗机大队也撤回了国内。这个大队的两个中队都是久经战阵，其飞行员中不乏空战经验丰富的老手，他们在 11 月 1 日和第 101 战斗机联队的同僚们一起截击苏联机群，很快就取得了战果。这次，匈牙利人面对的是美国提供给苏联使用的 A–20 式轰炸机，第 102/2 中队的王牌拉斯洛·波蒂扬迪击落为之护航的 1 架拉 –5 战斗机，很快，他的战友也取得胜利。

11 月，一批新的 Bf 109 补充进来，第 101/I 大队得到了 9 架。13 日，该部和第 102 大队联手出击，击落 4 架雅克 – 9 和 2 架伊尔 –2。这时，波蒂扬迪已升任第 102/2 中队的中队长。

17 日，第 102 大队取得了更多的成功。匈牙利战斗机和德国空军 JG 52 联队第 2 大队的 Bf 109 联袂行动，分别结对编组成混成小队出击。对于中队长波蒂扬迪来说，这一天是令他难忘的，因为他有了世界上独一无二的、出类拔萃的僚机，这就是德国空军的东线头号王牌、JG 52 联队第 4 小队的小队长埃里希·哈特曼（Erich Hartmann）！空战中，这两位王牌飞行员各自击落了 1 架 A-20"波士顿"式。

此前的 11 月初，第 102 大队还建立了一个新单位，第 102/1 攻击机中队，该部的装备是 16 架 Fw 190F-8 战斗／轰炸机。这个中队很快就对布达佩斯以东展开行动，13 日到 16 日，快速轰炸机单位竭尽全力，试图阻止苏军对这座都城的全面包围。20 日，Fw 190 部队更名为战斗／轰炸机中队。在 12 月初的一次作战中，1 架 Fw 190 竟然被 Bf 109 所击落，原来那是已改变阵营的罗马尼亚战斗机！

第 101 战斗机联队在 11 月宣称击落 21 架敌机，不过付出了 11 名飞行员阵亡的代价。

12 月的严寒天气让坚持作战的飞行员备受考验，但他们没有其他选择。现在已经不像在苏联境内时那样，打一阵接着可以休整一阵了。国家的命运危在旦夕，除了加满油弹，在大雪飘飞的简易跑道上努力起飞外，又还有什么办法呢？

参战的各中队都明白这个道理，但是他们的努力成效很小，布达佩斯被围得越来越紧。在苏军合围布达佩斯后的 11 天里，苏联飞机出动超过 8400 架次，而匈牙利飞机是数百架次，力量对比实在过于悬殊。12 月里，第 101/I 战斗机大队出动 229 架次，击落了 11 架敌机。第 101/II 大队和第 102 大队则分别击落了 5 架和 11 架。

一次又一次，匈牙利飞行员们飞过这座围城的上空，无奈地凝视着地面上那场惨烈的攻防战——那里的搏斗最终将了结匈牙利在这场战争中的所有努力。

1944 年的圣诞节充满了悲伤无奈的气

▲ 两位王牌在联袂出击后合影，右为波蒂扬迪，左为世界头号王牌哈特曼。

氛。被视作精锐的、在 1944 年里宣布击落 161 架敌机的第 101 战斗机联队，只剩下 80 架能飞的 Bf 109。要知道，该部在这一年里先后得到过 400 架的补充。这一年的最后 4 个月里，匈牙利陆军丧失掉了六成的力量，而苏联红军，已经控制住了这个国家三分之二的领土。

政府正在分裂。匈牙利总司令米科洛斯（Michólas）将军同他的参谋长于 10 月 17 日一起投奔俄国人。到了 12 月 21 日，一个匈牙利临时政府在德布勒森组建起来，临时政府迅速向德国宣战。不过，这个政府与苏联的停战协定直到 1945 年 1 月 20 日才在莫斯科签订。

这对战斗部队多少造成了一些混乱，但是，由于德国人的强势介入，空军的基干力量在继续在轴心阵营中作战这一点上没有什么问题。所以，匈牙利不像罗马尼亚，此时继续在对盟军和苏军作战。

1 月 2 日，德匈军队展开"康拉德 I 世"行动，试图打通布达佩斯之围，此前一直受困于大雾天气的匈牙利空军趁着短暂的晴好天气，也努力投入行动，陆续取得了一些零星战果。不过，和苏联空军在一天里就出动 671 架次的惊人打击力相比，这些努力实在过于轻微。

接下来几天，强烈的北风席卷战地上空，这股自然力量取代苏军成为了战斗机部队的最大敌人，许多飞机因为起飞和降落时的事故而报销掉，第 101/I 大队竟然在这场大风后只剩下 1 架能用的飞机！

紧接着，德国人觉得要进一步加强控制，于是他们在 1945 年 1 月 6 日全面管匈牙利战斗机部队，将其交由德国空军 JG 76 联队管理。也就在这时，浓厚的大雾再次降临，战斗机部队再一次因天气而被牢牢地钉在了地面上。

地面部队的战斗仍在继续，又一次解救被围者的努力，即"康拉德 II 世"行动又展开了。11 日，第 101/II 大队得到了一些新的 Bf 109G，但是次日的天气又是大雾弥天。又过了两天，匈牙利飞行员才得以升空作战，这次他们击落了 6 架敌机，胜利者中包括波蒂扬迪等人。

1 月 15 日，第 102 战斗机大队的实力被分解，以确保第 101 战斗机联队的整体战力。原来的第 102/1 和 102/2 这两个中队被调至第 101/III 大队，成为该大队的第 101/7 和 101/8 中队。一批从德国归来的飞行员，则构成了该部的第三个中队，即第 101/9 中队的骨干。这些人的任务是从德国接运新出厂的战斗机回国，有几个人还参加了德国空军在阿登地区的大攻势。这样，直到这时，第 101 联队的第三个大队才算凑成了完整的战力。

德国第 6 集团军为突破布达佩斯包围的最后努力在 18 日展开，其装甲部队在 26 日进抵距离该城只有 18 到 20 公里的地方后停滞不前，这在事实上宣告了"康拉德 III 世"行动的失败。在这几天里，苏联空军第 5 集团军和第 17 集团军调动大机群，以上千架次的出击数来打击轴心军。

在这样的大场面中，匈牙利空军的行动宛如小小的插曲。其出击架次、击落数和损失数，都微小到引不起交战任何一方的注意。

21 日，托特在击落 1 架伊尔 –2 后，宣告了一个非常令人伤感的消息："皇宫和议会大楼都在起火燃烧了。"第二天，更多飞行员带回关于城内混乱状况的报告，一个集中的焦点是连接布达和佩斯的古老大桥火光闪耀，腾起巨大烟柱。

到月底时，德军彻底放弃与城内守军打

通联系的努力，为避免反过来被包围，还不得不后退。布达佩斯包围圈内的机场则还在进行不可思议的运转。尽管到处积雪，德国滑翔机和匈牙利运输机还是在夜里作业，尽力为守军输入粮食弹药，不过这种努力也快到尽头了。与此同时，尽管地面积雪已经很深，战斗机部队还是尽力出击，多数人无功而返，像岑特戈尔基这样的王牌还在努力增添自己的击落记录。

这个严冬迎来了此前一直表现出色的长程侦察机部队的谢幕演出。这支部队的最后一次行动就是飞临首都上空，拍下了被围的布达佩斯的最后一批空中侦察照片。

根据第 101 战斗机联队的战报，在艰苦的 1 月份里，第 101/I 大队出动 344 架次，击落 28 架敌机，阵亡 3 人，损失 3 架 Bf 109，另有 26 架不同程度受损。第 101/II 大队出动 53 架次，击落 26 架敌机，阵亡 2 人。第 101/III 大队击落 15 架敌机，阵亡 1 人。

2 月 11 日，布达佩斯这座"无主孤城"的抵抗终止了，约 44000 人的守军残部四散突围，据称最终夺路而出的人还不到 800 人。在稍往南一些的地方，匈牙利战斗机做了最后一番努力，他们击落了 13 架苏联飞机，同时损失了 8 架梅塞施密特飞机。

燃油的紧张也令人头疼。2 月中旬，战斗机飞行员接到了这样的命令：副油箱是宝贵的资源，除了两种情况，严禁随意抛弃。一，发生空中格斗，二，飞行中发生故障。

不温不火的出击情形在 20 日有所改变，这一天，第 101 联队的 3 个大队都参与行动，总共有 63 架战斗机升空作战，伴随德国空军一道向多瑙河上空出击。这些飞机大都与苏联飞机发生了广泛的接触。波蒂扬迪在向 1 架雅克战斗机开火后，吃惊地发现目标的左翼在被命中数弹后就几乎完全和机身脱离。看来，新座机上的 MK 108 30mm 机炮的威力比先前的 20mm 炮要大得多。

2 天后，波蒂扬迪的同僚，第 101/7 中队的指挥官卡尔曼·泽维兰伊（Kálmán Szeverényi）中尉被 12 架雅克 –9 围攻，他的飞机先是被打中了滑油散热器，接着被打中

▲ 俄国冬日的匈牙利空军 Bf 109

了座舱。泽维兰伊最终迫降在一片冰冻的湖面上，在被送往当地一家医院数小时后死亡。

这个时候，他的僚机飞行员和机工长静静地坐在一旁。他们觉得，这样的结局，大概是失败者的宿命。对于自己的中队长，僚机的最后印象就是"冷却剂从飞机上一路喷洒而出"。

"春醒行动"，这场轴心军在匈牙利境内发起的最大的和最后的攻势在 3 月初展开了，德国和匈牙利的空中力量大概包括 850 架各型飞机。参战的第 101/I 和第 101/II 战斗机大队小有所成，在上旬击落 17 架敌机，在下旬又击落 20 架，机型包括伊尔–2、雅克–9、拉–5、拉–7 等。

3 月初，各大队兵力不足的问题愈形突出，可是已经没有获取大量补充力量的可能，怎么办呢？想到的办法只有整合现有资源。结果，第 101/I 和 101/III 这两个大队被合二为一，第 101/1 和第 101/7 中队、第 101/2 和第 101/8 中队、第 101/3 和第 101/9 分别两两合并。

合并后的大队在 8 日首次出动，只有伊斯特凡·卡尔曼中尉设法击落了 1 架敌机，飞行员们普遍感觉苏联人的飞机性能越来越好，与之缠斗是非常困难的事。当天下午，带队出航的波蒂扬迪用尽力气才击落 1 架伊尔–2，这是他的第 13 次空战胜利，也是最后一次。

在空战越来越困难的同时，空战胜利确认的烦恼仍然困扰着飞行员们。

3 月 19 日，拉斯洛·马特（László Máthé）中尉经过在云层间的反复追逐，总算命中 1 架雅克–9，当时后者拖着长长的尾烟朝地面冲去。由于没有相关证明，这次"击落"险些又要被繁杂的官方认定程序所否决掉，所幸中尉随后得到了一位有力证人的支持，这才被承认。

马特的旁证者是德国空军 JG 52 联队第 2 大队的多特曼（Duttmann）中尉，当时他也在此空域作战。尽管不符合另一项提交飞机残骸物证的规定，但考虑到做出担保的是德国飞行员，这次认定也就网开一面了。

和他相比，另外两名空军中尉，福洛（Forro）和费兰克·马尔纳西（Ferenc Málnássy）就没有这么幸运了。他们在几天后的交战中分别击落 1 架雅克–9 和伊尔–2，然而，由于没有物证，这 2 个战果都被勾销。可是，其他匈牙利飞行员明明看到那两架苏联飞机一头栽进了巴拉顿湖！

一些王牌们有所收获。19 日下午 15 时，在岑特戈尔基带领下，4 架匈牙利战斗机正朝目标前进，起飞后不久就有 1 架因起落架无法收起而返回，剩下的 3 架则很快赶上了一个伊尔–2 编队，岑特戈尔基和法比安分别打下 1 架。第二天，前者又取得了自己的第 27 次空战胜利。同样是在 20 日，托特打下了第 23 架敌机。

说得上的胜利也仅此而已。很多人发现，和自己对阵的拉沃契金战斗机突然变得极为难缠，而看上去又好像不是新机型。其实，红军正装备越来越多新式而快速的拉–7 战斗机，仅就外观而言，它们的确和之前的拉–5 相差不多。这种飞机的低空速度性能很好，那使得匈牙利飞行员一直依赖的速度优势在很大程度上被抵销。

即便没有出现这种烦人的新机型，情况又能好到哪里去呢？匈牙利空军的处境已经尴尬到无以复加的程度。政体上的混乱使得空军看起来像是一支无主孤军，而苏军的快速推进更使他们都不知道要飞向何方。前一天，这些飞机刚刚升空，机场就被苏军攻占，于是第二天，匈牙利飞机不得不去轰炸昨天的基地！

谢幕

1945 年 3 月底，空军的剩余力量在背离临时政府之后，又背井离乡——快速轰炸机部队的基地转设到了奥地利境内的帕恩多夫（Parndorf），战斗机部队则迁至维也纳新城（Wiener Neustadt）。

4 月 4 日，匈牙利全境被苏军解放。此时的匈牙利飞机集中在维也纳上空作战，顶尖的飞行员依旧保持着他们的状态。4 月 13 日下午，8 架 Bf 109 飞临维也纳上空，迎战从北而至的近 40 架雅克和拉沃契金战斗机，临近傍晚的时候，托特中尉把 1 架拉 –7 打成了火球，那名飞行员当即身亡，这是他本人的第 24 个战果。

在这个奥匈帝国旧都城的上空，匈牙利战斗机部队还取得了另外一些成功。如果这是在上次大战中，作为保卫首都的作战那还算有点意义，可是现在，这些"空中轻骑兵"们是极度彷徨无助的。

很快，第 101 战斗机联队的 3 个大队的剩余力量被组成混合编队出击，因为这时已经没有哪个大队拥有足够的实力来完成一次

▲ 匈牙利空军的地面听音器部队

独立的战术任务了。

16 日下午，在一次突然而短促的空战中，岑特戈尔基击落 1 架雅克 –9，从而为自己的空战记录画上了句号。这名匈牙利空军的头号王牌，一直保持着冷静的空战风格和低调的姿态，一步一步稳妥地增加着自己的击落数。他在空战中击落过为数不少的伊尔 –2，这的确是一位对付这种攻击机颇具心得的专家。事实上，不少匈牙利飞行员摸透了"黑死神"的特点，他们往往先充分爬高，然后在俯冲的刹那间瞄准伊尔飞机的散热器猛击。如今，这位空战专家又被人记起，90 年代的匈牙利空军还以他的名字命名了一个精锐战斗机团。

然而，16 日这一天对整个匈牙利战斗机部队来说，却是极为糟糕的。当已经多次升空的飞行员回到基地后，突然收到美国机群逼近的警报。8 架 Bf 109 紧急起飞，和数倍于己的 P-51 缠斗。贝拉·索罗（Bela Soró）击中的 1 架是这场搏斗中匈牙利人唯一的战果，而索罗本人甚至都快没有机会申报这次击落。仅仅数十秒钟之后，他的座机就被另外的"野马"式击落，索罗本人重伤。和他一样被击落的还有另外 4 架飞机。

掌握了空中优势的美国飞机开始猛烈地向机场攻击，这成了第 101 联队不折不扣的灾难。跑道上、机库和维修间内，共有约 20 架飞机遭到不同程度的毁伤，许多飞行员和地勤人员或死或伤。有 10.5 次击落数在身的王牌飞行员，约瑟夫·马利克（József Málik）因伤重不治身亡。

"美洲狮"大队的战史终结在雷费丁，那里是该部在大战中的最后一站。他们在 4 月 17 日取得最后一次胜利，恩诺·基斯（Ernö Kiss）中尉打下 1 架雅克 –9——他个人的第

6 次空战胜利。不管怎样，这个大队写下匈牙利空军二战战史的最后一章，他们是 4 月里唯一一支坚持作战的空军部队。从 1944 年至今，"美洲狮"大队宣称击落 161 架敌机，同时付出了 76 人阵亡，25 人受伤的代价。

4 月 23 日，"美洲狮"大队甚至还获得了一批新飞机的补充，但全部被焚毁——其中 6 架毁于美军空袭，其他的由飞行员们将其付之一炬。几天之后，"空中轻骑兵"最后的人员，全部被送进了战俘营。

客观地看，匈牙利空军的实力很弱。即便是在德国的东线仆从国当中，它的能量也无法同罗马尼亚空军相提并论。而且，在追随德国人作战的年月里，匈牙利人似乎从来不肯用出全力，偶尔奋力一击，随之而来的也肯定是迅速收拳。

但是，当战争打到自己的国土上后，情况就完全不同了。在战争的最后阶段，匈牙利空军展开了无望而殊死的搏斗，他们的真正能量，在此时得到了证明。而且，必须指出的是，当德国的绝大多数东线仆从国倒戈之际，匈牙利军队战斗到了最后时刻——尽管那多少不是他们的本愿。

1944 年底，一群来自德国第 8 战斗机师的特殊人员从维也纳赶到了第 101 战斗机联队的联队部所在地。这些德国人的使命是来评判匈牙利战斗机在这一年 1 月 1 日至 11 月 30 日间的战斗效率。统计后，德国人惊奇地发现匈牙利人的效率似要高于德国空军。

根据德国方面的材料，匈牙利战斗机共出动 649 架次，击落 107 架敌机，损失 78 架飞机，阵亡 30 人。而在同一时间段内，德国日间战斗机共出动 932 架次，击落 73 架敌机，损失 88 架飞机，阵亡 43 人。换句话说，匈牙利人每出动 6 次就取得 1 次空战胜利，而德国人要出动 12.8 次才取得 1 次空战胜利。

德国人写成的这份报告从未交给过匈牙利方面，甚至也没有被记录到第 8 战斗机师的正式档案中。它只是在战后一个偶然的场合被人发现的。当然，这并不能说明"空中轻骑兵"的能力跃然于德国空军之上，计算的方法、样本选择的特殊性等，都是一些不确定的因素。这份样本的价值在于，它证明了匈牙利空军的能力和努力，只不过，这些东西完全被浪费在了一个不正确的方向上。

匈牙利空军前 10 名王牌榜

姓名	击落数
德索 · 岑特戈尔基 （Dezsö Szentgyörgyi）	32 / 2
乔治 · 德布罗迪 （György Debrödy）	26 / 2
拉斯洛 · 莫尔纳 （László Molnár）	25.5
拉约斯 · 托特 （Lajos Tóth）	24 / 1
米科拉斯 · 肯耶雷斯 （Miklós Kenyeres）	18 / 1
伊斯特凡 · 法比安 （István Fábián）	15.5 / 1
拉斯洛 · 波蒂扬迪 （László Pottyondy）	13 / 1
费兰克 · 马尔纳西 （Ferenc Málnássy）	13 / 2
阿拉达尔 · 赫普斯 （Aladár Heppes）	8 / 4
卡尔曼 · 纳纳西 （Kálmán Nánási）	12

注：非常奇怪的是，没有来自这个国家的战争部或空军司令部的综合统计材料——也许是被弄丢了，也许从来就没有搞过。飞行员们的档案全部由各飞行中队自行保存，其中许多也在战争末期被销毁了。这些都使得匈牙利王牌的统计情况难免出现差错，总的来看，共有 34 人达到或接近王牌的标准，他们共击落了 347 架敌机，另外还可能击落了 20 架。

第四章

失色黄十字：打遍苏美英德四国的罗马尼亚空军

引子：罗马尼亚——历史与政治

虚荣心和对领土的渴望，诱使着罗马尼亚参加了两次世界大战，其中第二次参战是为了弥补上一次参战的遗憾，但战争打得更久，血流得更多，遗憾也更大。

当欧洲强国在 1914 年乒乒乓乓地打起来后，罗马尼亚国王，这个德皇威廉二世的表兄，很快就想效仿意大利人那样背叛与同盟国的条约，不过来自德意志帝国的强大压力暂时压制了国王对领土的渴望欲火。在理智和冲动之间整整举棋不定了两年后，罗马尼亚还是受不了英法许诺分给领土的诱惑，宣布加入战争。即便如此，摇摆的性格依然清晰可见：国王决定只向奥匈帝国宣战。

掩耳盗铃的做法当然不能改变德国和保加利亚立即对罗马尼亚宣战的事实，也许后者早就对这个国家的粮食和石油馋涎欲滴了。罗马尼亚统帅部的战略目标明确而简单，就是夺取匈牙利平原上的特兰西瓦尼亚（Transylvania）。然而这块肥肉好看不好吃，在一个由德国将军领导的混成兵团打击下，不仅这个目标化为乌有，甚至连首都布加勒斯特（Bucharest）都保不住。

到 1916 年年末，罗马尼亚已经有一半以上的领土被德国及奥匈帝国占领了。这个国家到 1917 年就不得不退出战争，上演了在参战后便被迅速打败的荒唐一幕。就这样，为了夺取领土而参战的罗马尼亚丧失了大部分领土，白白牺牲了 33 万 6 千人，而损失兵员中的绝大部分居然是因为饥饿和疾病而死的。

所幸中欧同盟国之后成了战败的一方，这样一来被其打败的罗马尼亚就因为站对了队伍而在一战结束后摇身一变成了一个战胜国。罗马尼亚人不无兴奋，付出的代价毕竟有所回报了！在巴黎和会上，罗马尼亚代表团力求达成军人们所无法达到的一切，他们的胃口大到要求吞并匈牙利的大部分领土。《凡尔赛和约》果如其所愿地体现了罗马尼亚作为战胜国的权利，这个国家——虽然打得一败涂地——得偿所愿地从匈牙利、保加利亚和新兴的苏联那里掠得了领土。但这一令人高兴的"大罗马尼亚"局面没能持续多久。

到了1940年，那个风流成性情人多到数不清的罗马尼亚国王卡罗尔二世（Charles II）面对着一个艰难的时刻。根据德国和苏联之间的协议，罗马尼亚必须把比萨拉比亚（Bessarabia）和北布科维纳（Northen Bukovina）割让给苏联，同时将北特兰西瓦尼亚割让给匈牙利。这等于是意味着上次大战的血全部白流，《凡尔赛和约》的内容全部白说。

这时，被德军狠狠打败的阴影浮现眼前，国王在权衡之下认为要吸取上次的教训，不能第二次排错队，再次站在德国人的对立面上。割地之举让德国和苏联满意，却也让卡罗尔二世站在了人民的对立面上，他不得不下台，让自己的儿子继位，这就是迈克尔一世（Michael I）。新国王只有19岁，国家的命运掌握在另一个人手中，那就是极度亲德的伊恩·安东内斯库（Ion Antonescu）将军。

和匈牙利摄政霍尔蒂相似，安东内斯库也是一位具体有力政治手腕的人物，而且他在某种程度上更有见识、更有能力、也更为狂热。安东内斯库于1940年11月22日赴柏林第一次会见了希特勒，他在会面时所表露出的明确追随德国的意思，当即赢得了希特勒对他的高度赞许。

事实上，安东内斯库在那个场合就得到了德国将会在不久的将来进攻苏联的暗示，在德国所有的东线仆从国领导人当中，安东内斯库是第一个得到这一重要信息的人。对于攻打苏联，安东内斯库在个人情绪上完全认同，在希特勒的同盟者中，或许只有他真正地把德国的侵苏战争看作是罗马尼亚义务所在的战争。他曾对希特勒表态："如果要攻打斯拉夫人和俄罗斯人，你永远可以依靠罗马尼亚。"

对罗马尼亚来说，进攻苏联似乎也有现实依据。当时苏联正向一众周边国家继续施加咄咄逼人的压力，英国这样的国家根本无力干涉巴尔干政局，罗马尼亚既痛心已失去的领土，又恐惧可能被苏联掠去更多的领土，终日想着找到一种解决办法。不光是安东内斯库，还有罗马尼亚军队中的强硬派都一直认为，只有和强大的德国合力向东进军，才能彻底消除这种恐惧。

因此，当此前和苏联签订了互不侵犯条约的德国决定在1941年夏天入侵苏联后，罗马尼亚认定机会来了，安东内斯库毫不迟疑地——不像皇室那样摇摆不定——决定把自己的国家绑上德国的战车。时隔24年，这个国家又参战了。夺回失地、奠定国家生存根基的美妙前景鼓舞着决策层，他们甚至拒绝想起上次参战的惨痛经历。在对领土的渴望和对胜利的向往之下，理智算不了什么。当然罗马尼亚民众在发现自己的国家同苏联处于交战状态时并不像他们的领袖那般高兴，不过从表面的意见来看，至少也没有明显的反对之声。

1941年夏秋季，罗马尼亚军队伴随着德军在苏联南部迅速推进，这一度让罗马尼亚人人兴奋异常，甚至已经着手考虑在新占疆域里建立新行省的事。但是打击随后来到，随着德军的顿挫和罗军的伤亡日益增大，加之对宿敌匈牙利一贯有之的担忧，参与了侵苏战争的罗马尼亚开始陷入摇摆的灰暗气氛中。

东线转折点的斯大林格勒会战结束之后，安东内斯库又去了一次德国，和1940年11月那次愉快的会晤不同，回国后的安东内斯库表示他对德国的整体印象很不好。而他身边的人，则已经对轴心国的胜利前景感到绝望。

1944年8月23日，在一连串的暗流涌动之后，安东内斯库在一场政变中被逮捕，新政府宣布罗马尼亚脱离轴心阵营，加入反法西斯同盟国一方参战。在持续受到痛苦的煎熬后，他们决定通过调换枪口的方式来改善自己的处境。8月25日，罗马尼亚对德国宣战；仅仅一周之后，刚刚发动了一场新攻势的苏联红军就开进了布加勒斯特，罗马尼亚人以奇异的心情欢迎这群"一星期朋友"的到来，同时见证自己国家的命运进入另一个转折期。

▲ 以德国忠实盟友自居的安东内斯库将军和希特勒的会面

空军建设"三部曲"

罗马尼亚皇家空军（ARR）无疑是二战中整个东南欧地区最强大和最具传奇色彩的空中力量。只不过在这种强大的表象下，隐藏着一颗摇摆的心。罗马尼亚空中力量的二战史可以用几个关键词来概括：尴尬、摇摆，当然也不乏勇气、鲜血。

罗马尼亚空军的起源和法国息息相关。

1909年10月18日，法国人路易斯·布雷里奥（Louis Bleriot）驾机完成了在这片土地上的第一次载人飞行；1910年，从法国购得的4架飞机构成了这个国家最初的空中力量。在此后相当一段时间里，法国飞机也是军购的主要选择。

1913年愚人节那天，罗马尼亚国会高票通过了一项动议：正式建立隶属战争部的空中武装力量，这算是罗马尼亚皇家空军的雏形。当时还为军机规定了国家标识的图案：国旗色的三色同心圆，由里向外依次为蓝色、黄色和红色。这个标识图案一直使用到罗马尼亚于1941年参加对苏作战时为止。

总的来看，这一白手起家的过程充满坎坷。成立才两个月，这批飞机就参加了第二次巴尔干战争，主要的任务是侦察保加利亚军队的动向，偶尔也向他们投几颗炸弹。

1916年8月，这支力量又加入了一次大战，尽管得到了一些法国援助，但它实在太弱，和当面之敌的德、奥匈航空队相比，简直可以忽略不计。

一战结束后，《凡尔赛条约》的"奖赏"让罗马尼亚在志得意满的同时，也陷入四面楚歌的窘境，国境线外简直到处都是敌人。在这种情况下，国防成为罗马尼亚优先考虑的基本国策就丝毫不让人奇怪了。在战场上一度被"忽略"的空军更是得到了充分的重视。

身为战胜国的好处之一是，罗马尼亚从奥匈帝国那里接收了成百架飞机的"遗产"，再加上从法国订购的飞机，以及奥匈帝国瓦解后分崩离析的巴尔干大环境，罗马尼亚空军几乎在一夜之间就成为这一地区最强大的空中武装。

为了保持领先优势，这个国家开始不断地采购新式军机。

为了选择合适机型，罗马尼亚专门于1930年6月在靠近首都的皮佩拉（Pipera）空军基地举行了一次国际战斗机竞赛，波兰国营航空公司（PZL）的P1宣告胜出。很快，那些竞争失败的厂家就纷纷放出话来，说波兰人在背地里和评委达成了某种协议。

最终，P1没有装备罗马尼亚空军，当然这和受指责的"暗箱操作"毫无关系，仅仅是因为波兰人在1931年生产出了同样具有海鸥式机翼、但更先进的P11战斗机，它被认为是当时世界上最好的战斗机。罗马尼亚人订购的50架P11全部在1934年交付，迅速成为空军的主力机型。

罗马尼亚人的可贵之处在于，他们一方面努力寻求购买先进外国飞机的可能，另一方面为发展本国航空工业投入了巨大努力。由政府出资建造的三家飞机制造厂都渐有起色，其中最著名的当然是1925年成立于布拉索夫（Brasov）的罗马尼亚航空工业公司（IAR）。

得益于购买的生产许可证，IAR得到了许多实际制造飞机的机会。以上述的50架波兰P11为例，这些飞机上使用的K9发动机和航空设备全部都在IAR生产。这些合同使公司保持盈利，并完成技术积累，尽管其早期的一系列设计方案都未获通过，但不妨碍它终于研制出被称为"黄头雪茄"的IAR.80/81系列飞机。

本国航空工业的兴起，让军方觉得以较低成本扩军将成为现实，于是一项空军的建设计划在1936年6月雄心勃勃地出台，照这个理想，今后两年半时间里将编成装备406架飞机的36个新的中队，包括150架战斗机，64架轰炸机，60架侦察机和132架通讯联络机。

对这个预案加以打击的是官员间流行的贿赂风气，由于空军高层在选择机型过程中爆出受贿丑闻，36个中队暂时泡了汤。

整整两年之后，执掌空军的保罗·西多雷斯库（Paul Teodorescu）将军提出了一个规模更大的新规划。将军检视了自己手头的实力：总计292架飞机，其中72架战斗机，16架轰炸机，120架侦察机，64架联络机，4架运输机，16架水上飞机。在匈牙利和苏联这两个敌人的环伺下，他觉得这支力量根本不够用。于是"西多雷斯库三部曲"出台了，406架飞机的目标仅仅是第一步，第二步和第三步将分别再增加105架和96架飞机，这一计划预计在1944年4月完成。

这些方案都以本国自行制造飞机为基础。事实是，尽管受到这个大订单的刺激而欢欣鼓舞，尚处起步阶段的航空工业根本无力完成这个过分庞大的计划。

眼光还是不得不向外。

一个大型考察团在1939年春组成，相继访问了法国、英国和德国，使命只有一个：用本国丰富的石油和粮食去换飞机。考察团带回了一大堆战利品，比如英国的厄利孔（Oerlikon）高射炮、瑞士的航空器械，比利时的勃朗宁（Browning）航空机枪，当然，也搞到了飞机。考察团出发的时候，空军装备着144架飞机，其中绝大多数为老旧的 P11。当他们回来时，宣布买到了 50 架"飓风"Mk I 和 30 架 He 112B 战斗机，最令人高兴的是，德国人可能还会出售 50 架 Bf 109E 战斗机。

这次出访是空军和法国间天然蜜月关系的一个转折点，因为英国和德国都同罗马尼亚签订了物物交换的协议，而法国人竟然拒绝了。后者的理由是本国空军也处在换装的关键时期，但是影响长达 30 年的法式装备体系就此在罗马尼亚空军宣告终结。

到 8 月时，来自德国亨克尔公司的 30 架 He 112B 全部交付，英国人只提供了 12 架"飓风"，好在德国最终同意出售 20 架 Bf 109E。另外，被寄予厚望的国产的 IAR.80 战斗机有 30 架预产型下线。这样，老式的 P11 全部转入训练之用，一线部队尤其是战斗机中队基本装备了较先进的军机，但是国别众多型号繁杂而导致的保养困难，使得军机的出勤率徘徊在 70% 至 80%。

本土战斗机 IAR.80 的生产进度始终是个麻烦。这种机型虽然有不少问题，比如没有配备无线电，火力仅为 2 挺 7.92mm 机枪等，但仍然具备了不少当时先进战机的特性，加之自主生产成本较低，因此空军首批就订购了 100 架。但受制于原材料和发动机的种种问题，生产工作到 1940 年末才算正常起来。

英国人单方面中止"飓风"合同的原因很简单，德国发动了入侵波兰的战争。不过所谓祸福相倚，这场战争倒是给罗马尼亚带来了意外的财富。就在波兰空军最后崩溃的前夕，根据政府的命令，116 架各式波兰军用飞机飞到罗马尼亚来避难，结果全部被罗马尼亚政府扣押并划归本国空军使用。虽然军容看上去壮大了些，但是这些飞机毕竟不算先进，而且没有备用部件。

轰炸机部队是另一个建设重点。

直到 1937 年时，罗空军的轰炸机部队都更像是一座老式飞机博物馆，各式各样的老旧机型东拼西凑，其中以法国波泰兹（Potez）公司的产品居多。为此，整军计划的 406 架预购案中设想用 64 架新式轰炸机建立 4 个新大队，这个计划直到 1937 年 5 月才发出第一份订单。出人意料的是，传统供应商法国旁落，拔得头筹的是意大利的萨沃亚 - 马切蒂（Savoia-Marchetti）公司。

后者原本打算提供三发动机的 SM.79 轰炸机，但罗马尼亚人更喜欢双发机型，并且要求发动机改用罗马尼亚具有授权生产许可证的土地神 & 罗恩（Gnome&Rhone）14K 星形发动机。意大利方面照此改装，成为罗方编号为 SM.79B 的机型。

22 架这种飞机在 1938 年 9 月从意大利飞往罗马尼亚，途中摔毁了 2 架。这种低单

▲ 在一个 IAR.80 停机坪上，罗马尼亚和德国的飞行员正在交流。

翼的现代化轰炸机大受欢迎，罗方立刻谋求在 IAR 工厂授权生产另外 36 架的可能性，本来想改装德国容克斯的 Jumo 211Da 1200 马力直列发动机，但是改动难度超过了本国工厂的承受能力，还是找了意大利工厂帮忙。

意大利工厂热闹开工，让另一边的法国人坐不住了。法国驻罗武官反复游说，力劝罗马尼亚购买法国轰炸机来达成某种程度上的平衡，结果双方签订了一份包括 10 架布洛赫（Bloch）MB 210、20 架波泰兹 Potez 633B2 和 50 台土地神 & 罗恩 14M 发动机在内的合同。

这些采购使空军在 30 年代末有了 64 架外国轰炸机，新型的轰炸机部队初具规模。1940 年 1 月，随着更先进的 32 架 He 111H 从德国飞来，这支部队的底气就更足了。

罗空军一直非常重视发展侦察机力量，因为自上次大战以后，四面受敌的领土环境决定了罗马尼亚军队必须拥有及时判断周边敌情的能力。空军的初始定位就是配合陆军作战，侦察机、联络机、小型的弹射观察机等，都是恰当解释这一定位的机种。

1939 年底，侦察机部队的实力为 82 架侦察机和观察机，建军计划的目标是建立总数 200 架的 20 个侦察机中队，现有的 3 个侦察机联队分别配置在 3 个大省地区。1940 年时，联队中的长程侦察机中队对边境的苏联、匈牙利和保加利亚实施秘密侦察，拍摄了大量地面目标的照片。随着战争的展开，还将建立 12 个名为观察和陆军联络机中队的单位，配属到步兵军或装甲师一级作战，执行战术侦察、弹着观测、情报传递等任务。

罗马尼亚国境和黑海西岸相接，这片水域的邻国俄国、保加利亚、土耳其都不太友好，因此发展水上机势在必行。罗空军的第一支水上机中队在 1920 年 7 月创立，使用掳自匈牙利的一战老式飞机。在自主研发失败后，水上机经验丰富的意大利成了关注对象，萨沃亚 - 玛切蒂公司几乎成了垄断供应商，在 30 年代初期先后提供了 12 架 S.59，14 架 S.62，和 6 架 S.56，这些飞机构成了一支水上飞机联队。

1938 年 10 月，这些飞机伴随罗海军进行军事演习，结果 1 架 S.62 不幸坠毁，不仅 10 名机组成员全部身亡，连水上飞机联队的指挥官内哥鲁（Negru）中校也一道殉难。似乎是霉运连连，向意大利新购买的坎特 Z.501 水上飞艇刚交付，就又有 2 架发生坠毁事故，接替内哥鲁的水上飞机联队指挥官赫尔曼·韦斯特（Hermann Wester）上校，居然又在死亡名单中。

空军在 1939 年 6 月的实力为 556 架一线飞机和 371 架后备飞机，一线飞机中包括 92 架战斗机，113 架轰炸机，35 架长程侦察机，214 架联络机，74 架运输机和 28 架水上飞机。从军机的先进性和数量来看，空军尤其是战斗机部队的实力已经凌驾周边国家之上，当然，苏联除外。

也是在这个夏天，罗马尼亚被迫向苏联和匈牙利割让领土，这使初具规模的空军很受打击。新掌权的强硬派安东内斯库将军决定紧紧跟随希特勒的左右，他很快就邀请德国军事代表团常驻罗马尼亚，以此来提升部队的凝聚力和战斗力。

德国人迅速做出了响应，第一批人员于 1940 年 10 月 12 日抵达。到 11 月中旬，已有相当数量的德国空军部队进驻了罗境内的机场和要地，这些部队统归威廉·斯派达尔（Wilhelm Speidel）空军中将指挥，任务是保护普洛耶什蒂（Ploiesti）油田等战略目标，训练并提升罗空军的战斗力。

德国人改造罗空军的第一件事，就是打破后者一直沿用的法国式的混成空军大队的编组方式，新编组的指导原则是以单一任务机种构成单一任务中队。

10 月 14 日，一小批意大利空军人员也应邀而至，名义上是协助德国人。实际上罗马尼亚人表现得很精明，邀请意大利的真正原因是空军希望得到多元而不是单一的帮助，考虑到当时的意大利空军在国际上享有声望，这是个合乎情理的选择。不过空军很快就会发现，这些人几乎不能构成什么影响，无论是积极还是消极。

安东内斯库的下一个动作是在 11 月 23 日赴柏林签署协作条约，把罗马尼亚正式被绑上了轴心国的战车。作为回应的姿态之一，德国人在 1941 年春天提供了允诺过的另外 30 架 Bf 109E。就在此时，IAR.80 的装备也走上正轨，罗空军一线战斗机的实力增长到 200 架的规模。

1941 年 4 月，德军入侵南斯拉夫，罗马尼亚向德国空军完全开放领空，境内的基地随意使用，表现得诚意十足。就加入轴心同盟所需承担的义务而言，就只差直接参战了。

实际上，对于直接参战的准备一直在进行着，这从军机涂装的变化就看得出来。

飞机的引擎罩都被涂成了亮黄色，机身后部涂上了黄色竖条图案，机翼背面的翼尖也涂成了黄色，有时机翼表面也这样处理。要知道，这种黄色涂装，正是轴心军于 1941 年夏天起在东部前线采用的标准化识别色系。

那种旧式的、过于英国化的国家标识也要改一改了。1941 年 5 月启用了一种新图案，以年轻国王的名字命名为"迈克尔国王十字"。这是一个由 4 个白色镶边的蓝色 M 组成的十字架，十字架为黄色，中间保留有缩小的三色同心圆，M 是国王迈克尔名字的首字母。有时，这个标识变为 4 个 I 组成的十字架，意为"一世"的首字母。就风格而言，这一十字图案属于马耳他十字的谱系，喷涂在机翼正面、背面和机身侧面的共 6 个位置上。

迈克尔一世对这套图案非常欣赏，年轻的国王本人就是一个狂热的航空爱好者。战争期间，他经常身着一套特制的空军元帅服，

▲ 1941 年夏天，He 111 和它的机组成员。

前往空军各部队慰问。1944 年，在自己 23 岁那年，他还取得了飞行驾照。

种种迹象表明，一场大战已经迫在眉睫。罗马尼亚空军，这支年轻而富有朝气的力量，渴望着尽早在一个足够大的舞台上释放自己的能量。

空军从不担心飞行员的兵源问题。尽管没有多少光荣的传统，但这个国家成功地唤起民众尤其是中上阶层对富于骑士浪漫意味的空中决斗的兴趣。形形色色的竞速或技巧比赛吸引着公众的视线，大大小小的航空学校成为事业成功的基础，英俊潇洒的飞行员们更是明信片图案上的常客。

和陆军的基层力量普遍来自文化程度偏低的乡村不同，很多飞行员出身富裕家庭，受过良好教育，有的身负显赫的世家背景，有的自身就有贵族荣衔在身。这一切都使得空军显得人员齐整、士气饱满。而且，空军不像陆军那样参加过上次大战，他们几乎不知道在战场上浴血的痛苦滋味。未来可能的战事带给他们的第一印象就是：荣誉。

1935 年 7 月，罗马尼亚人在首都布加勒斯特骄傲地树起了一座空中英雄纪念铜像，13 块铜制铭牌镌刻着从 1912 年到 1938 年因各种原因失去生命的 269 名飞行员的名字。很多空军飞行员在那些最后的和平日子里来到这里，向空中英雄们致敬，同时立志要成为这样的人。这些小伙子们不知道，如果要把后来战争中的牺牲者都陈列在内，那么纪念铜牌的数量显然太少了。

东线第一日

德国全面进攻苏联的风声日紧，罗马尼亚按捺不住参战的冲动。不管怎样，这个国家决定放手一搏。

安东内斯库在 1941 年春天就向斯派达尔表示，罗空军已完全做好了准备，将以最精锐的力量投入对苏联的作战。在纷繁燥热尘土飞扬的各个机场上，这个准备究竟能有多充分呢？实际上，即使是连军机涂装统一规格这样的事都迟迟未能落实。

在对俄作战前，罗空军的军机涂装五花八门，不太统一。那些在 1940 年底之前装备的飞机通体采用蓝灰色加橄榄绿图形的涂装，而 1941 年新装备的飞机则改用以橄榄绿为底色，加上暗棕色大块不规则图形的涂装。同时，购自英国和从波兰落难而来的飞机仍保留着各自国家的涂装。多种色系混杂存在的情况直到战争进行了相当一段时间后，才得以改变。

罗马尼亚军机的编号数字多为白色，偶尔采用黄色和红色，一般漆在垂直尾翼上，方向舵上还涂着蓝黄红的国旗色。但是德国援助的飞机又是个特例，这些飞机都按德国空军的惯例，将编号漆于机身两侧。

至于部队徽章，也没有定例，有的中队有，有的中队没有。罗空军从来不曾像德国空军那样拥有丰富多彩的部队徽章，采用部队徽章的中队，图案灵感也大多来自于美国人沃特·迪斯尼的动画世界。比如第 7 战斗机大队的唐老鸭，第 51 战斗机中队的布鲁托狗，以及第 53 战斗机中队的骑马挺枪的米老鼠等。值得一提的是，第 53 中队的品位有点像德国王牌阿道夫·加兰德（Adolf Galland）。

涂装的协调只是一支空军在备战过程中的一小部分工作，还有许多重要事项都处在不确定中。前进机场的设置、油料和弹药的运补、预备役人员的动员，简直麻烦一大堆。至少不像领导人说的那样"完全做好了准备"。

不过，在收复神圣领土比萨拉比亚这一

诱人前景的刺激下，罗马尼亚人确实跃跃欲试。考虑到德军的强大程度，他们觉得这一次不会犯下在上次大战时所犯的同样错误。

在德罗联合参谋作业下，战时编制很快发布，准备用于进攻苏联的矛头被称作战斗航空群（GAL），将在巴巴罗萨行动开始后受德国空军第4航空队统辖。其他部队包括保卫本土油田和港口等地的机群，以及一些零散或预备单位。

就空军而言，它调集了一线飞机中所有能用于作战的兵力，不仅数量规模超过600架，而且不乏先进机型，空军的确处在历史上最好的一个时期。

6月21日这一天，首都附近、靠近边界的地方、油田和港口周边区域的机场纷纷忙碌起来，停机坪尽可能拉起了伪装网，地勤人员的机械士们跑进跑出，飞行员们最早从下午开始就开始接受任务说明。

即将投入进攻的战斗航空群下辖3个战斗机大队（8个中队），5个轰炸机大队（11个中队），1个侦察机联队，共拥有飞机200架左右，飞行员208人，负责介于普鲁特河（Prut）和的聂斯特河（Dnester）之间的南比萨拉比亚战区，因此罗空军后来将对苏作战的第一阶段称作比萨拉比亚战役。

其他分散的空军兵力包括配属于陆军作战的独立单位和保卫港口油田等要地的部队等，这些兵力加上战斗航空群共计有军机672架。与战斗航空群协同作战的德军第4航空队拥有军机420架左右。这支德罗联合空中十字军的当面之敌为苏联空军的1750架飞机，其中有624架属于黑海舰队航空兵序列。

需要指出的是，联队一级建制虽然在开战初仍然保留，但只在名义上统辖飞行大队，各大队实际上以独立单位身份，直接置于战斗航空群的指挥下，开战时的罗马空军阵容有如下表。

战斗航空群"巴巴罗萨"作战序列（1941年6月22日）

第1战斗机联队
第5战斗机大队：第51/ 第52中队（He 112 B）
第7战斗机大队：第56/ 第57/ 第58中队（Bf 109 E）
第8战斗机大队：第41/第59/第60中队（IAR.80 A）

第1轰炸机联队
第1轰炸机大队：第71/ 第72中队（SM.79 B）
第4轰炸机大队：第76/ 第77中队（P37 B）
第5轰炸机大队：第78/ 第79/ 第80中队（He 111 H）

第2轰炸机联队
第2轰炸机大队：第74/ 第75中队（波泰兹63）
第6轰炸机大队：第82中队（布洛赫210）/ 第18中队（IAR.37）

第2侦察机联队
第11侦察机中队（IAR.38）
第12侦察机中队（IAR.38）
第13侦察机中队（IAR.38）
第14侦察机中队（IAR.39）

第1长程侦察 / 轰炸机中队（布伦海姆 Mk.I）

陆军配属单位序列（1941年6月22日）

第3集团军
第4侦察 / 轰炸机中队（布伦海姆 Mk.I）
第19侦察机中队（IAR.39）
第20侦察机中队（IAR.39）
第21侦察机中队（IAR.39）
第115联络机中队（Fleet 10 G）

第4集团军
第3侦察 / 轰炸机中队（布伦海姆 Mk.I）
第17侦察机中队（IAR.39）
第22侦察机中队（IAR.39）
第114联络机中队（Fleet 10 G）

第1装甲师
第15侦察机中队（IAR.39）

后方守备力量序列（1941年6月22日）

第3战斗机大队：第43/第44/第45中队（P11 F）
第4战斗机大队：第46/第49/第50中队（P11C/F）
第112联络机中队（Fleet 10 G）

第2战斗机联队

第6战斗机大队：第61/第62中队（P24 E）
第113联络机中队（Fleet 10 G）

海岸守备力量序列（1941年6月22日）

第101 水上飞机中队（坎特 Z.501）
第102 水上飞机中队（SM.62B/SM.55）
第16 侦察机中队（IAR.39）
第53 战斗机中队（飓风 Mk.I）

几分钟前还笼罩在一片寂静下的夜空，似乎要被陆续腾空而起的飞机划破了。6月22日凌晨，以德国空军在东线最忠诚和最强大的盟友的身份，罗马尼亚空军义无反顾地在"巴巴罗萨"行动的第一时间，投入了对苏作战。

最早从引航灯忽明忽暗的机场起飞的，是轰炸机部队，确切地说，是第72中队SM.79B轰炸机，它们在2时59分从波戈内尔（Pogoanele）机场升空，扑入了那一片无尽的"黑暗"中。

紧随其后，战斗航空群的另外全部10个中队的80架一线轰炸机也陆续升空，开战第一天成为轰炸机部队最繁忙的一天。投弹目标已被圈定，各中队按照预定要求，分别扑往机场、野战工事和炮兵阵地。摧毁苏军地面战术目标，是此阶段赋予罗马尼亚空军的主要任务，也是对几乎毫无实战经验的轰炸机部队的考验。

在轰炸机序列里，最有战斗力和最早成立的单位是第1轰炸机联队，创立时间也不过4年零2个月。算得上的军事行动也只有

1940年8月和匈牙利的边境冲突，当时罗方的 He 111 飞临特兰西瓦尼亚上空，不过始终没有交火，只是和匈牙利空军同样为德制的Ju 86 互相对视了一番。

第72中队在升空过程中，就折损1架SM.79B，原因是在黑暗中撞上了罗马尼亚乡村那高得骇人的电线杆。这似乎是一个不好的预兆，不过接下来的战斗进行得相当顺利。该中队不仅宣布在地面炸毁15架敌机，而且——抢在战斗机之前——还取得了比萨拉比亚战役中的第一次空战胜利！

当时，这架 SM.79B 上的无线电报务员兼机枪手派利毛斯（Peremaus）上士准确射击，打下了围攻本机的6架苏联双翼机中的1架。这次战果发生在凌晨3时45分，很可能是整个轴心军在巴巴罗萨行动中的第一次空战胜利。派利毛斯所在的飞机成功返回机场，不过机身上带了26个窟窿。

第71中队的6架SM.79B在凌晨3时15分起飞，宣称在地面炸毁16架敌机。这些轰炸机不时遭遇到例行巡逻的苏联飞机，尽管有的被击落，但是机组成员同样对于用自卫火力反击战斗机兴致勃勃。

一名机枪手这样回忆道："投完炸弹后，我坐到第3机枪手的位置，这时，1架敌机从左侧掠过，我迅速射击了大约20发子弹，直到它飞进另一个机枪手的视界才停手。我的伙伴打了大约30发子弹，然后这个幸运的家伙拼命拉我的衣袖，让我往下瞧，那架飞机化成了一团火，正在往下掉。"

11个中队兴高采烈地报告总共炸毁了停在地面上的100架苏联飞机，稍后的侦察证实，准确数字只有37架。这是轰炸机部队最忙碌的一天，也是单日战损率最高的一天，共有9架轰炸机被击落，包括意大利、法国、

绘画表现的
是侵苏战争初
期的第7大队
的 Bf 109

波兰和本国的机型，只有 He 111 不在其中，受创最重的是第 2 大队。罗马尼亚轰炸机采取 V 字形的 3 机密集编队，而且依据教范的要求飞在 300 米以下，这些片面的教条恰好给苏军大量的小口径高炮和机枪创造了机会。

根据德国方面的计划，罗空军的战斗机部队的主要任务有两个：一是为轰炸机护航，二是直接发起对地攻击。让空军最精锐的单位干这些不太"风光"的事，多少反映出联合作战的无奈，因为德国人完全把夺取制空权和自由狩猎视作己任。

第 5 和第 7 大队装备的都是较先进的德制飞机，也领受了对地攻击的任务。尤其郁闷的是成立整整一年的第 7 大队，30 架 Bf 109E 和精干的人员使该部成为整个空军中最精锐的单位。至于第 5 大队的亨克尔战斗机，基本上在大战中一直都在对地攻击。算起来，第 8 大队是仅有的一个单纯执行战斗任务的中队。

当然，对地进攻的过程中，难免会遇到敌机的袭扰，空战的机会还是到处存在。战斗机部队的第一次空战胜利就在攻击机场的时候产生。

第 5 大队在当日午后派遣第 51 中队攻击伊斯梅尔（Ismail）机场，10 架 He 112 B 由维吉尔·特兰达菲雷斯库（Virgil Trandafirescu）领头，以德式编队飞行。很快，殿后的西奥多·莫斯库（Teodor Moscu）发现有几架 I–16 紧紧相随。

"我向敌机俯冲，很快有 1 架被击中翻转，坠入了多瑙河。"他回忆道，"我直面另 1 架 I–16 并抢先射击，子弹打入它的引擎，机身爆裂开来，很快我看到第三架'老鼠'，一串连射过后，它变成了一条烟柱。"此过程中，莫斯库的 He 112B 也被击中，并开始漏油，不过这不妨碍他成为首位一举击落 2 架敌机的飞行员。

和许多丑小鸭变白天鹅的故事有所不同，经历了一个非常好的开头，莫斯库却没有迎来成功的另一半，甚至，之后他碌碌无为简

▲ 罗马尼亚飞行员正在记下自己的又一次空战胜利

直如同消失了一般。而同样在开战第一天取得双机击坠胜利的另外两位飞行员，得以将自己的状态延续下去，跻身顶尖的王牌行列。

这两人是来自第 53 中队的康斯坦丁·普莫特（Constantin Pomut）和派崔·阔德斯库（Petre Cordescu）。装备"飓风"式战斗机的第 53 中队驻黑海地区，负责保障港口重镇康斯坦萨（Constanta）的安全，属于二线战区。由于不受"一线"护航命令的约束，这些二线部队在开战之初异常活跃，战果频传。和第 53 中队一样，驻布加勒斯特 – 奥托佩尼（Bucharest–Otopeni）的第 6 大队负责拱卫首都，在数天之内宣布取得了 37 次空战胜利。

在第一天里，占战斗航空群总兵力 35% 的战斗机部队共击落 10 架敌机，可能击落 2 架，在地面击毁 8 架；己方有 4 架迫降，2 架发动机严重受损，不过无一损毁，全部可以修复，真是不错的开局。

敖德萨，最强的一击

空中交战的剧烈程度从第二天开始迅速提升，在比萨拉比亚上空，似乎双方分别从大举入侵的紧张和突遭打击的震惊中恢复了过来。

6 月 23 日，成绩最突出的依然是本土

的"飓风"式中队，风云人物则轮到了霍利亚·阿格里奇（Horia Agarici）中尉。由于在康斯坦萨上空击落 3 架苏联 SB–3 轰炸机。这位 30 岁的飞行员一下子成了当地的名人，热情的康斯坦萨市民即兴编了一支歌曲来唱颂这位"空中猎人"。歌声传遍了全国，"猎人"的战绩却止步不前，因为他被禁止升空作战——这样的禁飞令后来较少出现。

有人走运也有人倒霉。这一天里战斗机 2 毁 2 损，第 5 大队的军官安格尔·寇特鲁特（Anghel Codrut）成为第一个阵亡的战斗机飞行员，当时他的 He 112B（机身编号 12）和另外 11 架战斗机在南比萨拉比亚上空和 7 架双翼的 I–153 对阵。击落寇特鲁特的，是对面机群中的领军人物，在对日本和芬兰作战中取得 15 次空战胜利的苏联空军王牌库萨琴柯（kozachenko）上校。

经过差不多两周时间的交战，德国和罗马尼亚地面部队从 7 月 2 日开始强渡普鲁特河（Prut），空军的任务随之由打击纵深地面目标变为掩护地面攻击。

轰炸机和战斗机在 2 日夜里开始对渡河攻击前进的部队实施近接支援。在这一协同要求极高的作战样式中，空军机种的短腿暴露无遗，尽管不乏用于和地面部队通讯的联络机，尽管水平轰炸机努力实施低空轰炸，但攻击机和俯冲轰炸机的缺乏使得近接支援非常吃力。

12 日，围绕罗军建立的桥头堡的战斗达到白热，从早上 8 时 50 分开始，直到晚上 19 时 40 分，59 架轰炸机轮番出动，向猛攻中的苏军投下超过 40 吨的炸弹，这次有效攻击据称造成了苏军当日近四成的伤亡。

这一天里，前线广泛传扬着第 8 大队的瓦西里·克拉鲁（Vasile Claru）中尉的英雄

事迹。据报道，在一次拦截 6 架来犯 I–16 的战斗中，中尉先后击落其中 3 架，最后在弹药用尽的情况下，又驾着自己的 IAR.80 座机撞向另一架敌机，与之同归于尽。"为了国王和国家"的这一壮举迅速被宣传部门向全国传递，奇怪的是，所说的 4 架敌机中只有 1 架最终获得了空军的击落确认。

不管怎样，克拉鲁被追授一枚三等迈克尔国王英勇勋章，从而成为空军中获此殊勋的第一人。在整个战争中，得到这个荣誉的飞行员只有 40 人。

和克拉鲁一样被追授勋章的，是第 51 中队的伊恩·拉斯库（Ioan Lascu），他也在 12 日阵亡。他的座机在第一次出击中就被击伤，可是他坚持换乘备用机继续出击，最终被高炮击中。拉斯库是少数几位驾驶着 He 112 取得空战胜利的飞行员之一，罗空军基本上把这种飞机用于对地攻击，而德军则根本是不

太使用。开战第二天他就击落 1 架米格 –3，为此他骄傲地把自己的名字涂在了座机上，现在的情形则是机在人亡了。

7 月 28 日，罗马尼亚人迎来了一个光辉时刻。军方通报称：空军完全掌握了普鲁特河和德涅斯特河之间的空域，陆军则将比萨拉比亚和北布科维纳从苏联人手中"解放"出来，这些土地重回国家怀抱。

罗马尼亚军队休整 10 天来庆祝这一胜利。空军在此期间发布战报称，一个月的战斗中，共击落敌机 88 架，在地面摧毁 108 架，己方有 15 名（一说 18 名）战斗机飞行员阵亡。

侦察机部队在战争之初也异常活跃，作战兵力包括 28 架"布伦海姆"式，46 架 IAR.38，77 架 IAR.39。这些飞机活动在主力之前，深入敌方区域 20 公里处活动，偶尔，IAR.38 和 IAR.39 还会带上几枚炸弹，客串一回轻型轰炸机的角色。不过这支部队也是损失不断，到比萨拉比亚战役结束时，共有 40 架侦察机和观察机被击落。

水上飞机部队在黑海执行侦察、轰炸、布雷、扫雷、运送物资等任务。

1941 年 1 月 1 日，成立了专门协调水上飞机行动的多布鲁贾空军司令部（CAD），归德国空军黑海单位统一调度，其装备机型中只有 Z.501 算得上先进。2 个水上机中队在

▲ 罗马尼亚空军个性化的一幕

▲ 1941 年 3 月的罗马尼亚 Bf 109 机群

1941 年的飞行时间超过 1700 小时，它们在 1941 年击沉了 1 艘 2000 吨级的货船，还击伤了 4 艘潜艇，损失为 1 架 S.62 和 4 架 Z.501。从下一年开始，这支部队将陆续使用德国的 He 114B 等换装意大利飞机。

短暂休整后，一个新的目标摆在了空军的眼前，这就是敖德萨（Odessa），黑海西北岸的明珠。

为了应对新任务，空军进行了小规模重组，轰炸机部队方面，损失最大的第 2 大队将第 75 中队（指挥官已阵亡）的剩余飞机归入第 74 中队，改用刚到的一批改装容克斯发动机的意大利轰炸机 JRS.79B 装备该部。随新机一同到来的还有第 75 中队的新任指挥官，外号"小绵羊"的伊恩·波佩斯库（Ion Popescu）上尉。紧接着第 2 大队和第 4 大队临时合并，由克里斯泰斯库（Cristescu）中校指挥，因而被称作克里斯泰斯库轰炸机大队。老旧的 P23"卡拉斯"轰炸机也被征召，组

▲ 装备波兰制造的"卡拉斯"轰炸机的罗空军第 73 中队

成第 73 中队，用于加强第 6 大队。这些动作使得轰炸机部队的实力保持在 80 架左右。

战斗机部队方面，损失最大的第 5 大队在 8 月 13 日被降至一个中队的规模，也即第 51 中队，第 52 中队将剩余的飞机交至 51 中队后，被调回国内，后来该部与第 42 中队合建，称为第 42/52 混合中队，装备新出厂的 IAR. 80A。另外，各中队全部从罗境内的机场转场，迁入苏联境内的新基地。

▲ 这架罗马尼亚的梅塞施密特飞机已经取得了 5 次空战胜利

对敖德萨的空中打击自 8 月 8 日正式开始。8 月里的空袭针对城市外围的防御工事和铁路线，9 月开始直接轰炸这个港口城市本身以及靠港的船舶。

轰炸机组很快就发现，敖德萨简直是整个南俄最为坚强的防空火网所在地。罗马尼亚轰炸机的飞行高度基本都在苏军重型高炮最有效的打击空域之内，一架又一架轰炸机被击落，差不多有 3/4 的损失是由高炮造成的，飞行员们心有余悸地称之为"敖德萨火网"。

最戏剧性的一击发生在重组的第 75 中队，当时该部奉命摧毁设在塔塔卡（Tatarka）火车站附近的一处苏军物资堆积站。在新中队长波佩斯库带领下，9 架 JRS.79B 冒着炮火投下了大量炸弹，尽管使用了安装延时引信的特种弹，但受到层层混凝土和钢板保护的物资站依然毫发无伤。

很快，波佩斯库的座机被猛烈的防空炮火击中，他大声命令自己的机组："赶快扔掉炸弹和副油箱！我们要拉起机头！"释放掉重量的飞机被控制住了，就在上尉试图拉起机头时，他感受到一阵强大的冲击波。原来，从他飞机上抛下的 2000 公斤炸弹和 2000 公升燃料恰好击穿了物资站的顶棚，引发了里面的军火爆炸。这次爆炸——根据侦察机的报告——烟柱在数日后依然不散。

和"敖德萨火网"相对称的，是苏联战斗机的频繁活动。双方的空战持续不断，彼此都宣称取得突出战果。

21 日下午，在达尔尼克（Dalnik）上空发生一场剧烈的冲突，第 7 大队的 Bf 109E-3 遭遇对方一个由 20 余架雅克-1 战斗机和 12 架伊尔-2 攻击机组成的大机群。大队长波佩斯泰努（Popisteanu）少校在第一时间发出指令，第 57 中队向低飞的伊尔攻击，他本人则率其余 10 架梅塞施密特攀升到 2000 米向雅克机开火。值得一提的是，第 57 中队阵中有 3 名驾驶着马基 MC.200 战斗机参战的意大利人。

罗马尼亚人开始爬升时，苏联飞机发现了它们并抢先实施俯冲攻击，在两个机群第一轮高速互冲的过程中，波佩斯泰努座机的油箱和座舱当即被击中，他或许受了伤，挣

▲ 入侵苏联后做地面保养的罗军 Bf 109，时间是 1941 年 7 月。

扎着想让飞机迫降，但最终化为一团腾空的烈焰。

回到基地的罗马尼亚飞行员宣称击落了6架雅克，但苏联方面的资料表明当日参战的是I-16，而且只有1架损失。但这些都无所谓，出现了第一位阵亡的大队长才是焦点所在。波佩斯泰努的死惊动了国王本人，他亲自赶到第7大队驻地，在略显草率的棺木上安放了一枚勋章。也是在他的授意下，第1战斗机联队指挥官米哈伊尔·罗曼斯库（Mihail Romanescu）上校亲自接管第7大队，这个外号"雄狮"的铁腕人物让士气大受打击的精锐大队人心稍定。

随着苏军于9月21日开始在契班卡－格里高利耶夫卡（Chebanka-Grigorievka）地区登陆，进而在轴心军侧翼建立了一个桥头堡后，敖德萨争夺战进入又一个戏剧化的阶段。战斗航空群向该地区投入了所有能用的94架飞机，战至10月4日苏军终于撤退。

10月16日，敖德萨陷落。罗马尼亚空军对俄作战的第一阶段完美收官。

对罗军来说，此役的确值得大书特书。二战中，罗马尼亚作为仆从国，大部分时间充当着德军的配角。敖德萨战役是个特例，罗马尼亚军队在此役中充当进攻主力，陆空军协同作战，堪称罗军在二战中最强的一击。

攻陷敖德萨使当面战场暂趋平静，也使罗空军得以对1941年的作战加以全面盘点。

根据战报，一线的战斗航空群在118天的战斗中共执行2405次任务，出动飞机7857架次。其中轰炸机部队出击3255架次，投弹2287吨，击落35架敌机，在地面炸毁170架，自己损失29架（占开战时兵力的1/3），70名轰炸机组成员阵亡。战斗机部队出击4600余架次，共宣称击落304架敌机，在地面击

毁71架，损失战斗机59架，其中IAR.80 20架，P11 20架，Bf 109E 9架，He 112B 5架，P24 3架，"飓风"式2架，近40名飞行员阵亡。

战斗航空群之外，守卫本土的空军部队也是战斗不停，苏联空军几乎每天都对罗境内的关键目标进行袭扰。这样，整个罗马尼亚空军在1941年里共出动飞机17368架次，飞行时间总计29638小时。这些二线的部队同样宣称击落了大量敌机，而高炮部队上报的击落数达到115架，这样全部的击落数超过700架。

战报显然是被夸大了。

苏联空军在南线的真实实力（黑海舰队航空兵除外）不足1000架，而据信直接与战斗航空群对阵的兵力不超过300架，如果700架是确实数字，那么德国空军第4航空队在此期间简直是一事无成了。因而不少分析指出，这份上报的击落数大概被放大了3倍。

当然，有很多原因导致误报，比如重复击落、把击伤视为击落、在激烈的空战中无法准确判断等等。不管怎样，德国空军在编制每日的战报时，从未采用过罗方提供的数字。

另一个争议是关于个人击落数的，也就是"王牌"的认定情况。许多空军强国所通行的"王牌"认定标准是取得5次空战胜利或者说是击落5架敌机，而罗马尼亚的规定比较特殊，在这个国家的标准里，同样认可5次的标准数，但对敌机则区别对待。

具体来说，击落1架单发飞机为1次空战胜利，而击落1架双发飞机则被记录为2次空战胜利。也就是说，空战胜利和击落数是两个不同的概念，一名飞行员可以通过击落2架双发轰炸机和1架战斗机而成为拥有5次空战胜利的王牌，而实际击落数仅为3架！

从6月22日到10月16日，战斗机部队

在 1941 年夏天的战斗间隙，罗马尼亚空军第 7 大队的一部在休息中。

共执行 858 次任务，除了占绝大多数的护航、侦察和对地攻击，利于造就空战英雄的自由狩猎任务只有 80 次。这其中，按照特殊的认定标准，罗马尼亚空军在这一年里共造就了 46 名王牌。以确认战果而论，第 7 大队的尼科莱·波利祖–米苏内斯蒂（Nicolae Polizu-Micsunesti）中尉成为 1941 年的头号王牌，他驾驶着 Bf 109E 击落了 8 架敌机——按罗军的标准是 9 次空战胜利。如果加上可能战果，第一名则由第 53 中队的安德雷·拉杜雷斯库（Andrei Radulescu）军士夺得，成绩是 14 次空战胜利。米库（Micu）中尉的表现也不俗，11 次空战胜利。

然而，"王牌"们中的大部分人经不起通行办法的检验，按照确切击落 5 架（不论有多少个发动机）的标准来筛选，只有 18 人能够成为王牌。这也是在东线空战中，苏联飞行员始终认为罗马尼亚飞行员不如德国人的原因之一。

一份典型的苏联材料是这样写的："奥德萨军区的飞行员们是幸运的，因为他们的当面之敌主要是罗马尼亚空军。不像技术熟练而危险的德国人，罗马尼亚飞行员从不会在空战中对我们（苏联空军）的弱点善加利用。"

尽管有不同意见，罗空军依然故我，后面还将看到，随着和拥有四发轰炸机的美国航空队的交战展开，这一王牌判定标准还将发生进一步的奇特变化。

但是，尽管罗空军在第一年的战斗中并未赢得敌人的尊重（甚至可以说敌人还很轻视），这支年轻的空中力量在自己参加的第一次真正的战争中仍然表现得不错。他们配合着同盟的德军，和自己的陆军协同，压制了强大的敌人；飞行员们斗志旺盛，求战心切，正通过实战不断成长。可以说，计划完成得很完美，各部的实战表现不俗。照这样发展下去，这次东征很有可能成为罗马尼亚军事史光辉的一页。

炼狱上空

俄国之战的第一个冬季没有给罗马尼亚人留下什么印象。在德国空军和陆军一道在莫斯科城外苦战的时候，罗空军从 10 月底开始就迎来了休整时期。

几乎所有的单位都回到了国内的基地，一批批新人前来报道，波兰飞机和一批德国和意大利的较老式飞机由一线转入训练单位，不过换装更多先进飞机的计划进展缓慢。一方面，本国的工业产能有限，另方面，向德国大量购买飞机的动议始终未获通过。1941年的最后几个月是整补期，从技术层面讲也是断层期，战斗机部队勉强通过裁并一些旧中队的办法建起了几个新的中队，但对整体战力无补。

轰炸机部队的状况在1942年初较有改善，德国人提供了一批 He 111H–6，看到它独特的螺旋桨形状，罗马尼亚飞行员称之为"宽刃刀片"。这种飞机装备到第78中队，H–6机腹的挂架使这种机型具备投掷鱼雷的能力，因而第78中队也被称作"海军中队"。另外，刚下线的 JRS.79B 也及时加入，在6月里编组成第83和第84中队。不过，获得"斯图卡"俯冲轰炸机的要求继续被拒。

换装、训练，这种相对轻松的生活一直持续到1942年9月。尽管空军主力逐步返回前线，但是冲突烈度低到令人不可想象。在从1941年10月17日到1942年8月1日的时间里，空军除了支援第3集团军在克里木的作战外，充斥着侦察和运输任务，最值得一提的，大概是飞机前出到外高加索这一事实了。

10个半月里出动的3439架次中，侦察和联络任务超过了2/3，战斗机部队报告总共只击落了7架敌机！高炮部队倒是保持活跃，宣称击落111架敌机。开战至今，罗空军已有383人阵亡，414人负伤，65人失踪（包括地勤人员和高炮部队），考虑到开战时战斗航空群的飞行员人数仅为208人，总数达862人的伤亡数字不免让人触目惊心。

战斗航空司令部斯大林格勒之役作战序列（1942年9月）

第2战斗机联队
第7战斗机大队：第56/ 第57/ 第58中队（Bf 109E）
第8战斗机大队：第41/ 第42/ 第60中队（IAR.80A）
第6战斗/俯冲轰炸机大队：第61/ 第62中队（IAR.81）

第2轰炸机联队
第1轰炸机大队：第71/ 第72中队（JRS.79B）
第3轰炸机大队：第73中队（P.23B），第74中队（波泰兹633B2），第81中队（IAR.37）
第5轰炸机大队：第79/ 第80中队（He 111H–3）

第1长程侦察机大队：第1中队（布伦海姆 Mk.I），第2中队（Do 17 M），第3中队（波泰兹633A3）

第105运输机中队（Ju 52）
第108运输机中队（RWD–13）

更骇人的打击即将到来。

1942年秋，轴心军的兵锋直指伏尔加河畔，罗马尼亚空军也奉命加入争夺那座工业交通重镇的战斗——斯大林格勒。

既然把斯大林格勒视作敖德萨之后的又一个主攻目标，罗空军准备在此役中投入主力。为此，前线的空军兵力进行了大规模的调整。

9月6日，成立了战斗航空司令部（CAL）以取代战斗航空群，司令部驻地罗斯托夫（Rostov）。航空司令部的主要实力为前进航空兵团（RAI），兵团部驻地奥布里夫斯卡亚（Oblivskaya），下辖第2战斗机联队（欠第7大队）、第2轰炸机联队和第1长程侦察机大队。其他各侦察、联络、运输机单位和第4高炮旅也都归战斗航空司令部节制。总实力为272架飞机，包括8个战斗机中队、7

个轰炸机中队、3个侦察机中队、10个联络机中队和2个运输机中队。

战斗航空司令部仍归德国空军第4航空队调度。

战斗航空司令部成立的那一周，罗马尼亚飞机就开始飞临斯大林格勒上空，首批飞行员得以在第一时间俯瞰这座在未来数月里将化为人间炼狱的城市。不过在当时，这一点没有任何征兆。

从座舱里往下看，河岸上的这座长条形的城市处处火起烟发，轴心国部队正有条不紊地完成部署。罗空军再次执行对地支援的任务，平均每天出动70～80架次。轰炸机在9月中旬进驻斯大林格勒西南的机场，在顿河和伏尔加河间的250公里宽正面上，每天都执行轰炸任务，飞行员们选择铁路、火车机车和城内的工业建筑为目标。

战斗机序列的第8大队和第6大队均以距离前线约20公里的图佐夫（Tuzov）机场为基地，在9月初已相继行动，这些飞机有些肆无忌惮地在低空掠过，对目力所及的敌军地面部队和炮兵阵地实施扫射。

9月7日和10日间，第8大队击落3架Pe-2轰炸机。从12日开始，一连串好运气降临战斗机部队：首先是当日击落7架，可能击落5架；接着是13日击落4架，可能击落5架；14日击落5架雅克-1；15日到17日又在伏尔加河上空击落了12架。

然而，从此时的阵容已不难看出战争的持续进行对罗空军造成的影响。在秋季的进军中，这支打击力量的总兵力不超过200架飞机。

前线的战斗机部队只有一个大队，第7大队尚在整备，而第6战斗/俯冲轰炸机大队的定位模糊不清，而且在装备"斯图卡"

未果的情况下，只好用国产的IAR.81来顶替。IAR.81在IAR.80A机体下部中央安装了一个可伸缩的225公斤炸弹挂架，在俯冲投弹时挂架伸开，确保炸弹不至于碰到螺旋桨。但投弹架的阻力严重影响了飞行性能，飞行员普遍反映飞机在俯冲投弹时非常难操纵。

轰炸机方面，第1和第5大队装备较好，所以被称作"重型轰炸机大队"，而所谓的"轻型"的第3大队装备的机型老旧而多样。

战斗进行了一个月，出现了第一个混乱。大概是觉得名头不如以前响亮，战斗航空司令部在10月10日被撤销，仍然恢复战斗航空群的指挥机构，并由埃米尔·格尔吉乌（Ermil Gheorghiu）少将担任新司令官。除原有各部外，新增强了第113联络机中队。

有一个好消息是，几天以前，装备着Bf 109E的第7战斗机大队已全部抵达。

被视为最精锐部队的第7大队在格奥尔基·克里哈纳（Gheorghe Crihana）上尉带领下，在10月上旬进驻卡波夫卡（Karpovka）机场，于是黄十字的Bf 109E开始出现在战场空域。卡波夫卡是和德军共用的机场，第7大队在作战协调和后勤保障等方面都享受了德国式的待遇。

接下来的时间里，这些战斗机主要为轰炸机护航，同时也间或执行自由狩猎的任务，不过当气温降至摄氏零下17度后，严寒和最大时速超过100公里的北风和地面炮火一道，构成巨大的威胁。第6大队的IAR.81在实施俯冲轰炸中受损不小，有好几架被击落。严密的地面防空火网使第5大队到10月25日已经损失了6架He 111，阵亡者中包括一名中队长。于是，爱给苏联防空部队起绰号的轰炸机飞行员们又将斯大林格勒上空称为"高炮走廊"。

▲ IAR.80 机群列队，这是一种性能不错的罗马尼亚国产战斗机。

对护航的战斗机来说，空战很少发生，一个突出的牺牲者是第 7 大队第 57 中队的指挥官马诺刘（Manoliu）。然而这条新闻的焦点不是这位阵亡者，而是接替他的人，亚历山德拉·塞巴内斯库（Alexandru Serbanescu）。这个后来在整个轴心仆从国军队中名列前茅的王牌飞行员的名字，首次出现在战史上。

战场的转折很快在 11 月 19 日夜里来到，强大的红军开始全面反攻。最初的打击直接指向罗马尼亚第 3 和第 4 集团军，战斗航空群的任务也骤然吃紧。反攻者很快把罗地面部队打散，连续攻占多个前进机场，让罗空军进退维谷。第 6 大队和第 8 大队且战且退，总体还算顺利地在次年 1 月中旬撤回了罗马尼亚，IAR.80/81 的损失数超过 20 架，宣布击落敌机 39 架。而驻在卡波夫卡（Karpovka）机场的第 7 战斗机大队，就要艰难得多了。

第 7 大队所在的机场在苏军反击之初就被整个包围，当第一批苏联装甲车出现在地平线上时，炮手、飞行员和地勤人员一起，紧急把高炮当成战防炮来用，好歹击退了来敌。11 月 23 日凌晨，形势已很明朗，剩下的 16 架 Bf 109E 要么在夜色中紧急升空换取一线生机，要么在即将到来的坦克攻势中全部完蛋。

指挥官召集了自己从没接受过夜间飞行训练的部下们，商议的结果当然是要搏一下。地勤人员开始拆除机上的无线电和装甲板，好腾出空间来塞进第二个人——无飞机可飞的飞行员或地勤人员。这次混乱的逃生展开的时间，几乎苏联 T-34 开始进攻的时间完全重合，第一架试图升空的战斗机竟然被坦克的直射炮火命中！

紧随其后的 2 架受第一架爆炸影响，在距地面不高的地方相撞。然而这三团熊熊火光，照亮了机场的情况，使得剩余的飞机得以顺利升空。在此过程中，高炮部队——或者说是临时战防炮部队——一直坚持掩护，这些人员不是阵亡就是被俘。

逃到斯大林诺（Stalino）后，空军用一些杂乱的机型比如 He 111 来做补充，结果精锐的第 7 大队差不多成了一个混成单位。这支部队事实上成为当时前线空军战力的全部，这一编组既违反了德国人单一任务的原则，又对前线危局毫无补益，直到 1943 年 2 月才撤回国内，此时期宣称击落 12 架敌机，自己则损失了 22 架 Bf 109E。

▲ 在自己的 IAR.80 战斗机上检查机况的飞行员

至于轰炸机部队，在反击开始后，顶着恶劣天气和严寒，想方设法想帮助地面部队，不过运送补给和抢运伤员的努力都告失败。第 5 大队的 He 111 在 11 月损失相继，又有一名中队长阵亡，此前折损率很低的 JRS.79B 也连续遭殃，其中有 1 架居然是在投弹刹那因炸弹碰到高炮碎片爆炸而致其被毁的。等该大队撤到罗斯托夫时，只剩下不到 10 架飞机。

1943 年 1 月 22 日，第 5 大队损失了斯大林格勒之役中的最后 1 架 He 111H-3，这也为整个战斗航空群在这噩梦般的数月当中的大出血画上了句号，当时它被苏军使用的美制 P-39 "空中眼镜蛇" 式击落。

从 1942 年 10 月到 1943 年 1 月，战斗航空群共出动 4000 架次，声称击毁 61 架苏联飞机，其中包括在地面击毁的 39 架。第 8 大队的西奥多·萨巴瓦（Teodor Zabava）军士以 6 架的战绩，位列此役飞行员空战胜利数第一，跟在其后的是第 6 大队的埃米尔·德洛克（Emil Doroc）上尉，战绩是 4 架。

可以把这些战果来做一个比较。同是在斯大林格勒战役期间，德国空军 JG 52 联队第 9 中队的少校中队长赫尔曼·格拉夫（Hermann Graf）一个人就击落了 62 架敌机。当然，他是德军阵中空战胜利数排名第九位的顶尖王牌，不过对比一下仍然可以说明一些问题。巧合的是，62 架这个数字也是苏联乃至整个反法西斯阵营里的头号王牌伊凡·阔日杜布（Ivan Kozhedub）在二战中的总击落数。

开战时的实力下降、得不到充分补充、第一次面对俄罗斯严寒时的失措，和面临强大反击时的惊慌，都是导致战绩较上次战役明显下降的原因。不过空战胜利毕竟不是此役的主题，损失惨重才是。

空军躲过了俄国战局的第一个冬天，躲不过在第二个冬天倒霉的命运。战斗航空群在斯大林格勒上空付出了 538 人阵亡、负伤或失踪、79 架飞机损失的代价，其中多达 53 架是在 1942 年 11 月以后一系列混乱的转场和撤退中丢失掉的。

最值得称道的，恐怕是高炮部队。配置在莫洛佐夫斯卡亚（Morozovskaya）和塔辛斯卡亚（Tatshinskaya）2 个机场的高炮营共击落 65 架敌机；12 月 8 日，莫洛佐夫斯卡亚的高炮阵地在一天之内创纪录地打下 16 架。而且，当 "末日审判" 到来时，是这些部队的忘我苦战，才为战斗机部队留下了一点种子。

在这段最艰危的日子里，一支被称作 "白色中队" 的特殊部队留下了自己小小的传奇。

这是成立于 1940 年 6 月的救护运输机中队，机组成员绝大多数是女性，而且装备的波兰 RWD.13S 飞机的机身全部涂成白色，当然，黄十字也变成了红十字，因而在战场被昵称为 "白色中队"。

在巴巴罗萨行动中，救护中队就尽力担负着后送伤员和运补前线的任务，在行动中无一损失。在斯大林格勒城下，这些勇敢的女飞行员们不断抢运物资和后送伤病员，她们坚持在包围圈内的皮多明克（Pitomik）机场起降，直到 1943 年 1 月 15 日。仅仅一天后，这个轴心国的最后空港就被苏军攻占。

虽然从斯大林格勒炼狱逃出生天，但是罗马尼亚空军几乎遭到了致命的打击，许多一线战机报废了，库存的老旧飞机早就不能飞上天，参战时富有经验和朝气的飞行员们一去不复返。不止一个罗马尼亚人开始怀疑，这次参战是否又将迎来一个悲剧性的收场？苏联人似乎是越打越多的庞大机群也在加深着空军的忧虑。

不管怎样，仗还得打下去，空军的后备人才储备还算丰裕这一事实总算能让人高兴，各航校持续向各部队输送着各类人才。更令人高兴的转机在 1943 年春天来到，德国人终于决定用德国主力机型全面装备罗马尼亚空军。这是空军得以重整旗鼓的机会，或者用更具前瞻性的角度说，使得罗马尼亚参加这场战争的错误时间继续延长。

德国方面的决定基于两点考虑：其一，罗马尼亚是德国对苏作战的主要盟友，帮助他们等于帮助自己；其二，尽管遭受轰炸，德国航空工业提速生产飞机的速率仍然超过了德国空军二线人员的培养速度。当然，天下没有免费的午餐，这些飞机是要罗马尼亚用石油、粮食和稀有金属去换的，而且其所有权仍归德国，严格来说是"租借"给罗空军使用的，甚至于有的最新机型还被严格限制飞行区域和作战纵深。

在万物复苏的季节，力量总算是一点一点恢复起来了，编制也改了，被打散的战斗航空群指挥部撤销，对苏作战的空军力量全部置于罗马尼亚第 1 航空军（C1AR）的统辖之下，指挥官由埃米尔·格尔吉乌将军延任。

崭新的德国飞机陆续抵达，是这些日子里最让人高兴的事。

3 月，驻扎德聂斯特地区提拉斯波尔（Tiraspol）机场的原本就装备有 Bf 109E 的第 7 战斗机大队，接收了最新的 Bf 109G-2 "古斯塔夫"，成为战力最显耀的一个战斗机单位。使用 G-2 的是第 43 中队，这个留守国内的中队原本装备老旧的 P11F，现在被加强到第 7 大队。这批飞机也成为第 7 和第 9 两个大队共同的训练用机，来自德国 JG 52 联队的飞行员们负责帮教，飞惯波兰飞机和本国飞机的年轻飞行员们对 Bf 109G 的性能大感高兴。

更进一步的动作是，3 月中旬，经过挑选的 20 名来自第 7 大队的资深飞行员被派往德国空军 JG 3 "乌德特"联队，近距离观察和学习德国空军。Bf 109G-2/G-4 的装备数很快达到了 40 架，尽管都是"借用"的，但全部涂上了迈克尔黄十字。很快，德国和罗马尼亚决定用这些飞机单独建立一支德国—罗马尼亚联合战斗机单位，由德国老牌飞行

▲ 罗马尼亚著名的女子"白色中队"

员埃伯哈特·冯·博兰姆斯基（Eberhard von Boremski）担任指挥官，进驻 JG 3 联队第 3 大队的机场。

这支联合部队的首战发生在 3 月 29 日，很不幸的，一上来就折损了联合单位的罗方指挥官拉杜（Radu）上尉。拉杜本人是一位飞行教官，虽然富于训练和理论知识，但实战经历贫乏。不过与此同时，该部的战果也得以开张，伊恩·帕奈特（Ion Panaite）打下了 1 架伊尔 –2。

接下来，和创办者的初衷者相违背的，该部伤亡相继。继拉杜之后，1941 年的头号王牌、迈克尔国王英勇勋章获得者波利祖 – 米苏内斯蒂在 5 月 6 日被击落身亡。波利祖死的那一天，一颗新星正在升起。在那天击落的 6 架敌机中，有 3 架是被伊恩·米卢（Ion Milu）所击落，未来的罗空军第三号王牌。

更多的德国飞机不断到达。

到 6 月 16 日，除了 Bf 109G，罗马尼亚人手里已经有了 12 架 Ju 88D–1 侦察机，25 架 Ju 88A–4 轰炸机，29 架 Ju 87D–3 俯冲轰炸机和 35 架 Hs 129B–2 攻击机。于是，在投入对苏作战整整两年后，罗空军宣布又做好了全面战斗准备。

Ju 88D–1 侦察机尤其值得一提。本来，担负着重要侦察任务的第 1 长程侦察机中队已经几乎不存在了，这次绝处逢生。这支部队在 1941 年里使用"布伦海姆"式在 1942 年初实力趋于零，到了 4 月好不容易用从购买的 10 架 Do 17M 弥补了一下，其他装备就是老式的法国飞机了。Ju 88 长程侦察机的到来，令侦察机大队重焕青春。这种飞机装备 Rb 50/30 和 Rb75/30 两种高空照相机，并配备有副油箱，实用升限达 8500 米，是罗马尼亚空军使用过的最好的侦察机。

但是轰炸机部队的换装安排留有隐患。军方没有让那些久经沙场的部队比如第 5 大队获得优先安排，而是选择首先让次等部队"受益"。"轻型"的第 3 轰炸机大队，得以告别老式的法国和波兰飞机，装备了 Ju 87D–3"斯图卡"，并变更番号为第 3 轻型俯冲轰炸机大队。没有实际作战经验的"轻型"大队的飞行员们往往在尼科拉耶夫（Nikolayev）等地接受两周左右的速成教育，接着就被送上前线，其危害后来在战场上表露无遗。

重组的第 6 大队接收了 12 架全新的 Ju 88A–4 和 13 架转自德军的"二手"Ju 88A 水平／俯冲轰炸机，飞行员是在德国人设在敖德萨地区的轰炸机学校受训，训练水准相对要高一些。

情况最复杂的是第 8 大队，这原本是一支战斗机部队，在此次换装中却被赋予了全新的定位，随着装备 Hs 129B 攻击机而变身为攻击机大队！ 5 月里，该部都在基洛夫格勒（Kirovograd）接受强化训练。30 位受训飞行员们抱怨声不绝于耳，他们不在乎 Hs 129 多么的来之不易，他们只是抱定战斗机飞行员优于轰炸机（包括攻击机）组的固有想法，训练情绪非常消极。结果，在所有部队都在 6 月做好战斗准备的情况下，第 8 大队迟迟不能成军，直到 8 月 10 日才开赴前线。不过通过随后的战斗，这些飞行员们开始对 Hs 129 情有独钟。

6 月 5 日，在基洛夫格勒（Kirovgrad）举行了一次阅兵，罗马尼亚飞行员排成方阵，从国王陛下和安东内斯库元帅面前走过。新人，新装备，新气象，然而战场上的残酷将很快打散好不容易重聚起来的战斗意志。

6 月 6 日，从"乌德特"联队学成归来的飞行员重回第 7 大队，他们的飞行服上都别着特制的"乌德特"联队的飞行章，准备骄傲地投入战场。

此时，第 1 航空军的主力大部东移，重新回到一线。分配给罗空军的战区是在南乌克兰，亚速海以北介于米乌斯河（Mius）和顿涅茨河（Donets）之间的地区。这一次，要支援的地面部队并非本国同胞，而是在哈尔科夫地区作战的德军。格尔吉乌将军把军部设在马里波尔（Mariupol），他手里的 22 个飞行中队现在共有 200 余架飞机的实力，除了少量 IAR 80/81 外，其他都是崭新的德国军机，将军有信心在南乌克兰战役中重振空军的声威。

此战一开始，罗空军确实表现出了崭新的精神面貌，新人们的经验也处在上升期，

第1航空军南乌克兰地区作战序列（1943年6月）

第 1 战斗机联队

第 7 战斗机大队：第 56/ 第 57/ 第 58 中队 (Bf 109G)

第 9 战斗机大队：第 43/ 第 47/ 第 48 中队 (IAR.81C)

第 8 攻击机大队：第 41/ 第 42/ 第 60 中队 (Hs 129B-2)

第 3 轰炸机联队

第 3 俯冲轰炸机大队：第 73/ 第 81/ 第 85 中队 (Ju 87D-3/D-5)

第 5 轰炸机大队：第 77/ 第 78/ 第 80 中队 (Ju 88A-4)

第 6 轰炸机大队：第 74/ 第 86/ 第 87 中队 (Ju 88A-4)

第 2 长程侦察机中队 (Ju 88D-1)

第 105 运输机中队 (Ju 52)

第 115/ 第 116 联络机中队 (Fleet-10G)

然而面对强大对手，这些努力仅能稍稍扼制红军的进攻而已。

前面说过，轰炸机部队换装采取了让次等部队优先的办法，现在开始尝到飞行员缺乏经验的苦果。6 月 13 日，装备焕然一新的第 6 大队的 22 架 Ju 88A 进驻扎波罗日（Zaporozhye）机场，这个大型机场位于斯大林诺（Stalino）—塔甘罗格（Taganrog）—扎波罗日的三角地带。入驻第二天，大队长就亲自兴致勃勃地驾机升空，以便"侦察可能与苏联飞机发生遭遇的空域"。这个"遭遇"很快到来了。6 月 22 日，巴巴罗萨两周年纪念日，第 6 大队蒙受第一架 Ju 88A 的损失，它被 1 架雅克 -9 击落。

接下去的战斗更加可怕，一个月后，幸存的容克斯轰炸机只有 7 架。第 6 大队在 8 月提交的报告中称，活着的飞行员还有 22 人，其中只有 9 人可以"继续飞行"。航空军的回应是："停止战斗，返回尼科拉耶夫待命。"

于是，"停止战斗"的第 6 大队这才把手里剩余的 Ju 88A 移交给第 5 大队，后者至今还装备着 He 111H-3。早就该这么做了，第 5 大队的飞行员从战争一开始就飞德国飞机，战斗经验也很丰富，相比之下，第 6 大队的新兵完全是菜鸟，刚从训练场拿到合格证就派上战场，结果可想而知。在斯大林格勒大伤元气的第 5 大队这才逐步恢复实力，重以主力轰炸机大队的身份出现在战场上，其第 77、79、80 中队在 8 月 10 日进驻扎波罗日。

在接下来对库班等地区的空袭作战中，第 5 大队的表现得到了包括德国第 1 装甲集团军司令冯·马肯森（Von Mackensen）将军在内的多位德军高层的肯定。9 月 20 日，亚历山德罗·伊斯托克 - 索巴（Alexandru

Istok-Suba）驾乘的 Ju 88A 甚至一举击落了 2 架苏联的 P-39"空中眼镜蛇"式战斗机。

再来看另一支"菜鸟"部队，装备"斯图卡"的第 3 大队。该部 6 月在亚速海以北地区活动，参与支援轴心军在库班地区的作战。6 月里的情况还好，只有 1 架被击落；到 7 月就开始遭受连续不断的损失，到 10 月底共有 12 架"斯图卡"报销。于是这个大队奉令回国休整。

打得比较好的是从战斗机部队转变而来的第 8 攻击机大队。8 月 15 日，该部首次参战，很快在 17 日的一次果断出击中阻止了苏军的攻击。通过截听苏联的电报，德国人得知了这次"大胆而出人意料"的攻击，因而对第 8 大队大加表扬。

看起来，罗马尼亚飞行员和 Hs 129 这种难以驾驭却又极具威胁性的飞机相得益彰。整个夏天，顿河和米乌斯河流域的激战不断，只要天气允许，第 8 大队每天都出动，该大队简直可以宣称自己是所有空军部队中出击最有力的，有的飞行员在一天里从黎明到黄昏不间断地执行 16 次任务之多。

飞行员们很快尝到了用这种攻击机击毁敌人坦克的甜头，一批表现优异的 Hs 129"王牌"也脱颖而出。拉扎尔·蒙泰努（Lazar Munteanu）、斯蒂凡·普斯卡斯（Stefan Puscas）、杜密崔·马里恩斯库（Dumitru Marinescu）、瓦西里·波佩斯库（Vasile Popescu）都竞相展示自己的才华。9 月 14 日，这些飞行员驾驶 Hs 129B-2 采取低空切进的战法，大破苏联一个坦克编队，取得第 8 攻击机大队自组建以来的最好战绩。

尽管第 1 战斗机联队号称辖 3 个大队，但其中 1 个是攻击机部队，另 1 个使用国产战斗机的大队出击寥寥，因而此役中的战斗机主力其实就是第 7 大队。

6 月 12 日，第 7 大队将前进基地设在马里波尔（Mariupol），当日发布的动员令中声称：是到了把在德国人那里学的技术发挥一下的时候了。时任第 57 中队指挥官的塞巴内斯库首当其冲，在 6 月 24 日打下一架雅克机，从而跃居整个轴心仆从国阵营的头号王牌。很快也有好几架 Bf 109G 遭殃，包括中队长佩内斯库（Penescu）在内的多人进了苏联的战俘营。佩内斯库很倒霉，他是在用完燃油后，误降在苏联机场上而被俘的。

7 月 18 日，第 7 大队在一天里确认击落 15 架敌机，其中塞巴内斯库一人打下 3 架。更高峰的狩猎时节在 8 月中旬来到：16 日，罗飞行员在 40 次出击中创下击落 22 架敌机的本国东线单日最高纪录，其中伊恩·米卢以击落 5 架的成绩创下单日个人击落最高纪录，他的猎物包括 3 架伊尔 -2 和 2 架双发的 B-8"波士顿"轰炸机，因此其空战胜利被记录为 7 次。不过所谓乐极生悲，紧接着的 17 日，罗空军就因 6 架 Bf 109G 的损失，而继续谱写了一个新纪录：单日战斗机最高损失记录。

受过德式训练的尖子飞行员们在空战中表现出来的勇气和技巧，让德方赞赏有加，德国第 4 航空队指挥官、空军元帅里希特霍芬（Richtofen）还抽空亲自为伊恩·米卢和后来成为罗马尼亚头号王牌的康斯坦丁·坎塔库齐诺颁发了一级铁十字勋章。

这次受勋后不久，米卢就在一次护航任务中遭遇约 10 架雅克夫列夫战斗机，当他一头扎进敌机群后，又有 8 架拉沃契金战斗机从后面猛扑上来，罗方就只有他和他的僚机 2 架而已。他的座机被打中 8 发炮弹和 13 发航空机枪弹，好在勉强生还。着陆后，他还清楚地记得，那架从后方迫近他的苏联飞机上涂着一朵绚丽的鲜花。

这一幕，是当时罗空军东线空战的典型写照，尽管不乏技术和勇气，但是飞机数量上的差距过于巨大。另外在人员质量上，罗方也占不了什么上风。当时在此空域与罗空军作战的，有苏联著名的近卫战斗机师，其中包括波克雷什金（Pokryshkin）和格林卡（Glinka）这样的尖子飞行员。

在这段时间里，风头最劲的飞行员无疑是伊恩·米卢。

▲ 反目成仇之前，塞巴内斯库（右二）和德国飞行员纽波克（右一）手挽着手。

米卢 1902 年出生于布拉索夫，18 岁就在航空学校学习。虽然他在 1922 年就加入空军，不过要到 12 年后才得以转入战斗机部队。1943 年春，他参加了在 JG 3 "乌德特"联队的联训，5 月 6 日成为他在德军时期的最好的一天，击落 3 架拉格 –3。8 月则是米卢最成功的一月，他在 16 日创下 5 架的单日击落最高纪录。和许多其他王牌不同，他在战后的空军中继续供职多年，1980 年死于故乡。

9 月里，第 7 大队且战且退，此过程中还得到了一批最新的 Bf 109G-6。10 月 10 日，被击落的命运轮到了塞巴内斯库，不过他也同样得以生还。此时的他已经是一个名人，因此苏联方面迅速宣布其死讯，并断言这意味着 "第 7 大队已被彻底打垮"。

对于这个不实宣传，罗马尼亚人进行了一次极具骑士风度的反击。他们在当天下午派出 1 架飞机向苏联机场投下邀请函，请后者派代表团造访罗方机场，以便 "和塞巴内斯库本人共进下午茶"。

"彻底打垮"当然不免夸张，不过经历了数月苦战的第 7 大队的战力已经急剧下降。10 月 23 日，第 1 航空军决定用第 9 大队替换第 7 大队，证明这支部队实际上已经接近"彻底打垮"。

德国人尽量填补着第 1 航空军的损失，但是其基本编制——每个中队 12 架——只能维持个大概，因为按标准编制每个中队应有的 3 至 6 架预备飞机无法保证，因此每次战损都造成中队实力无可挽回的削弱。苏军持续的压力迫使罗空军放弃扎波罗日等机场，到年底实际上被逐回至德聂斯特地区和比萨拉比亚。1944 年初，第 1 航空军宣布能用的一线飞机仅剩 60 架。

1944 年 2 月，第 5 大队转场至敖德萨地区的塔塔卡机场，却发现那里的场地不适合 Ju 88 这种飞机起降，后来该部的 22 架 Ju 88 还是在国境内的摩尔达维亚的泰库奇（Tecuci）机场找到了落脚点。这也意味着，罗马尼亚空军划了一个宿命的圆圈——经历了整整三年，又回到当年出发的原点。

有两件事是新的。

第一，空战的大方向已经从由西往东变成由东往西；第二，除了苏联空军，罗马尼亚空军已经有了另外一个可怕的对手。

"罗马尼亚空军还存在"

早在 1942 年秋季对苏联的新攻势尚未展开时，罗马尼亚已经有了第二个主要敌人：美国。1941 年珍珠港事件后德国向美国宣战不久，安东内斯库就在当年 12 月 12 日做出了同样的举动。不知是过于忽视这个对手还是别的什么原因，总之美国迟至 1942 年 6 月 5 日才想起来向罗马尼亚宣战。

一旦宣战，负面影响就接踵而至。一周后也即 6 月 12 日，13 架美国的 B-24"解放者"式轰炸机首度飞临罗马尼亚，对普洛耶什蒂油田实施了第一次轰炸，这是美国陆军航空队在欧陆上空的处子秀，也拉开了对该地规模巨大的系列空袭的序幕。

虽然这次空袭浅尝辄止，罗马尼亚和德国依然认识到，必须在油田附近摆上足够的兵力。这样，在骨干力量为新一轮东线苦战蓄势的同时，本土的战斗机部队也没有闲着，日常训练量大幅提升，而新进人员多被送到加拉蒂（Galati）和提拉斯波尔的德国速成学校实施强化训练。

美国人之外，频频前来造访的还有英国人。和美国航空队的白昼进袭不同，英国皇家空军总喜欢在夜间采取行动。为了应对这一夜空威胁，罗空军在 1942 年 9 月开始创立其第一支夜间战斗机部队。

这支部队起初定名为第 51 夜间战斗机中队，后更名为第 1 夜间战斗机中队，首批 11 名飞行员从第 51 中队抽调，教官全部是德国飞行员，装备则在 1943 年春天运抵，那就是 Bf 110C 夜间战斗机。有了飞机后，该部进驻布加勒斯特-皮佩拉基地，由马林·吉卡（Marin Ghica）上尉担任指挥官。该部算是罗空军的一个独立单位，在战术行动上受德军指挥，事实上成为德国空军 NJG 6 夜间战斗机联队第 4 大队的第三个中队，德国人则称之为第 4 大队第 12 中队。罗马尼亚飞行员很快发现，与自己一起作战的 NJG 6 的第 10 和 11 中队装备的是雷达性能更佳的 Bf 110F，比自己的

C 型强许多。

和美国人的交战在 1943 年夏天达到第一个高潮。8 月 1 日，一个晴热的星期天，美军 B24 机群大举进袭普罗耶什蒂，在随后发生于"树梢高度"的激烈空战中，有多达 41 架"解放者"式被击落，罗马尼亚空军仅损失 IAR.80 和 Bf 110 各 1 架，有 1 名飞行员阵亡。普洛耶什蒂油田虽然受到一定程度的损毁，但是能够在很短的时间内就恢复生产。

此次拦截中，罗马尼亚本土生产的 IAR.80 系列战斗机表现出色，令军方大受鼓舞。二战中，除了美、英、苏、德、日五国外，其他国家也设计制造了一些飞机投入实战，但在其中具有最优异的表现无疑是罗马尼亚的 IAR.80。

在当年的竞争中，该机还挫败了从德国引进的 He 112。IAR.80 预产型的最大问题是火力不足，虽然想过把 2 挺比利时产的机枪增加到 6 挺，又因为德国入侵比利时使后者无法交货而搁浅。这样，首批量产型迟至 1941 年 1 月才正式下线，量产型装备 4 挺机

▲ 个人第 100 次胜利，大队第 3000 次出击，很可能是第 4 战斗机大队，摄于 1943 年冬。

枪，火力依然嫌弱。直到加装航空机炮的最终改型 C 型出现，问题才得以缓解。空军原本担心该机总体有些过时，和德制的 Bf 109 相比有较大差距，但通过这轮交战的表现，又树立起了用它来持续对抗美国机群的信心。

8 月 1 日的空战，是本土防空战开打以来最激烈的一次。击落 2 架轰炸机的安纳斯塔塞库在日记里写道："命令要求我们爬升到 200 米。什么，200 米？这令我们大感惊讶。要知道，美国佬从未在这么低的高度发起过攻击，而战斗机要在这个高度上缠斗也是不可能的。就在我们怀疑命令的准确性的时候，我们看到了更感惊讶的一幕，B-24 机群竟然远远飞在我们下面。我们刚一逼近，这些轰炸机就猛烈开火，我眼前可以看到整片的弹幕，地面上的高炮也在这时开打，我知道自己背上冷汗直流，那简直是地狱图景。"

对美国陆航来说，当天的遭遇才应该更称得上是"地狱图景"，至于这次空袭的完整过程，本书将在"附章"中为您翔实呈现。

进入 1944 年后，美国飞机仍不间断地来袭，不过再没有发生过去年 8 月 1 日这样的剧斗。这年夏天，同盟国加大了空袭的频率，苏联军队也把战争直接推进到了罗马尼亚的边界上，这时的罗空军已经由一支远征军变成了纯粹的本土防空军了。

为了对勉力支撑的第 1 航空军加以支援，在 4 月间紧急利用后备力量组建起了第 2 航空军，该航空军号称拥有 25 个中队 180 架飞机的实力。其实，剩下的全是些老旧的压仓货，战斗力之低是显而易见的。

这一年里，敌人的飞机越来越频繁地侵犯罗马尼亚领空，美国人和苏联人在白天来，英国人在晚上来。愈演愈烈的两线作战使空军背负越来越沉重的负担。

第2航空军本土防空战序列（1944年4月）
第 2 战斗机联队
第 1 战斗机大队：第 43 中队（IAR.80B/IAR.81A），第 66/第 67 中队（IAR.81C）

第 2 轰炸机联队
第 1 轰炸机大队：第 71/第 72 中队（JRS.79B）
第 2 轰炸机大队：第 82/第 83 中队（JRS.79B）
第 4 轰炸机大队：第 76 中队（P37B），第 78 中队（He 111H-6）
第 7 轰炸机大队：第 17/第 18 中队（IAR.37）

第 11/第 12/第 13/第 14/第 16/第 22 观察机中队（IAR.39）

第 101/第 102 水上飞机中队（He 114）

第 1 长程侦察机中队（布伦海姆 Mk.I）

第 109 中队（IAR.39，牵引 DFS-230 滑翔机）

第 114 联络机中队（Fleet-10G/Fi 156）

4 月 4 日，美军针对铁路的一次空袭失去了准头，结果造成首都 2736 名平民身亡。尽管 81 架罗马尼亚飞机和 91 架德国飞机联合进行了拦截并击落其中 11 架，但愤怒的公众仍然把无辜的牺牲归罪于空军的作战不力。

千夫所指的本土飞行员在接下来的 21 日度过了噩梦般的一天，这天，他们首次遭遇一种新式敌机，来自美国陆军航空队第 31 战斗机大队的 P-51B/C"野马"战斗机。

罗马尼亚人在空中发现自己的飞机的速度和爬升速率都比不上对手，在这场"空战"中，他们只是看着自己的战友接二连三地被击落，看够了的人掉转机头逃跑，跑得稍慢的随后成了被击落者。在这完全由震惊构成的一天中，战斗机部队付出了惨重代价。第 1 大队 6 架飞机被击落，飞行员 5 死 2 伤；第 2 大队 4 架飞机被击落，飞行员 2 死 4 伤；第

4 大队 4 架飞机被击落，飞行员 4 死。这其中，第 2 大队成立仅仅 3 个月，战斗经验基本为零。

同样受到震动的空军高层，决定将在东线久经战阵的第 7 大队调来对抗美机。不过随着苏军推到国境东北边，第 7 大队又不得不被派至南部摩尔达维亚地区，去帮助战力急剧下降的第 9 大队。于是在四五月间，拱卫首都和重要目标的，仍然全部是国产战斗机，在 6 月 6 日之前，它们大概打下了 30 ～ 40 架敌机。

几轮交战下来，第 1 航空军受创不小，临时组建的第 2 航空军更是几乎完全失掉了战斗力。其间阵亡的飞行员，绝大多数都是拥有多次空战胜利的王牌飞行员。其中包括第 66 中队的指挥官、15 次击落记录的格奥尔吉·斯坦尼卡（Gheorghe Stanica）上尉，以及 IAR.80 部队的知名王牌弗洛里安·布杜（Florian Budu），他共击落了 7 架敌机（9 次空战胜利记录）。

需要指出的是，随着美国四发轰炸机的出现，空军在 1944 年 2 月再次修订了王牌认定标准，新的规定是，击落 1 架单发飞机等于 1 次空战胜利，击落 1 架双发或三双飞机等于 2 次空战胜利，击落 1 架四发或六发飞机等于 3 次空战胜利。这个办法或许考虑到了多发轰炸机群难以对付的事实，但是不免引发不小的混乱和争议。击落 1 架 B-24 "解放者" 式轰炸机能够获得 3 次空战胜利，如果在更为危险的缠斗中击落 1 架 P-51 "野马" 的话，那么空战胜利只是 1 次而已。

第 6 大队的康斯坦丁内斯库（Constantinescu）有一次在油田上空击落 1 架 B-17 "空中堡垒" 和 1 架 P-38，从而因在一天之内的 5 次空战胜利而成为 "王牌"，而第 8 大队的亚历山大雷斯库（Alexandrescu）在击落 4 架 "野马" 式战斗机后，却因差 1 次而不能成为王牌。显然，后者的空战含金量更高！

就王牌们的个人成绩而言，以坎塔库齐诺为例，他的确认空战胜利数为 56 次，不过实际击落的敌机数是 43 架。

5 月下旬到 6 月，罗空军得到了短暂的喘息机会，一方面盟军忙于准备诺曼底登陆，另方面红军也在整补。除了战斗机部队以外的各单位都得以休养生息一番，休养的一个结果是各部的实力得到了不同程度的恢复，另一个结果是第 2 航空军从前线序列中撤出，其剩余兵力加上一些来自德国的援助，重组了一个用于海岸地区防御的第 3 航空军。

第1航空军本土防空战序列（1944年6月）

第 3 战斗机联队
第 2 战斗机大队：第 65/ 第 66/ 第 67 中队（IAR.81C）
第 4 战斗机大队：第 45/ 第 46/ 第 49 中队（IAR.81C）
第 7 战斗机大队：第 53/ 第 57/ 第 58 中队（Bf 109G）
第 9 战斗机大队：第 46/ 第 48/ 第 56 中队（Bf 109G）

第 1 轰炸机联队
第 3 俯冲轰炸机大队：第 73/ 第 81/ 第 85 中队（Ju 87D-5）
第 6 俯冲轰炸机大队：第 74/ 第 84/ 第 86 中队（Ju 87D-3）
第 8 攻击机大队：第 41/ 第 42/ 第 60 中队（Hs 129B-2）
第 5 轰炸机大队：第 77/ 第 79/ 第 80 中队（Ju 88A-4）

第 15/ 第 19/ 第 21 观察机中队（IAR.39）

第 2 长程侦察机中队（Ju 88D-1）

第 108 运输机中队（RWD-13）

第 115 中队（Fi 156）

尽管困难重重，战斗机飞行员们依旧勇气十足。

6月6日盟军在诺曼底登陆这一天，第9大队第48中队的伊恩·多布兰（Ion Dobran）中尉驾驶着他的Bf 109G-6向数量占优的美军"野马"发起了攻击，在成功击伤1架后他的座机被击中，幸而在成功迫降后他本人安危无恙。

当天的警报传来时，身处一场激烈的桥牌局中的多布兰一跃而起，没来得及看僚机是否跟上来就驾机升空，当面对美机编队时，才发现自己是孤身一人。那些美国飞机根本不顾他的存在，堂皇的队形好像是在阅兵。怒火中烧的杜布兰勇猛地向"野马"式俯冲攻击。回想起自己当时的动机，他在日记中写道："在我左下方有2架红鼻子的飞机，是第56中队的友机吗？不，那是美国人的野马式。我担心自己身后还有2架，如果以一敌四，那还不如直接去自杀。但是不管怎样，我还是决定攻击，于是我就飞了下去。"

杜布兰在D日的壮举，无意中和他在诺曼底现场的德国盟友、JG 26联队的约瑟夫·普利勒中校相映成趣。后者和他的僚机在6月6日这一天成为德国空军仅有的出击，"告诉敌人，德国空军还存在！"是普利勒的豪言壮语。同样的，杜布兰似乎也用自己的行动表明，"罗马尼亚空军还存在！"

喜悲交加

大规模的冲突很快在几天后来临。6月10日，罗马尼亚空军和美国陆军航空队在油田上空爆发了最激烈的一次冲突。油田在1944年春夏成为第15航空队的优先打击目标，盟军清楚，罗马尼亚的石油对德国的战争机器而言即使不是致命的，也是至关重要的。

这一天的破晓时分，阳光穿透了普洛耶什蒂的晨雾，机群随即出现。从独特的双身轮廓不难看出这是美军的P-38"闪电"式战斗轰炸机。这是美国人的一个变招，从4月5日到6月初，美军对油田先后实施了8次高空轰炸，每次轰炸机的战损率都居高不下，经过反复考虑，第15航空队才想出用"闪电"式挂载炸弹低空进袭的办法。美军认为，战斗轰炸机可打可炸，又能实施精确对点轰炸。殊不知，他们恰恰忽略了1940年不列颠之战的教训，当时，无论是德国的双发驱逐机还是挂上炸弹的单发战斗机，都无法占得利用本土机场升空作战的灵巧战斗机的上风。

当日的进袭安排也是大费周章，为了尝试突破雷达阵，这些飞机比惯常时间提早2个小时，也即在凌晨5时从意大利福贾（Foggia）机场出发，阵容为第82战斗机大队的46架P-38J战斗轰炸机，以及为其护航的第1战斗机大队的48架P-38。

进袭途中，有12架"闪电"式因机械故障返回，其余飞机飞近布加勒斯特时，尽管低飞至前所未有的50米高度，却仍然被德国雷达发现。不过，由于此次空袭比惯常对油田的空袭早了不少时间，使得罗方起初判断进袭是以战斗机基地为目标。

地面的罗马尼亚军机尽数升空，严阵以待。5时53分，第6大队已在首都西北空域编队完毕，5分钟后，地面指挥大声发出指令："攻击迫近！目标是我们的机场！把它们打下来，小伙子们！"

28架IAR战斗机和美机高速掠过，过低的高度制约缠斗，双方都来不及展开队形，这轮冲突在几分钟内就以猛烈的对射收场。双方的战史资料都指出，与其说许多飞机是在瞄准射击，倒不如说是忙于避免与别的飞

▲ 二战时的罗马尼亚具有一定的航空工业基础

机在空中相撞更为准确。

等到"闪电"机群奔进至油田上空时，等待它们的罗马尼亚飞机就更多了。IAR.80开始在早先抢占的高位上俯冲攻击，一时间，空中的机群密度是如此之大，以至于在数架美机被击落的同时，更有2架IAR.80发生空中相撞，另外多架被友机或地面炮火击伤！

美军第82大队的"闪电"式每架挂载着1000磅的炸弹，除非已经投弹或者仓促投弹，否则这些飞机在空战机动上完全处于下风。而且这些轻型飞机缺乏重轰炸机编队那样有效的自卫火力网，只得散开队形，各自进行投弹。英伦空战中双发飞机不敌灵巧的单发飞机的一幕，在普洛耶什蒂上空再次上演。

在34岁的大队长丹·维詹蒂（Dan Vizanti）上尉带领下，第6大队有23名飞行员升空，他们宣布击落23架敌机，己方折损3架。其中维詹蒂本人击落2架，他后来成为IAR.80战机的头号王牌。罗空军的战术简单而实用，用Bf 109对付护航的P-38，而用IAR去打有轰炸任务的"闪电"式。这一天，成为IAR.80/81这种过时飞机的最后

美好时光。

第7大队和德国飞机一道出战，宣称击落5架敌机，德国的JG 53联队和JG 77联队的战果为15架。

稍后，罗空军总部确认这一天里的击落数为28架（美方确认损失数23架），防守方大获全胜这一事实不可动摇。不仅如此，战斗机部队已经创下罗空军在整个二战中的单日击落最高纪录，而这一天，也成为P-38"闪电"式在二战中单日损失最大的一天。

第二天，不堪失败的美国飞机卷土重来，这一次，兵分两路的机群再度遭到痛击，共有约15架被击落。此时已是罗空军标志性人物的塞巴内斯库弹无虚发，一人击落3架，使个人空战胜利总数达到了45次。三号王牌米卢也在此战中对美国飞机首开纪录。

6月22日，空军举行了庆祝东线作战三周年的简单仪式。不料在庆祝的第二天，惨重的打击就不期而至。在6月23日参战的4个大队中，竟然有2位大队长身亡，他们是第7大队36岁的指挥官特兰达菲雷斯库（Trandairescu）上尉和第1大队指挥官伊恩·V·桑杜（Ion V Sandu）少校。后者是罗空军阵亡的最高阶军官，他的死是空战中不多见的卑劣手段的恶果。当时桑杜和1架P-51进行了长时间的缠斗，当座机中弹后，他从座舱中跳伞，然而，正在他悬浮在空中时，那架"野马"式竟然猛烈地向他开火。

"野马"式全面优于IAR.80这一点，在往年的战斗中就已经表露无遗。只是当美国人换用其他飞机进袭，才在短时间内使得IAR.80获得不可靠的荣光。现在，当"野马"机群全面临空时，战斗的天平急剧倾斜。

6月28日，7次空战胜利者，第1大队的帕西法尔·斯蒂芬内斯库（Parsifal

Stefanescu）的座机被击落，他也成为最后一个被"野马"式杀死的 IAR.80/81 飞行员，因为空军随后在 7 月 5 日决定：IAR.80/81 全面退出和美国飞机的对抗，其使用仅限于东线。装备较好的第 7 和第 9 大队在 7 月间回到国内，他们和装备 IAR.80/81 的大队对调任务。

这一禁令结束了这种过时的飞机在和 P-51 对抗中所遭受到的极不平等的损伤率。这从空军的技术统计中看得一清二楚：4 月 4 日，有 115 架飞机和美国飞机对阵；6 月 24 日，这个数字降至 50 架，其中有 33 名飞行员阵亡。IAR 80——尽管在 1939 年 4 月首飞时是一种非常先进的战机——早已是一种过时的机型，现在空军不得不正视这一点。

新加入国内战场的大队在 7 月 22 日迎来不错的开局，事实上这天的胜利堪称第 9 大队建部以来最大的胜利之一。当日 11 时，由第 7 大队调至该部的塞巴内斯库率机突袭一个进击布加勒斯特的美国机群，取得击落 6 架（一说 8 架）P-38 的战果。

报复在 4 天后来临，根据当日的敌情通报，第 9 大队派出 17 架 Bf 109G 拦截"由若干战斗机护航的 20 架轰炸机"，结果有 7 架梅塞施密特被击落！这一次，敌情判断出现了重大差错，仅仅护航战斗机的数量就超过了 100 架。3 名精英飞行员在是役中捐生，另外 3 人重伤，死亡名单中包括第 9 大队代理指挥官格奥尔基·波佩斯库 - 齐奥卡内（Gheorghe Popescu-Ciocanel）上尉，他浑身是伤地被拖进医院，10 天后死在那里。7 月 26 日因此成为罗马尼亚空军的"黑色星期天"。

几天后，第 9 大队的基地又接到一条噩耗：第 48 中队指挥官，迪努·弗洛里亚·皮斯托（Dinu Florea Pistol）中尉在和 B-17 机群的交战中身亡。这个消息极大刺痛了皮

▲ 在座舱里微笑的罗马尼亚二号王牌塞巴内斯库

托好友，塞巴内斯库上尉。战前，他们两人是同一个山地部队里的亲密战友，在斯大林格勒上空曾并肩苦战，好友的死当然令这位头号王牌悲伤不已。

塞巴内斯库想不到是，他自己的生命，很快也将画上句号。

8 月 18 日，发生了一次大机群的交战，罗空军第 9 大队的 13 架、第 7 大队的 14 架，和德国空军的 21 架飞机一道出击，在喀尔巴阡山脉上空约 7500 米高空和数量约为己方两倍的美机群交手。

激烈而混乱的冲突中，1 架来自美国第 31 战斗机大队的"野马"式试图从背后偷袭塞巴内斯库的座机，上尉的僚机看到这一切，并在无线里向他示警，然而塞巴内斯库就像聋子似的无动于衷。也许他执着于眼前的目标，也许他的无线电信号出问题了（事后证明了这一点），总之，他的飞机很快被击中，

螺旋加速地往下坠，塞巴内斯库肯定在这一轮射击中负了伤——他没能跳伞。

这架尾翼上涂满了击落标志的 Bf 109G-6 坠毁在布拉索夫附近。塞巴内斯库传出的最后一句话是："我在下坠……"

这一天，美国人共击落了 9 架 Bf 109，罗马尼亚人则一无所获。主力战机、主力大队和主力飞行员的失败，清楚地表明了战争的前景。

亚历山德拉·塞巴内斯库的死，标志着罗马尼亚战斗机部队英雄时代的终结。

塞巴内斯库 1912 年 5 月 17 日生于科罗内斯蒂（Colonesti）地区，1933 年加入陆军的山地部队，1940 年他 28 岁那年进入飞行学校，并于当年 10 月 31 日获得飞行执照。

他从 1942 年 4 月开始加入第 7 战斗机大队，首次出战便是参加斯大林格勒之役，数天之后即就升中队长。他的第一次空战胜利在 9 月 17 日来临，战利品是 1 架雅克 -1。和战友一起成功地从夜间逃脱后，塞巴内斯库在 1943 年 3 月成为 30 名加入德国空军"乌德特"联队接受特训的飞行员之一。在分配到的崭新的 Bf 109G 的座舱里，提升为上尉的他向镜头露出微笑，成为当时广为采用的军方宣传画之一，照片的名字是："空中的雄鹰和喀尔巴阡山上的青松。"的确，他正是从那时起开始取得一连串的胜利。

1943 年 8 月是塞巴内斯库最成功的时光，共击落 10 架敌机，其中 7 架是以坚固难以摧毁闻名的伊尔 -2 攻击机，这使他成为最成功的"黑死神"杀手。8 月底，他连续获得三等迈克尔国王英勇勋章和德国的一级铁十字勋章。

1944 年 2 月 9 日，他升任第 9 大队指挥官。4 月 20 日，塞巴内斯库完成了自己的第 500 次出击，其战绩也一举超越竞争者坎塔库齐诺而成为头号王牌。6 月和 7 月里，这位大队长取得一连串对美国飞机的胜利，然而 8 月 4 日的 1 架"野马"式成为他最后的击落记录。他总共出击 590 次，取得 47 次空战胜利。

阵亡后，塞巴内斯库被提名获得二等迈克尔国王英勇勋章——从没有任何一名飞行员获得过此殊荣。不过世事难料，他死后仅仅 5 天，局势突变，罗马尼亚宣布退出轴心国阵营，于是也就没有人再提起授勋这件事了。他的名字迅速被人遗忘，直到几十年后才又被记起，现在，布加勒斯特的一条林荫大道以他的名字命名。

在此之前的 8 月 8 日，米卢也遭了美国飞机的暗算。当时，他率领 18 架飞机迎击一个穿梭机群，在击中 1 架 P-51 后，米卢的飞机被 2 架 P-51 俯冲攻击命中，尽管他及时跳伞，可是过低的高度还是让他摔得不轻。这位空军里年纪最大战斗机王牌终于离开战场，被送进医院长达两个月。

王牌们的连续失手，对空军的士气造成了巨大的打击。此战第二天的 8 月 19 日，空军总部发出最新禁令：第 7 和第 9 大队不得再和美国飞机交战。这是一个月时间里发出的第二条禁止和美国飞机交战的命令了，那么谁来对付本国上空的美国人呢？高层给出的答案是：交给德国人自己吧。在许多罗马尼亚人看来，仿佛那已经是德国自己的领空一样。

这道禁令保住了许多飞行员的命，但是对于精锐的第 7 大队而言，无疑给低迷的士气添上了最后一击。一位资深飞行员这样写道："我们可耻地逃跑。"

和美国人的交战地真是悲喜交加。

尽管装备不尽人意，罗空军在保卫祖国

▲ 这名罗马尼亚飞行员在战斗之余的"娱乐"

领空的战斗中拼力一击，无疑给对手留下了深刻的印象。从 1942 年到 1944 年，美国航空队美军在罗马尼亚上空共损失 399 架各式飞机，1100 人阵亡或失踪，1400 人被俘。美军在罗上空的战损率高达 7%，这比其在西欧上空平均 3.5% 的战损率要高出一倍。

其中，在交战最剧烈的 1944 年里，美国第 15 航空队在对罗马尼亚实施的 42 次昼间空袭中，共损失了 223 架轰炸机和 36 架战斗机，其中 56 架轰炸机被战斗机击落，131 架被高炮击落，36 架因其他原因坠毁；15 架战斗机在空中击落，1 架被高炮击落，20 架因其他原因坠毁。另外，空军还在本土上空击落了 48 架英国飞机和 82 架苏联飞机。

然而罗马尼亚在这种拼消耗的战斗中毫无希望可言。美国人随时填补着损失的飞机和人员，而罗马尼亚在此战中失掉的 80 架战斗机却很难补充。包括塞巴内斯库在内的大批精英的死亡，更是无法弥合的伤口。

目标：德国人！

1944 年 3 月中旬，战场颓势无可挽回，战火终于烧到了罗马尼亚的西北边境——摩尔达维亚（Moldavia）。令人不安的消息迅速传开，"俄国压路机碾上了我们的领土！"当年鼓起勇气投入东征的理由成了一个悖论，罗马尼亚人一直担心苏联的入侵，当和德国人站在一起后，他们相信这再也不会发生；现在，一切都掉了个头，上次大战的惨败阴影重又浮现。

对空军来讲，十字军东征似的行动早已结束，现在的战斗因为保卫祖国的领空而增添了几分使命感和悲壮的气氛。

开抵前线支援第 7 大队的第 9 大队不断撤退，不断损失，到了 3 月，这支部队的战斗力规模只相当于一个中队了。3 月 12 日，战前的乡村教师，取得 17 次空战胜利的文卡（Vinca）的座机被 1 架德军的 He 111 误击，当时轰炸机上的后机枪手把他当成了苏联人，文卡当场死亡。4 月 12 日，提拉斯波尔这个长期以来的罗空军前线中枢被苏军攻占。

竭力整补中的轰炸机部队在 4 月底基本都驻扎在摩尔达维亚的伊安卡（Ianca）地区。在波兰完成换装 Ju 87D 的第 6 大队也在 5 月中旬加入，在更名为第 6 俯冲轰炸机大队后，该部被暂置于久负盛名的德国空军 SG 2 "殷麦曼"（Immelmann）斯图卡联队管辖之下。在那里，罗马尼亚飞行员们见到了传说中的人物，汉斯－乌尔里希·鲁德尔（Hans-Ulrich Rudel）。

也是在这个月里，东拼西凑的最后一点家当也快不保。5 月 30 日，5 架萨沃亚轰炸机被击落，7 架斯图卡被击落或报废。这样高的损失率成就了苏联阵营中的飞行员们，其中包括同盟国阵营的头号王牌伊万·阔日杜布（Ivan N.Kozhedub）上尉，驾驶着拉-5FN座机，阔日杜布在罗马尼亚东北空域作战的一周时间里，就击落了8架敌机。

6月似乎是个喜庆的月份。16日，第1航空军庆祝成立一周年，军部发布周年统计称，航空军在南乌克兰和比萨拉比亚地区共出击18074架次，投弹8055.3吨，击毁敌机401架。22日，整个空军迎来对苏作战三周年的日子，发布的战报称，三年中共确认击落834架苏联飞机，另有143架可能被击落。

接二连三的庆祝会丝毫不能减轻惨淡的现实带来的压力，空军现在是举步维艰。

结束休整的苏联军队从8月20日开始在摩尔达维亚展开强大攻势，此次行动目的就是要让罗马尼亚退出战争，空中力量的实力达到1952架飞机之多，其中战斗机的数量是802架，差不多是罗马尼亚和德国飞机总数的2倍半多，这还没有算上黑海舰队航空兵的实力。

与这支大军对抗的，除了装备德制飞机的第9大队，就是因为无法对抗美国飞机而换下来的IAR.80/81了（第7大队在7月被调去对付美国人），总实力为161架，交战的结果可想而知。

8月20日和21日两天，相继有5架第2大队的IAR.81C被击落。Bf 109的损失在22日开始，当日在摩尔达维亚上空有2架被拉-5FN击落，驾机者分别是获得17次空战胜利的达扬（Darjan）和获得5次空战胜利的迈隆（Miron）。达扬号称是空军中"最棒的僚机"，他的命运是进了苏军的战俘营，迈隆则幸运地逃了回来。

战争进行到这个阶段，剩下来驾驶梅塞施密特的飞行员基本上都是久经考验的空中老手，因此每一次人员损失，都是难以弥补的。尽管空军想方设法使这个方面的飞机数量在几天后增加到305架，但他们提供不了可是依旧于事无补。罗马尼亚空军的命运已经被注定了。

这时，持续了一段时间的秘密谈判开始浮上水面。

其实德罗关系在1943年间已趋恶化，这一趋势在1944年里继续加剧。罗马尼亚的贵族和知识精英强烈反对安东内斯库，并决心使国家退出战争。至于安东奈斯库，又在罗马尼亚军队的指挥权上和德国人闹得不可开交。

1944年4月初，苏联外长莫洛托夫发表了一次意味深长的广播讲话。他向罗马尼亚保证，苏联除了要求归还比萨拉比亚以外，对罗马尼亚别无领土要求。于是，瞒着德国人，罗马尼亚的反战派从12日开始在开罗与美、英、苏等国代表开始进行和平谈判。

这个谈判的最终结果在8月23日显露出来。国王和政府都认识到，战争必须马上停止。这场东征已经彻底绝望，如果再不主动退出，那么等待自己的结果将是苏军于几天后就打进布加勒斯特。和上次大战一样，事实证明罗马尼亚又选择了一场错误的战争，现在他们得把这杯苦酒喝下去。

这天傍晚，安东奈斯库在向国王汇报了战争局势之后，就与国防大臣和内务大臣一起被捕。罗马尼亚秘密警察局长警觉地注意到安东奈斯库进宫未回这一事实，可是接到他秘报的德国大使馆把他的话当成"胡言乱语"。

晚上10时的钟声刚刚敲过，国王就宣布成立新政府，并向全国人民发表广播演说，宣布战争已经结束，罗马尼亚军队应立即无条件地停止敌对行动，主动与苏联和西方盟国停火。他还强调，所有罗境内的德军务必在 14 天内撤出罗马尼亚。这一令人讶异的广播的内容还包括废除一切存在于轴心国间的政治和军事条约。这应该算是一次勇于承担起挽救国家与人民责任的讲话，但同时也是极具罗马尼亚见风使舵特性的一出政治活剧。

驻罗马尼亚的德国人大吃一惊，德国空军的人员尤其如此。在苏联战场上，并肩作战的罗马尼亚和德国空军人员彼此结下了深厚的友谊，两军的许多单位彼此渗透，不少德国军官在罗空军中任职，JG 52 联队拥有 32 次击落记录的王牌飞行员纽波克（Neubock）就担任罗空军第 9 大队的联络官。

形势突变的影响远不仅仅是情人分手的心理痛苦那般简单，大批分散在各地的德军部队、机场、仓库和医院处境危险，这些德国人能否活下去都成了问题。总的来看，尽管在两军之间发生了一些零星的互射事件，但双方都还算比较克制。德国人应该可以——或者说是罗马尼亚所希望的——安静地离开。

可是希特勒不打算忍受这种"奇耻大辱"。8 月 25 日，他下令德国空军前去轰炸罗马尼亚的首都。当时的第 4 航空队本来负责德国陆军南乌克兰集团军群的空中支援，在 8 月里的可用飞机不足 300 架，其中 Bf 109 只有约 50 架。有许多地方更需要这支有限的力量，比如解救被围困的地面部队，但是按照元首的命令，仍然出动了 150 架次对布加勒斯特进行轰炸。和罗空军共用机场的德军以尽可能快的速度力图控制住局面，因而在轰炸布加勒斯特的飞机中，就有缴获自罗空军第 6 大队的"斯图卡"，机身上还漆着黄十字。

这次轰炸的目标是要推翻"叛变政府"和国王，水平轰炸机和俯冲轰炸机也确实向包括王宫在内的多个目标投了弹，但此次行动没有对罗马尼亚造成多大的心理威慑，倒是给了罗马尼亚人一个非常恰当的向前盟友德国宣战的借口。23 日以后，罗马尼亚一直承受着来自苏联的要求她向德国宣战的巨大压力，现在，这个国家解压了。同时顺便的，她也向自己历史上的宿敌、此前勉强算作盟友的匈牙利宣战。

作为坚定新方向的一种表示，罗马尼亚释放了全部 1095 名美国飞行员和 52 名英国飞行员，这些炙手可热的外交筹码由 56 架 B-17 轰炸机运走。德国野战医院里的伤员也成了战利品，这些"见面礼"送给了苏联人，其中包括 JG 77 联队第 3 大队的 52 次空战胜利获得者尤翰·皮屈勒尔（Johann Pichler）。

这种突然的转变让空军的作战部队不知所措。昨天还是同志、战友、休戚与共的伙伴，今天就是敌人了？当然，命令已经讲得很清楚，德军已经向罗军全面开火，是时候把过去几年里的记忆一笔勾销了。

在一处驻地，罗马尼亚资深飞行员卢西安·托马（Lucian Toma）上尉坐在伪装网下的软椅上，看着身边忙忙碌碌的地勤人员。这些壮汉在烈日之下拿着喷枪和漆桶跑上跑下，热得发昏。是啊，这些人要忙上一阵了，在罗马尼亚宣布退出轴心国阵营后，上级部门到现在才想起一件重要的事：机身上的国家标识要全部重涂。这当然是够忙的了。

像托马这样的飞行员本来对德国人并无好感，只不过这么些年合作下来，已经习惯了一些东西：德国飞机、德国战术、甚至德国飞行员，等等。他自己驾驶的这架 Bf 109 战斗机，就是从德国人那里得来的。现在，他们不得不和昨天的敌人并肩作战，向昨天的盟友猛烈开火了……

绝不只是托马，两边的飞行员都非常厌恶这种局面，并尽力避免与对方发生直接冲突——他们中的有些人在看到对方的飞机后就知道座舱里坐的是谁。但是这一尽量克制的局面很快发生了变化，在意识到德国空军对自己的国家投弹时无所顾忌后，战斗机和高炮在向德国飞机开火这一点上就不再迟疑。

8月24日，宣布掉转枪口的第二天，两名罗马尼亚飞行员以自己的创纪录行为被载入史册。首先是第53中队的斯蒂芬·弗洛雷斯库（Stefan Florescu）中尉，在打下1架Pe-2后，他成为最后一位击落苏联飞机的罗马尼亚战斗机飞行员。其实这也是他本人驾驶着Bf 109E所取得的最后一次空战胜利。紧接着，第7大队指挥官卢西安-埃杜瓦德·托马（Lucian-Eduard Toma）上尉击落1架运送部队撤离的Ju 52/3m运输机，从而成为击落德国飞机的第一人。

正式宣战后，第7和第9大队宣布击落6架德国轰炸机，而来自第4大队的格奥尔吉·格雷库（Gheorghe Grecu）军士击落1架Me 323"巨人"运输机和1架Ju 52/3m。按照空军的计算标准，他等于取得了5次空战胜利（Me 323装有6个引擎却又极不经打），于是幸运地成为最后一位"一天里的王牌"。

8月26日，第9大队击落8架德国飞机，其中包括2架Me 323"巨人"。瓦西里·加夫里乌（Vasile Gavriliu）中尉在打击德国人的运输机方面最有心得，不仅在空中击落He 111H和Ju 52各1架，还摧毁了地面的3架Ju 52和1架Fw 58。这些战果都是在他在对德国机场进行大胆低空扫射时取得的，不过他的座机最终也迫降到了一片玉米地里。一系列对运输机的猎杀使他的空战胜利达到12次，并让他成为罗空军对轴心军作战中最成功的"王牌"。

不过，一旦遭遇到德国战斗机，罗马尼亚飞行员的好运气也就终结了。黄十字的Bf

▲ 这是1944年8月的一幕，停在罗军Bf 109之后的是德军Me 323"巨人"运输机。

▶ 1944 年夏，罗军的 He 111 轰炸机正在加注燃料。

109 和黑十字的 Bf 109 相遇时，获胜的往往是后者。比如，第 7 大队的康斯坦丁·斯托里加（Constantin Stolica）的黄十字 Bf 109G-6 在 8 月 28 日就被黑十字的 Bf 109 击落。

德国人不可能在此地过分恋战，总体上看，他们是在分别向匈牙利和保加利亚撤退。美国人赶来帮助这个反法西斯阵营中的新伙伴了，8 月 26 日，230 架 B-24 奉命进击，准备轰炸盘踞在罗马尼亚首都附近的德军。不知道是联络故障还是其他什么原因，总之一大堆炸弹落到了正在构筑前进阵地的罗马尼亚第 4 伞兵营的头上。

第 4 伞兵营是罗马尼亚空军仅有的一支伞兵部队，而此次向德军的进攻，也是他们在整个二次大战中仅有的一次行动！

1941 年 6 月 10 日，罗马尼亚空军的第一个伞兵连第 8 连诞生。1942 和 1943 年又相继组建了第 9 连和第 10 连（支援武器连），由它们组成了第 4 伞兵营。到了 1943 年 10 月，整个伞兵营只有 215 人完全受过训练。于是安东内斯库下令扩充实力，这样到 1944 年时，该营编有第 8、9、10、11 四个连（营部连，辖 1 个摩托车侦察排），和 1 个后备连。负责运输伞兵的是第 105、107 运输机中队（机型 Ju 52），运送重装备的是第 109 运输机中队（机型 IAR.39 双翼机牵引 DFS 230 滑翔机）。

8 月 23 日国王发表讲话那一天，第 4 伞兵营只有 800 余名官兵可以投入战斗，可使用的 DFS 230 滑翔机的数量约为 26 架。第二天，这些伞兵被紧急编成突击群，用于夺取布加勒斯特周围的机场。这支部队打了德军守备部队一个措手不及，并使随后赶来的德军勃兰登堡部队也吃了不小的苦头。就在这个伞兵营士气高涨准备大干一番的时候，美国轰炸机的"突袭"不期而至，令他们伤亡惨重。

在和德国人反目成仇的最初一周里，罗马尼亚空军共出动 336 架次，宣称在空中和地面击毁 84 架德国飞机，不过根据此时期德国方面的记录，其损失数字不会超过 25 架。罗空军的损失约为 50 架。

空军的"西线"

随着德军向匈牙利东部的北特兰西瓦尼亚收缩，从 9 月 1 日起，空战从罗马尼亚南部渐次北移，转至西北部的南特兰西瓦尼亚地区，此时罗马尼亚空军的一线实力估计约为 240 架飞机。

虽然罗马尼亚人实实在在地从各机场和

修理厂的德国人那里缴获了 228 架飞机，但根据与同盟国间的协议，这些战利品应该全部移交给苏联红军。在一场与时间的赛跑中，地勤人员急匆匆地将其中 150 架涂上罗马尼亚空军的标识分发到各单位，来不及改头换面的就只好忍痛割爱了。

本来轰炸机部队已定于 8 月 8 日进行另一次大规模换装，根据拟定的计划，将用 Fw 190 换下所有的双发轰炸机，用 Ju 87G 替换 Ju 87D，Hs 129B-2 也将由火力更强大的 B-3 所取代。新的第 11 轰炸机大队也在筹组了，不过 23 日的戏剧性一幕让这些都成了画饼。

出于对败退中的德军反击能力估计不足，也由于苏联对新附命的罗马尼亚人不完全信任，苏军在 9 月 1 日下了一道命令：所有罗空军的飞机全部驻停于各自机场以便检查，检查完毕之前不得擅自升空。

截听到这一情报的德国空军迅速采取行动，在停机坪上等待检查的罗马尼亚空军损失惨重，从 9 月 1 日到 5 日，短短 5 天时间里共有 161 架飞机被炸毁在机场上。当然这也并不全是德国人干的，由于地近罗匈边境，不时光临的美国轰炸机在搞不清楚地面形势的情况下，也投下了不少炸弹。

尽管此前经历了多年的苦战，但是 9 月里的这 5 天，却是整个罗马尼亚空军在二战中所遭受最严重损失的一个时期。

相对于此前的东线，现在的空战战场已经有了一个新名词：西线。为了应对西线作战，空军重组第 1 航空军，并从 9 月 7 日前后陆续进驻南特兰西瓦尼亚的各机场。和这些罗马尼亚飞机一同起降的，是苏联空军的雅克战斗机和 IL-2 攻击机，有时也能看到美国援助的 A-20 攻击机。

罗马尼亚飞行员很快意识到，和生死仇敌的蜜月期不会那么愉快，苏联战斗机和高射炮经常习惯性地——或者是有意识地——向罗马尼亚飞机射击。当时有不少罗马尼亚人喜欢穿着式样更好、更舒适的德国军帽、飞行夹克和军靴，这个习惯让他们大吃苦头，这些飞行员在自己的"后方"跳伞后，往往被地面上的苏军关进战俘营，甚至直接被当作德国人而枪决！

这个时候，终于有人想起一件重要的事：应该更换机身上的国家标识了。先是重新启用了 1941 年 5 月前的三色同心圆图案，然

第1航空军西线作战序列（1944年9月）

战斗机司令部
第 2 战斗机大队：第 65/ 第 66 中队（IAR.81C）
第 6 战斗机大队：第 59/ 第 61/ 第 62 中队（IAR.81C）
第 9 战斗机大队：第 47/ 第 48/ 第 56 中队（Bf 109G）

轰炸机司令部
第 3 俯冲轰炸机大队：第 74/ 第 81 中队（Ju 87D-5）
第 5 轰炸机大队：第 77/ 第 78 中队（Ju 88A-4）
第 8 攻击机大队：第 41/ 第 42 中队（Hs 129B-2）

第 11/ 第 12 观察机中队（IAR.39）

第 2 长程侦察机中队（Ju 88D-1）

运输机中队（Ju 52 / IAR.39 牵引 DFS 230）

9月20日后加强的独立单位
第 44 战斗机中队（IAR.80B / IAR.81A / Bf 109G）

第 85 俯冲轰炸机中队（Ju 87D-5）

第 60 攻击机中队（Hs 129B-2）

第 14/ 第 15 观察机中队（IAR.39）

后又在机身和机翼的黄色涂装上刷了一层白漆。后者是苏联方面的要求，白色是格留诺夫（Goryunov）空军上将麾下的苏联空军第 5 集团军的标识色，该部自 7 日全权指挥罗马尼亚第 1 航空军。

在第 1 航空军的 3 个战斗机大队中，拥有 27 架 Bf 109G 的第 9 大队是最强的，另两个大队加起来有 57 架 IAR.81C。独立第 44 中队装备 9 架 IAR.80/81 和 6 架 Bf 109G，而且是最早抵达前进机场的。尽管已经全面宣战，不过军方还是打过招呼，要求飞机尽量避免和德国飞机直接遭遇，不过第 44 中队的 6 架 IAR.80/81 在 9 月 7 日的侦察任务中，还是被一群 Fw 190 追击，并有 1 架被击落。

轰炸机序列中，第 3 大队只有 15 架 Ju 87D，第 8 攻击机大队有 32 架 Hs 129B，第 5 大队是混成装备，18 架 Ju 88A-4 和 He 111H-6。统计数据表明有 65 架飞机的实力，但当战斗开始后只有 10 来架飞机具备出击的条件。

9 月 8 日，航空军把军部设在前进基地特尔尼瑟（Turnisor），空中活动随之变得频繁，牺牲者也跟着多了起来。这一天，当第 9 大队的布霍尔策（Buholtzer）驾驶着他的 Bf 109G-6 出击时，被一名精神高昂的红军女高炮手击落。这位女战士后来解释道，机身上的黄色迈克尔十字给她以敌机的条件反射。这一事件让高层得知了军机标识换涂进展缓慢而大发雷霆。更严重的是这拉开了一系列误击事件的序幕，苏联机场成为令人恐惧的地方，那里的炮手几乎一看到罗马尼亚飞机就猛烈开火。

至于德国人，他们和曾经战友的罗马尼亚飞行员倒还尽量维持着一种不积极交战的默契。有未经确认的报道称，罗马尼亚和德国的战斗机并肩飞行，飞行员们关掉了无线电，并打着手势互相致意！

这样的闹剧在 9 月 14 日中止，这一天，第 1 航空军的 1 架 Ju 87D 和 2 架 Hs 129B 被德国飞机击毁。罗马尼亚飞行员在次日采取了一次大胆的报复行动，在对轴心军头号王牌瓦西里·加夫里乌的带领下，第 9 大队的 6 名富有经验的飞行员对敌方机场实施了一次低空突袭，结果摧毁了 1 架匈牙利空军的 Re.2000 战斗机和 1 架德国人的 Fw 58，然后全身而退。

接下来，罗空军的飞机就接二连三被德国人击落。

16 日，第 2 大队的 6 架 IAR.81C 和德国空军 JG 52 联队第 6 中队相遇，6 次空战胜利王牌丘胡雷斯库（Chiuhulescu）的座机被击落。击落他的是德军的海因里希·塔曼（Heinrich Tammen）中士，后者开始了他在两周时间里击落 10 架罗马尼亚飞机的历程。

18 日，双方的 Bf 109 终于直接碰撞，罗方在数量上占有五比二的优势，战果却是德国三比零完胜，其中塔曼中士击落 2 架。20 日，第 44 中队因损耗过大被调回国。

9 月 22 日开始，一场联合攻势在特尔达（Turda）地区展开，罗空军在 23 日先后派遣 40 架飞机加入该地区的三场交战。清晨时分，第 59 中队的 2 架 IAR.81C 遭遇 6 架 Fw 190，其中 1 架被击中油箱而爆炸。第 6 大队很快让更多的 IAR 升空参战，德国方面 JG 52 第 2 大队也增派兵力加入，于是罗方又有 2 架 IAR.80 和 1 架 Bf 109G 被击落，最后那架又是那个塔曼中士的战果。

这轮交战的高潮在 25 日达到了顶点。上午 10 时，第 2 大队派出 8 架 IAR.80/81 为出击的轰炸机护航，很快又遭遇德国战斗机。

收到报告的基地先后调动近 50 架飞机升空支援，自从在本国领空和美国航空队交手以来，罗马尼亚空军还从来没有在一次交战中出动过这么大规模的力量。

当日试图挽回声誉的一系列混乱的交战，包括第 8 大队的 6 架 Hs 129B 对阵 6 架 Bf 109G，第 2 大队的 8 架 IAR.80 对抗 5 架 Bf 109G，第 2 大队另外 8 架 IAR.80 对抗 6 架 Bf 109G，以及第 6 大队的 10 架 IAR.80 和 6 架 Bf 109G 交战。结果是，6 架 IAR 被击落，3 名飞行员阵亡，罗马尼亚人再次大败亏输。胜利者的名单，又有塔曼中士的身影，另外，JG 52 第 6 中队的皮特·杜特曼（Peter Duttmann）中尉在 12 分钟里连续击落 3 架。

吃完午饭后，第 9 大队指挥官卢西安·托马上尉和另一位拥有 11 次空战胜利的飞行员伊恩·多布兰（Ion Dobran）一道升空，寻找着机会。托马幸运地发现并尾随攻击了 1 架 Ju 188 侦察机，就托马仔细观察这架冒出黑烟的容克斯飞机时，后者的自卫火力冷不禁地开火。刚打算记录大队长最新击落纪录的多布兰，惊愕地看着这两架飞机一同坠毁，它们的着地点相去不过数米。

托马上尉不幸成为第 7 位、也是最后一位在空战中阵亡的罗马尼亚空军大队指挥官。在这个被称作"西线"的新空域，这位大队长还是第一次战斗出勤。

西线战役的第一个月结束了，战果盘点不堪入目。第 1 航空军共击落 4 架德机，却付出了 25 架战斗机被毁，12 名飞行员死亡的代价。这真是一个不折不扣的悲剧。轰炸机也有 15 架被击落，这几乎是可供出击的状况良好的轰炸机数量的全部。

空军总部这时又使出了惯用的一招，他们在这次战争中第三次发布禁令：没有特别许可，严禁任何 IAR 战斗机再升空作战。本来有意向用苏联的拉格战斗机和雅克战斗机替换这些装备，不过苏联方面最终却没有同意。

这道禁令依然理由充分。尽管空军中不乏参加过对苏作战的老兵，但他们在作战技巧上仍然和德国飞行员有很大的差距。因此空军各部在 25 日后极少参加夺取制空权的交战，而是转而执行对地攻击任务。

西线战役中还有一个插曲，那就是罗马尼亚人不太能识别匈牙利的军机。飞行员们将在匈牙利上空遭遇到的敌机都称作德国飞机或者轴心国飞机；反过来，匈牙利飞行员也不太熟悉罗马尼亚的标识，不止一份战斗报告这样写道："一些涂装式样极奇古怪的Bf 109G 居然向我们开火……"

回家的路

10月中旬，第1航空军进行了一次整补，即便如此其战力仍然降至174架的规模，其中第2大队实力为28架 IAR.80/81，第9大队27架 Bf 109G-6。在到1944年底的两个月时间里，恶劣的天气和糟糕的机场设施极大制约了飞机的行动，或者说，是让航空军得到了休整的"天赐"良机。虽然很少在空中遭遇敌机，不过因各种原因——比如建在盐碱湖盆上的简易机场——导致的事故不断。

战争的进程却并不受到天气的影响，到12月19日，匈牙利战局宣告结束，战事越过匈牙利而打到了斯洛伐克境内。12月19日，罗空军在新空域首度行动，10架 Hs 129B 攻击了里玛伏斯卡（Rimavska）火车站，炸毁了一列军车。同一天，另一批次的5架 Hs 129B 在返回途中遭遇8架德国的 Bf 109，其中1架被击落。20日，罗马尼亚飞机再度大规模出动，共有50架飞机和苏联飞机一道，对罗森克（Losonc）铁路枢纽进行了密集轰炸，尽管此次任务被认为非常成功，但是该地的铁路在几天后就恢复了通行。

12月里的某一天，2架苏军的拉-7战斗机造访罗空军机场，其中1架在同罗马尼亚头号王牌康斯坦丁·坎塔库齐诺（Constantin Cantacuzino）的模拟空战中获胜。落地后，苏联人兴奋地宣称：拉-7的性能果然比 Bf 109G-6 好得多。

从9月7日到年底，罗马尼亚空军共出击2541架次，投弹508吨，宣称击落40架轴心军飞机，其中23架得到证实。4个月里，有64架飞机因各种原因而损失，60人阵亡。

1945年在连绵的雨雾天气中来临了，整个1月里最值得一提的行动便是13日对布达佩斯的空袭。轰炸机部队在当日受领的任务是：摧毁布达佩斯市内横跨多瑙河的桥梁。空袭的阵容是4架 Ju 88A 负责攻击"伊丽莎白"大桥，7架 Ju 87D 负责攻击"玛格丽特"大桥，当这些飞机返回后，飞行员和司令部都宣布桥梁当即被炸断。然而，一位侦察机飞行员在下午发回较准确的报告："这些桥还站在那儿。"

这次任务中，有5架苏联的雅克-3战斗机为罗马尼亚轰炸机护航，其中据称有多名女飞行员。这是一次罕见的罗苏空军的联合行动，不过，苏联方面参与的真正动机是：监视罗马尼亚飞机以免这些"靠不住的家伙"把炸弹扔到苏军的围城前线！

这倒不完全是苏联方面的偏见，因为有些"家伙"确实不怎么"靠得住"。1月中旬，罗空军宣布2架 Hs 129B-2 在战斗中"失踪"，后来才知道，这2名飞行员原来驾机投降到德国那一边去了。不久后，战斗机部队又报告有2架 Bf 109 失踪，同样的，这两个飞行员也是向德军"投诚"去了。

▲ 这是摄于1945年1月的罗马尼亚战斗机

▲ 表现罗军 IAR.80 在本土上空拦截美国飞机的画作

　　苏联人不断要求罗马尼亚空军增强实力，后者不得已东拼西凑、修修补补，好不容易让第 1 航空军的实力在 2 月 20 日达到了 239 架。第 9 大队的基地转进至斯洛伐克境内的洛森科（Losonc）机场，新组建的第 1 大队（辖第 61 和第 64 中队）加入进来，这个部队装备的 Bf 109 是 IAR 工厂利用待修理的机身和从德国人那里缴获的零部件拼装而成的。

　　这月 25 日罗空军执行了整个大战中的最后一次大规模出击，在这次对地面部队的近接支援中，所有的轻、重、俯冲轰炸机和攻击机倾巢而出，这次果敢出击的决定在很大程度上是基于德国空军此时已很少出现在斯洛伐克上空的现实做出的。

　　但是德国空军决定最后一搏的决心，使得这次对地支援转化为若干次短促而剧烈的空中交锋。JG 52 和 JG 53 联队残余的 Bf 109G/K 和罗马尼亚使用的相同机型都尽了自己最大的努力，罗空军有 7 架飞机被击落，其中机身编号为 101 的 Ju 88A 成为在空战中被击落的最后 1 架罗马尼亚轰炸机。

　　这一天里最戏剧性的一幕是，罗马尼亚空军的头号王牌、第 9 大队指挥官坎塔库齐诺上尉在取得自己最后一次也就是第 56 次的胜利的瞬间，被一位德国王牌击落。

　　25 日凌晨开始，好几个波次的轰炸机在第 9 大队护卫下，频繁执行任务。德国飞机在午后 13 时不期而至，坎塔库齐诺和他的僚机驾驶员特雷延·达延（Traian Darjan）在 14 时升空支援，并向正对苏军实施对地攻击的

2 架 Fw 190 发起攻击。坎塔库齐诺技术纯熟地击落其中 1 架，然而，急于确认战果的坠落点，这位空战老手竟然没有注意到一个 Bf 109G 小队正快速贴近，数秒钟之内，刚才的胜利者和其僚机就一起被击落了。

坎塔库齐诺活了下来，他的僚机驾驶员不幸阵亡。罗马尼亚头号王牌不知道，对他突袭的，是最终取得 203 空战胜利的德国王牌、JG 53 联队第 1 大队上尉大队长赫尔穆特·利普费特（Helmut Lipfert）。

达延是在二战中身亡的最后一位罗马尼亚王牌飞行员。上一位头号王牌塞巴内斯库死的时候，他也是在场僚机，当时活下来是他；现在，命运调了个头。

非常有意思的是，击落他们的德国飞行员、曾经担任过罗马尼亚飞行员教官的利普费特在他的回忆录里详细地记录了这次战斗，从而为我们留下当时空战的生动记录。

利普费特写道："我注意到 2 架梅塞施密特朝我飞来，我向云层爬升，在那刹那我注意到了机身上的罗马尼亚标志。噢，或许是我在提拉斯波尔的学生呢。我倒要瞧瞧，他们究竟从我们这儿学到了点什么？一系列战术机动后，我敢肯定他们没有在提拉斯波尔受过训，他们不敢把梅塞施密特用到极限，只能做一些常规的机动。接着，我朝第一架开火，他试图向下俯冲逃离，我紧随其后，用机枪里的火舌包裹他。另一架敌机似乎不准备施以援手，于是我继续随意开火，那架飞机也冒出了浓烟，而且突然失速下坠，掉进了一个山沟里。这场战斗不算什么，如果和一架由素质相当的飞行员驾驶的 Bf 109 缠斗并获胜，那才够劲。"

利普费特错了，因为他不知道其中 1 架飞机里坐着的是罗马尼亚阵中的头号王牌，另一架里的驾驶员也是参加过 150 次空战取得 12 次空战胜利的老手。而且，他们都在德国人手中受训。

本来，坎塔库齐诺可以和利普费特来一场"素质相当"的格斗，然而，一方面他们的技艺和顶尖的德国王牌相比还有差距，另一方面，过于注意搜索战果的他们，显然在空战中犯了分神的大忌。

坎塔库齐诺是罗马尼亚空军的另一个传奇。1905 年 11 月 1 日，坎塔库齐诺出生于首都的一个贵族之家，这个家境优越的年轻人很早就显示出运动方面的天赋，他在 1935 年购买了 1 架私人飞机，并且加入了罗马尼亚民航。1939 年，他一举夺得全国特技飞行比赛的锦标，这使他成为 30 年代最出风头的飞行员之一。

尽管他的民航工作可以让他免于服兵役，但他又怎会错过空军这一舞台呢。很快，他就以预备役军官的身份，于 1941 年 7 月 5 日加入精锐的第 53 战斗机中队，驾驶着"飓风"式，他在一周内就取得了首次空战胜利。那一年里，他成长为全空军排名第三的王牌。

1943 年 5 月，他的座驾换成 Bf 109G，并在 6 月 29 日击落 2 架苏联空军的"喷火"式。

▲ 受邀到某野战机场参观的罗马尼亚姑娘和 1 架 Bf 109G 合影

到 8 月底他奉召回国时，坎塔库齐诺已击落 27 架敌机。次年 6 月，他成为第一个打下"野马"式战斗机的飞行员。

8 月 23 日，他接受了一项特殊的任务：向盟军递交停战条款。于是，驾驶着 1 架 Bf 109G-6Y，后面塞着一位罗关押的最高军阶的美国战俘，经过 2 小时零 5 分的飞行，坎塔库齐诺在 8 月 27 日降落到了意大利福贾的机场上。美国人极度震惊，尽管他能讲一口流利的英语。随机而来的美国人出面后大家才握手言欢。

生性喜欢驾驶的他向美国人提出了用自己的座机交换"野马"式的要求，后者把第 325 战斗机大队的 1 架"野马"式交给了他。这架机身上漆着昵称"克拉拉甜心"的 P-51 至少击落过 1 架罗马尼亚战斗机。第二天，他就驾着这架飞机返回——尽管从未得到任何有关驾驶这种飞机的指导。

坎塔库齐诺直到 40 岁才结束飞行生涯，他共出击过 608 架次，参加过 210 次空战，在对世界三大空军（苏联美国德国）的作战中都获得过不俗的战绩。1958 年 5 月 26 日，他在马德里去世，死时年 53 岁。

现在让我们的视线依旧回到 1945 年 2 月 25 日，那一天的剧战后，德国空军几乎绝迹不见，罗马尼亚空军的任务几乎完全成为对地攻击。

4 月 1 日，第 1 大队的康斯坦丁·尼科拉（Constantin Nicoara）击落 1 架德军的 Bf 109，这个战果当然不是愚人节的玩笑，而是经官方证实的罗马尼亚空军在整个大战中所取得的最后一次空战胜利。

欧洲战场的最后一个月来到了。

最后的戏剧性场面在 5 月 4 日上演。伊恩·米卢等数位飞行员在巡航途中遇到一群美国战斗机，罗马尼亚人礼貌地摇摆机翼致意，美国人用同样的方式答复他们。几分钟后，他们又遇到一群雅克 -3 和伊尔 -2，在他们摇摆机翼后，苏联人径直顾自飞了过去。不仅如此，苏联编队中拖后的 2 架雅克 -3 突然掉头，开始向罗马尼亚飞机做出攻击机动。

45 次空战胜利记录在身的米卢决定不理会这一挑衅，毕竟他已经 43 岁，不再有年轻人那样的冲动，最终他的飞机被迫降到了奥地利境内。与他同行的另一个飞行员位杜米崔·巴丘（Dumitru Baciu），却不能容忍这种侮辱，他奋力开火，在自己被击落前打下了 1 架雅克飞机。尽管这从未得到证实，但许多人相信这才是罗马尼亚飞行员在二战中真正的最后一次空战胜利。

即便是在德国已经投降后，罗马尼亚空军还在为这场战争献上殉难品。根据苏联的命令，空军从 11 日开始执行打击占据着布拉格的弗拉索夫（Vlasov）部队的任务，超过 80 架飞参与其中，至少有 10 架被地面炮火击落。

从 1944 年 12 月到 1945 年 5 月，第 1 航空军共出动 4981 架次，投弹 1042.1 吨，损失飞机 62 架，包括 59 名飞行员在内的 200 人阵亡。而如果计算宣布加入盟国阵营以来的战绩，罗马尼亚空军的飞机损失高达 337 架，人员伤亡为 856 人，其中飞行员 273 人。可以说，罗空军在同盟国阵营里拼杀到了最后一刻。然而，虽然被邀请参加了胜利国在维也纳新城举行的盛大阅兵，这个国家仍被认为是战败的轴心国阵营里的一员——在这场大战最后 8 个半月里流的血，还不足以漂白罗马尼亚。

战争胜利了，或者是反过来说，战争失败了。一场举国动员、全军上下满怀信心投入的战争打输了，仓皇失措临时掉转枪口的战斗倒是打赢了。空军将飞向何方？等待自己的又将是什么命运？

欧洲胜利日那天，伊恩·多布兰在日记里写下无疑是极具代表性的语句："我飞完了最后一次、第430次任务。我从座舱里爬了出来，满心哀苦，彷徨悲伤。今天是胜利日，但我找不出一丝能让我开心的理由。"

其实，至少有一个理由可以让罗马尼亚人自豪的，在过去的数年里，他们的空军和世界上最强大的4支空军都打了仗：苏联空军、美国陆军航空队、英国皇家空军以及德国空军。而且，尽管代价高昂，但是这支空军取得击落（及地面击毁）上千架敌机的战果，仍然可圈可点。

1945年8月1日，罗马尼亚军队在首都举行了一次阅兵式，庆祝国家宣布弃暗投明一周年。紧随而至的就是对空军的大整编，几乎所有"旧空军"的人员和装备都被清退，苏联制式飞机全面进场，新生代的飞行员也搬进了修葺一新的营房。那些谱写过空战传奇、挂满勋章、仍然活着的老兵都复员了，罗马尼亚空军的迈克尔国王黄十字的时代，终于落幕了。

大整编开始前的几天，40架Bf 109和差不多数量的IAR战斗机从捷克斯洛伐克回国，指定给他们的基地是位于首都南郊的一处小机场——他们熟悉的皮佩拉基地已由苏联空军占用。

这些活下来的飞行员几乎是眼含热泪地降落到了祖国的土地上。然而，他们很快发现几乎没有一个人前来表示欢迎，迎接他们的，只有几头悠闲地吃草的奶牛。当值的地勤军官甚至都懒得看他们一眼，仿佛这是一些四处漂泊的大雁，刚刚悄无声息地降落在了一个无人区。

罗马尼亚空军前10名王牌榜

姓名	击落数
康斯坦丁·坎塔库齐诺 Constantin Cantacuzino	56 / 13
亚历山德拉·塞巴内斯库 Alexandru Serbanescu	47 / 8
伊恩·米卢 Ion Milu	45 / 6
康斯坦丁·罗萨里乌 Constantin Rosariu	27
瓦西里·加夫里乌 Vasile Gavriliu	24
伊恩·穆塞里卡 Ion Mucenica	24
西奥多·格雷西努 Teodor Greceanu	20
克里斯蒂·切尔瓦萨塔 Cristea Chirvasauta	17
弗洛里安·布杜 Florian Budu	16
提贝里乌·文卡 Tiberiu Vinca	15

注：罗马尼亚空军采用独特的空战胜利计算方式。由于这种计算标准，使得罗马尼亚王牌们的空战胜利数字有时比实际打下来的飞机要多（详见内文）。空军中先后有126人达到王牌标准，他们声称取得1522次空战胜利，这个数字占到战斗机部队全部击落总数的85%。

浴血罗马尼亚天空：
点燃普洛耶什蒂油田

引子：普洛耶什蒂——石油开发史

阳光尽情倾泻在这片土地上。

海拔2543米的摩尔达维亚努峰俯瞰着一派物产丰裕、由温暖湿润的海洋季风和干燥寒冷的内陆气旋交替控制着的平原地带。这片被称作瓦拉几亚的平原位于著名的蓝色多瑙河的下游区。在东边的摩尔多瓦高原、东南的多布罗加丘陵和北边的特兰西瓦尼亚高原的簇拥下，瓦拉几亚平原就像是被环抱的一片净土。

瓦拉几亚平原位于罗马尼亚的东南方。罗马尼亚，她不愧是巴尔干半岛的一颗明珠。多瑙河、喀尔巴阡山、黑海，赋予这个国家足够的迷人意境和诱人的财富。在远古时代，这里就以拥有众多金矿而以"幸福的达契亚"之称而闻名四方。雄奇的喀尔巴阡山蕴藏着奇妙的宝藏，因为陆续在这里发现了煤、铁和黄金，这座大山被罗马尼亚人亲切地称为

"绿金宝库"和"罗马尼亚的脊梁"。

尽管瓦拉几亚平原在上述矿藏方面所拥有的"份额"不多，不过阳光、空气和水赋予这片土地以另一样礼物：葡萄美酒。自然条件是如此适宜栽种葡萄树，以致在2000年前这里就有大规模的葡萄酒生产了。罗马尼亚能成为世界一流的葡萄酒出产国之一，瓦拉几亚的葡萄酒厂贡献最大。这块土地上的葡萄酒简直应有尽有，从干葡萄酒、香槟白葡萄酒到馥郁葡萄酒、清香干白葡萄酒和红葡萄酒等等无所不包。

世代以来，这里的子民们繁衍、劳作、生息着。他们感谢上苍赐下的无尽物产，他们辛勤开拓劳作，同时为捍卫自己的幸福生活而不惜一战。公元2世纪初，罗马军团经过多年苦战，才在最后时刻勉强征服这块"蛮族之地"。达契亚战士的勇悍给征服者留下

了深刻的印象。这种传统一直传承下来，到了哈布斯堡王朝统治时期，虽然并不特别出名但身着红底绣花民族服装的罗马尼亚战士被公认为是帝国东南边陲"最忠实的"的守卫者。

然而，这些子民们不知道，另一种巨大的、前所未有的财富正在他们的脚底下静卧着，而且，已经持续了数千年。

1856年夏季的一天，位于瓦拉几亚中部的普洛耶什蒂（Ploesti）地区的布库雷什蒂镇上有了一点小小的骚动。原来，镇上的能工巧匠利用一只蒸馏釜，炼出了全罗马尼亚第一桶灯用煤油。这样一来，镇上的人家和街道都能用煤油灯来照明了。那时，用石油提取灯用煤油的技术刚发明不久，这个"亮起来"的小镇的经验迅速传开了。

人们突然发现，原来早就有一些关于此地出产石油的记载了。差不多两个世纪以前，一位名叫巴迪纳斯的传教士曾在自己的手记里写道："普洛耶什蒂的一些地方，当地人挖坑捞取石油。"同样的记载出现在1716年，一位摩尔多瓦的亲王写道："莫伊内什蒂附近的塔斯劳河两岸有油苗，当地人用溢出地表的原油来润滑他们的马车轴。"

普洛耶什蒂这个名字注定要闻名遐迩了。因为石油这种东西，在全球迈入工业化背景下的19世纪里的价值，已绝不可能是"润滑马车轴"而已了。

普洛耶什蒂这座未来的石油城，地近罗马尼亚东南著名的山地旅游区普拉霍瓦河谷，南距首都布加勒斯特约55公里。随着石油被发现，属于这座城市的黄金时代随之来临。1857年，这里建成了第一座炼油厂，当年产原油275吨。要知道，美国人在整整2年后才打出自己的第一口油井。

并不出人意料的，境外热钱很快蜂拥而至。英国人的嗅觉最灵敏，他们率先出资700万列伊（罗马尼亚货币）创立了罗马尼亚第一家石油公司沃莱钦石油公司，同时期另一家资本金150万列伊的索伊兹公司的背景同样来自英国。接着到来的是奥地利人，他们出资200万列伊成立了苏查德公司。

不过，在所有这些公司中规模最大、影响最深远的，则是一家德资公司斯泰瓦·罗马纳（Steaua Romana）公司。它起初是在1896年由奥地利资本成立，之后由于被德意志银行购得大部分股份而变成德资企业。这家公司不仅建有炼油厂，而且对部分油田拥有直接控制权，它在整个罗马尼亚石油工业中的占比一度高达60%。

一系列外国资本的注入，直接刺激了普洛耶什蒂的石油产能迅速飙升。1896年，罗马尼亚全年仅仅生产了8万吨原油，这个数字在1900年就达到了24.7万吨，使这个国家成为仅次于俄国的全欧第二大产油国。

德国公司独自坐大的局面在20世纪初叶被打破，美国的标准石油公司和英国荷兰联营的壳牌集团分别在1903年和1910年开办了罗美（Romano-Americana）标准石油公司和阿斯特拉·罗马纳（Astra Romana）公司。这两家公司后来先后成为普洛耶什蒂最大的炼油厂。在德、美、荷三大公司的运作下，罗马尼亚在一战爆发后的1915年的石油总产量达到了158.8万吨。

1916年8月，罗马尼亚在几经犹豫之后向奥匈帝国宣战，但她紧接着就遭到了优势德军的入侵。数月后，德国人就进占瓦拉几亚平原，几乎将那里的石油生产设施全部掌握。罗马尼亚对同盟国的宣战，其实恰好给了觊觎此地已久的德国人一个行动的借口。

不过，罗马尼亚人在英国人的帮助下，已经开始破坏油田。他们把所有能找得着的东西——砖头、石块、废铁、沙土、旧钻头——全部填入了油井。在这轮破坏中，70多座炼油装置被炸毁，80多万吨原油被烧掉，德国人面对一座几乎毫无用处的油田。几乎用了5个月，入侵者才勉强在局部恢复了石油生产。结果，1917年的原油产量还不到1914年的1/3。

这是普洛耶什蒂油田第一次因德国的战争行为而遭到劫难，尽管其立场和原因和后来的第二次劫难恰好相反。

一战结束后，罗马尼亚开始着手恢复被破坏的生产设施。作为战胜国之一，普洛耶什蒂的发展迎来了新的机遇。一方面，德资公司被判定为"敌产"而由国家没收，另一方面，其他外资公司大量涌入。到1923年，罗马尼亚一共有178家公司和63家炼油厂。石油产量在1924突破了战前水平，达到186万吨之多。

两次大战之间的1926到1934年，被称为罗马尼亚石油工业的"黄金时代"。此时期里，最活跃的是壳牌集团的子公司阿斯特拉·罗马纳，它引进的多项新技术使当地的石油产量不断创下新高：1926年产油324.4万吨，1928年产油428.2万吨，1930年产油579.2万吨，1932年产油734.8万吨，1936年更是高达870万吨。阿斯特拉·罗马纳炼油厂本身则成为全欧洲首屈一指的炼油厂。

于是，经过艰苦努力的罗马尼亚再次成为欧洲仅次于苏联的最重要石油生产国；然而，几乎和这个国家上一次达到此成就时的国际情势一样，另一场世界大战的阴云已经聚拢。

在即将来临的这场战争中，70公里长、25公里宽的普洛耶什蒂地区将成为交战一方的能源基础，同时成为交战另一方的重点打击对象。这片幸福土地的空前劫难，命中注定。

初试·计划

1943年2月28日，英国首相丘吉尔急切地向英国皇家空军参谋长查尔斯·波特尔（Charles Portal）子爵提出了这样一个问题："关于空袭罗马尼亚的油田，我们什么时候才能取得实质性的进展？"

面对这个质询，参谋长有些坐立不安。

原来，在1个月前的卡萨布兰卡会议上，反法西斯国家的盟友们经过反复讨论，终于确定了一个关于轰炸目标的优先顺序表。根据这一共识，石油工业高居第四优先顺位，仅次于U艇制造厂、航空工业和交通线。在那次会议上，波特尔子爵始终伴随在丘吉尔身边，他目睹了自己的领袖为把U艇制造厂和石油工业列为最优先打击目标而做的努力。正是在这种努力下，由美国方面指派专人接受了制订空袭普洛耶什蒂计划的任务。

在丘吉尔看来，燃油是德国将战争继续下去的最关键因素。而他非常清楚，德国的主要石油进口来源就是罗马尼亚。

他的判断完全正确，而且德国达成这一目的过程可谓毫不费力。德国军事机器的能源基础由本国以煤炭为基础的合成燃料生产和进口石油两大部分共同构成。鉴于本国资源缺乏的现实，德国自上世纪30年代后期开始储备原油，并加速展开从煤炭中提炼合成燃料的工作。1940年时，德国合成燃料工厂的产能大约能满足德军需要的46%，其余就全部要靠进口来填补。而随着战争的深入，进口石油的所占比重正逐步加大。

当希特勒的注意力集中到罗马尼亚的产

油区后，他却发现一桩无奈的事实：这个国家是欧洲的中立国，她的普洛耶什蒂油田正被来自英国、法国、美国的投资者们控制着。

英法两国竭力阻止罗马尼亚向德国靠拢。两国在 1939 年给予罗马尼亚政府经济援助以及军事援助的保证，从而在一定程度上有效压制了在罗马尼亚抬头的民族主义思潮，以及越来越响亮的要求外国资本退出石油开采的呼声。

在张伯伦和达拉第看来，这样的举措可以保证英法在罗马尼亚的既得利益，而且将有效解除罗马尼亚对德国所抱的畏惧——或者正相反，好感。但两位领导人忽略了，此时罗马尼亚在外交上最主要的考虑并非德国，而是其东部边境的苏联，后者当时正压迫罗政府要求其归还得自上次大战的原俄国领土。

苏联的压力无形中抵销了英法的努力，罗马尼亚在受迫之下逐渐向德国靠拢，西方国家力图将普洛耶什蒂油田置于德国势力之外的努力将被证明徒劳无益。不久后，由伊昂·安东内斯库（Ion Antonescu）将军所领导的法西斯政党在罗马尼亚当权，他很快便决定了这个国家的政治取向。当法国于 1940 年投降后，安东内斯库更是毫无保留地投入了希特勒的怀抱。

德国和罗马尼亚走到一起，两国正是各取所需，安东内斯库指望希特勒能够在他对抗苏联威胁时提供支持，后者对此慨然允诺，并顺势提出分享普洛耶什蒂资源的要求。两国很快达成协议：德军入驻罗国内主要地区，而罗政府将驱逐所有的英国石油工作人员。

希特勒兵不血刃得到了自己想要的石油资源。和上次大战不同，德国人这回不用兵临城下、同时担心罗马尼亚人往油井里扔废木石渣了——罗马尼亚政府既已成为纳粹德

▲ 罗马尼亚实际掌权者安东内斯库视察某处罗空军基地

国的盟友，那么普洛耶什蒂几乎就像是德国人自己的油田了。经罗政府同意，一家德国石油公司迅速在罗马尼亚成立，它表面上是应邀帮助罗马尼亚政府接管由英法遗留下来的石油精炼厂，实际上当然是普洛耶什蒂被绑到德国战车上的一个显著标志。

两手空空的英国人试图至少维持本国在布加勒斯特的外交存在，到了 1941 年初，连这最后一点点的形式主义也被罗马尼亚单方面取消了。心急如焚的英国人异想天开地试图游说罗马尼亚政府像上次大战那样再次毁掉自己的油田，为此他们将支付 6000 万美元的补偿金，这一非分之想所得到的回应可想而知。此后英国军方还曾经拟制过悄悄潜入以摧毁主要炼油厂的绝密计划，但这份计划最终居然落入德军之手。

就这样，曾经由西方国家苦心经营和维护的罗马尼亚石油资源终于成为德国继续这场战争的有力支撑。根据统计，普洛耶什蒂的石油年产量在进入 20 世纪 40 年代后最高达 1000 万吨，这占到德国石油总消耗量的 1/3 强；同时，这里还供给意大利所需的全部石油。普洛耶什蒂所矗立着的 12 座独立的炼油厂日夜不停地向轴心国的战争机器"输血"，在丘吉尔看来，当然是盟国应除之而后快的"眼中钉"。

虽然丘吉尔异常急迫地想要对普洛耶什

蒂实施打击，但是英国皇家空军却受制于一个尴尬的事实：距离普洛耶什蒂最近的英国控制领地也有 1600 公里之遥，英军根本没有能飞这么远的飞机。

结果最先站出来的还是俄国人，尽管他们的行动规模不算大。在德国入侵苏联之后，苏联空军于 1941 年 6 月 25 日、26 日和 27 日的 3 个晚上连续出动轰炸机，对普洛耶什蒂实施了空袭。参与行动的飞机数量很少，这些打击也几乎没有造成任何损失。不过到了 7 月 14 日晚上，有 6 架轰炸机在 750 米高度对费尼克斯·奥利昂（Phoenix Orion）炼油厂精确投弹，不仅摧毁了 18 座储油罐，而且令该厂停工数周之久。

此后，随着德军快速东进，失掉前进基地的苏联空军不再有能力做此类行动。但是 14 日的成功轰炸再次刺激了英国人，他们又开始不断制订新的空袭计划——哪怕仅仅具有纸面上的可能性。1942 年 4 月，英国空军部完成了一个最具可行性的方案，这次打算使用"英俊战士"式飞机对目标区的 6 座炼油厂实施白昼低空空袭，但结果仍是无果而终。

这个泡汤的计划的唯一价值，是吸引了美国驻开罗武官的注意，他显然对这份方案印象深刻，于是开始热心地宣扬空袭普洛耶什蒂的战略重要性。美国陆军航空队第一次听到有关这个目标的相关情况，并开始认真考虑空袭这个目标的可行性。英国人在机型调度上捉襟见肘，美国人可没有这个问题。由联合公司开发的 B-24 "解放者"式四发轰炸机已经进入现役，该机的续航力较强，从英国或者中东的基地出发，都可以到普洛耶什蒂去打个来回。

不过在美国刚刚介入战争不久、各战场军需普遍吃紧的情况下，陆航还没有能力在

短期内在中东形成周密的部署和充足的兵力调配。然而一个出人意料的偶然机会很快不期而至。

一支小型的 B-24 部队在这年春天到了北非。这是由哈里·H·哈尔巴逊（Harry H Halverson）上校所指挥的 25 架"解放者"式，它们从本土的佛罗里达州出发，奉命加入远东战区的第 10 航空队，现在是中途停转喀土穆。根据行前的命令，这支航空部队将要前往打击日本在台湾的目标，此次冒险行动以其指挥官的名字而被称作"哈尔巴逊计划"，不过很快被缩短为"哈尔巴拉（Halpro）"。

哈尔巴逊的部下飞越南大西洋而来，在等待下一步明确指令到来的同时正摩拳擦掌。美国陆航指望这样的行动能够提振珍珠港后对日本人恨得咬牙切齿的美国人的士气，"哈尔巴拉"特遣队的成员们自己也是这么想的。既然杜利特从航母上起飞的 B-25 能够教训日本人，那么他们也同样可以做得到。

然而满腔报国热情的哈尔巴逊上校却在喀土穆意外收到发自美国陆航司令亨利·H·阿诺德（Henry H Arnold）将军的密令，后者告诉他，美国即将于 6 月 5 日对罗马尼亚和保加利亚宣战，因此他的机群不去揍日本佬了，而是改从埃及出发，去轰炸普洛耶什蒂油田。

华盛顿之所以在这时改变主意，可以说是想盟国之所想。打击普洛耶什蒂，一则可以使英国人遂愿，二则可以间接使在苏联作战的德军受到影响，美国人正急于向她的盟国表明自己的坚定立场和慷慨姿态。不过可能从此次行动中受益的英苏两国的反应完全不同，英国开始尽可能地为这次行动提供情报和物资支持，而苏联对于美国提出的允许飞机在空袭后降落到苏联机场的要求则迟迟

不予同意。

根据英国提供的参考意见，机群将延土耳其以西航线前往目标，打击普洛耶什蒂地区最大和最有价值的炼油厂：阿斯特拉·罗马纳炼油厂。值得一提的是，这里以前正是由壳牌石油公司负责经营的。根据周密的计算，参谋人员得出结论说如果机群在夜间从埃及出发，那么恰好可以在最初的晨光到来时实施攻击；攻击高度保持在 4500 米以上，这时地面的情况应该一目了然。返航时如果发生紧急情况，可以紧急使用叙利亚和伊拉克的机场，但注意不得在飞行过程中侵犯中立国土耳其的领空。

6 月 5 日，这些 B-24 转场至苏伊士运河地区的法伊德（Fayid）机场，鉴于德国非洲军向埃及的推进异常凶险，行动必须马上开始——来不及再等同苏联交涉的结果了。尽管可用的飞机在几天后因机械原因下降为 14 架，但仍然于 6 月 11 日午夜到来还差 90 分钟的时候发出了起飞命令。

"哈尔巴拉"特遣队的成员们发现计划和现实存在不小的差距，最突出的一个问题是，当这些 B-24 接近目标空域时，天空仍然被黑夜所笼罩，"最初的晨光"并未来到。黑暗再加上当日目标上空密布的云层，使得所有飞机在寻找目标的过程中都遇上了极大的麻烦——尽管个别飞机已将飞行高度降到了 2400 米。

共有 10 架"解放者"宣称把炸弹扔到了目标——阿斯特拉·罗马纳炼油厂的厂区里，2 架则不知把炸弹投到了什么地方，剩下还有 1 架根本去向不明。后来才搞明白，原来它居然飞到了相去油田甚远的港口城市康斯坦察上空。

"完成任务"的哈尔巴逊上校指示部下取最近航线飞往伊拉克的哈巴尼亚（Habbaniya）机场，尽管这意味着要径直飞越土耳其上空。在冒犯这个中立国的过程中，有 3 架 B-24 降到了安卡拉（Ankara），另有 1 架中弹的 B-24 降到了阿达帕扎里（Adapazari），土其耳人立即将所有机组成员拘禁，并将这些飞机没收。剩下来前往伊拉克的飞机中，只有 4 架准确到达哈巴尼亚，另外的分散飞去了摩苏尔（Mosul）和拉马迪（Ramadi）等地。最终，从法伊德机场出发的 B-24 中只有一半能够回来。

英国人对于哈尔巴逊"故意"冒犯土耳其极为不快，他们指责哈尔巴逊在出发前曾和自己的军官们开了一次碰头会，却没有邀请英国人参加。他本人"极不情愿接受来自英国空军军官的建议或指导"，因此英国人怀疑他从一开始就不打算尊重土耳其的中立地位。哈尔巴逊则辩称，他在返航时所做的决定主要是基于油料不足的现实。

不过同盟国方面正打算借用土耳其的愤怒，来为这次不成功的空袭做掩饰。此次空袭最初的效果评估就让人无法满意，后来的情报更证明这次行动几乎完全没有触及阿斯特拉·罗马纳厂区。由于害怕此次行动打草惊蛇，引发轴心国加强在普洛耶什蒂的防御，盟军方面打算尽量不让敌人察觉此行的真正目的。

这样一来，土耳其的态度可谓来得恰到好处，这个国家正对外宣布美国轰炸机在搜索黑海沿岸的相关目标时粗暴地侵犯了本国领空。盟国方面则借势而上，美国外交部进一步宣称，这次美国轰炸机的行动目标乃是黑海岸边的某处港口。

美国人满心希望用这样的说法来将他们对普洛耶什蒂的企图遮掩过去，但德国人不是傻子。结果，哈尔巴逊的 B-24 几乎未对炼油厂造成任何损害，却反而提醒德国人意识到了普洛耶什蒂防空的薄弱，从而迅速加强了那里的力量。

当然，这次尝试也并非一无是处，它至少被载入了美国陆航的史册。14 架 B-24 在 1942 年 6 月 11 日对普洛耶什蒂的首次空袭，是整个美国陆军航空队在欧陆上空的第一次空袭行动，罗马尼亚油田区也就"有幸"成为美国轰炸机所选择的第一个欧洲大陆目标。

"哈尔巴拉"特遣队的失败，使得普洛耶什蒂在很长一段时间内都没能再进入盟军决策者的视线中。直到 1943 年初的卡萨布兰卡会议，这项空袭动议才被重新提出。

看起来，这是个重新讨论空袭普洛耶什蒂问题的好时机。1943 年春天，中东的局势已经发生了戏剧性的变化。上一年，先是北非的英军将德国人逐退至利比亚和突尼斯，接着是英美联军在阿尔及利亚和摩洛哥登陆；隆美尔对金字塔的威胁不再，中东基地已经彻底安全。

与此同时，继"哈尔巴拉"特遣队之后，美国陆航也开始以更大的规模出现在这片战场上。美军在北非新成立了第 9 航空队的司令部机构，起初下辖编有 4 个 B-24 中队的 98 轰炸机大队，以及同样编有 4 个 B-24 中队的 376 轰炸机大队。后者的序列当中，还包括"哈尔巴拉"特遣队的余部。

可问题是，尽管巨头们在卡萨布兰卡就空袭的意向达成一致，具体的空袭计划制订任务也交给了美国方面，可这个所谓的空袭计划却迟迟没有出台。因此，对于丘吉尔首相在 1943 年 2 月所表达的不满，波特尔爵士只好含糊应对。

丘吉尔意志坚决。他觉得任何拖延都是没有道理的，因为不存在什么条件上的困难。

基地？盟军成功地在北非登陆，利比亚可以提供状况良好的机场。飞机？B-24 的航程可以够到那么远，而且，美国人已经在 1942 年尝试过一次了。

虽然并不成功，但那次行动让丘吉尔记住了 B-24。他在 1943 年 2 月强调，装备着 B-24 的美国第 9 航空队就驻在北非，而在英国的第 8 航空队也有一些这样的飞机。但是客观上，这时第 9 航空队的大约 70 架 B-24——此时它的全部家当——正同其他飞机一道，为支援盟军地面部队将轴心军彻底赶出北非而苦战，它们是无暇他顾的。

失望的丘吉尔进一步向波特尔施压，"即便美国人不能参加"，他要求，"皇家空军也要做好单独进袭普洛耶什蒂的准备。"于是，尽管建议空袭应在盟军全面肃清北非战场后、由美军在白昼进行，波特尔爵士还是要求皇家空军开始拟制关于空袭普洛耶什蒂 6 个主要石油精炼厂的计划。

英国领导者有些过激。事实上，美国方面并没有将空袭计划束之高阁，准备工作一直在进行着。而且现在，他们准备加速了。除了来自丘吉尔的压力，还有战场上的局势变化。随着盟军在北大西洋上的反潜战取得进展，U 艇的威胁已经下降，而来自德国空军的威胁却在增长。同德国空军相关的目标的重要性都得到了显著提升，这其中当然包括石油精炼厂。

阿诺德将军派他最信任的参谋部军官负责这项计划，并在 1943 年 3 月把他派去英国。前往英伦的这个人身材挺拔，面色和善。在拜会首相时，后者一眼就认出了他。他就是那个在卡萨布兰卡受命的人，雅各布·斯马特（Jacob Smart）上校。

英国人把皇家空军的草案递给他，他瞄

了一眼，上面写着"由48架轰炸机实施空袭"。他笑了一笑，对在座的绅士们说，自己的计划是以派遣200架轰炸机为基础展开的。

在军界，斯马特素以精明强干著称，他是盟军多项机密计划的参与制订者。现在，他首先要掌握尽可能多的情报。一群战前在普洛耶什蒂工作过的油田技术人员奉召前来，他们提供了照片和电影胶片，并开始绘制油田设施的立体地图，专业情报人员则据此制作比例模型。

这时，美国上校幸运地得到了一名英国军官的帮助。你无法再找到比他更加合适的高参了，W·莱斯利·福斯特（W. Lesley Forster）中校不仅现在是皇家空军的一位资深情报军官，而且战前曾经在普洛耶什蒂供过职，甚至当过阿斯特拉·罗马纳炼油厂的主管经理！在听到了"200架轰炸机"的构想后，他对斯马特说，你手里的力量覆盖不了整个产油区，那里比你想象的要大得多。

经过反复的斟酌，3月下旬斯马特拿出了整套方案。

根据福斯特中校的提议，最终把打击对象集中到5个主要目标，全部以"白色"为代号；和2个辅助目标，分别以"蓝色"和"红色"为代号。

"白色1号"是罗美标准石油公司的厂区，"白色2号"是战前由法国和比利时共同拥有的康科迪亚·维加（Concordia Vega）炼油厂，"白色3号"包括标准石油开采（Standard Petrol Block）公司厂区和尤尼里亚·斯派兰察（Unirea Sperantza）炼油厂，它们在战前分属美国和英国。至于"白色4号"，首先包括本次空袭的头号目标，全欧洲最大的石油精炼厂阿斯特拉·罗马纳；其次是与该厂紧密相连的费尼克斯·奥利昂炼油厂。"白色5号"是战前归法国所有的哥伦比亚·阿奎拉（Columbia Aquila）炼油厂。

这些目标都分布在普洛耶什蒂城区近郊，

▲ 罗马尼亚空军也装备有 Bf 109，不过没有参与到普洛耶什蒂的拦截作战中。

围绕着这座石油城呈环形散布，按代号给定的序号依次处在城区的东面、北面、东南、南面和西南。这些炼油厂是普洛耶什蒂油田的支柱和核心，阿斯特拉·罗马纳、康科迪亚·维加和罗美标准石油的石油年产量都超过150万吨，其中阿斯特拉·罗马纳更是达到200万吨。

所谓的"红色"，是指位于普洛耶什蒂西北约30公里处坎皮纳（Campina）村的斯泰瓦·罗马纳炼油厂，"蓝色"则是城区以南约7公里处布拉齐（Brazi）村的克莱迪图·米尼尔（Creditul Minier）炼油厂。斯泰瓦·罗马纳保持着当年的良好发展态势，目前号称全欧第三大炼油厂，石油年产量达175万吨。

对于上述这7处目标的总计9座炼油厂，盟军分别准备了航拍照片，将被认为是最关键的全部49个标志性建筑全部一一标示出来。

执行此次任务的机型，B-24当然是唯一的选择。"解放者"式的最大航程大幅超越B-17"空中堡垒"式，载弹量也较优。不过即便如此，普洛耶什蒂也快接近其作战半径的极限了。

至于空袭的方式，斯马特提出了一个惊人的构想：昼间超低空轰炸。

他坚持采取掠地飞行高度攻击（这次行动后来以"树梢高度"而闻名）的理由是：这能够造成一次真正意义上的"奇袭"；能大幅提高炸弹的命中精度；降低遭到敌方战斗机攻击的风险；和高空飞行相比，每架飞机暴露在敌方高炮火力下的单位时间成比缩短；另外，B-24上的机枪可以直接压制地面高炮阵地。

尽管许多人在第一时间就对此表示质疑，但是此时无疑已被斯马特的热情和效率倾倒的丘吉尔大声赞成这一方案。他甚至提议派

出3架"兰开斯特"式轰炸机以帮助美国机群完成领航任务——英国人认为自己在这方面的经验更丰富一些。虽然这个不乏善意的提议尽量避免挫伤美国人的自尊，但还是立刻就被后者否决了。

最后，斯马特列明了参战单位和行动时间：这次空袭由驻北非的第9航空队担纲，在盟军于西西里登陆之前完成空袭。

这份"斯马特计划"很快被提交到在华盛顿举行的英美联席会议上。它得到了一定程度的修正，并且有了一个正式而奇怪的代号叫"政治家"。

接下来的时间里，斯马特简直马不停蹄。他先是带着计划飞到阿尔及利亚，把它当面递呈给在那里的盟军最高司令官艾森豪威尔。接着又去利比亚，会晤了第9航空队的指挥机构，包括司令官刘易斯·H·布莱里顿（Lewis H. Brereton）少将和参谋长乌扎尔·恩特（Uzal Ent）准将。然后再回到英国，告知那里的第8航空队做好提供3个B-24大队的准备。

在和第9航空队会晤期间，斯马特的超低空方案遭到了恩特准将的质疑。他估计，高空轰炸可能导致20架飞机损失，而低空进袭则起码将导致超过70架损失。对此，斯马特回应说，投弹精度是促使他做出低空轰炸决定的最重要考虑。

他说，要达成同样的轰炸效果，高空轰炸需要耗费更多的架次、持续更多的时间，因而它会招致更多的累计损失。而低空轰炸尽管一次性损失较多，但却能在这仅仅一次任务中就达成所要的破坏效果。当布莱里顿少将表示支持这个观点后，就不再有反对意见了。

在此过程中，行动代号一改再改。先是有人发现已经有另外一次行动在用"政治家"这个名字，于是空袭计划在5月被改称为"肥

皂泡"。没过多久，"肥皂泡"就被"浪潮"（Tidal Wave）所取代，这次的灵感一方面是来自盟军采取和即将采取的一系列两栖登陆作战，二是因为丘吉尔表示，如此重大的行动应该有一个与其分量相称的合适称谓。

现在，空袭普洛耶什蒂的行动已是箭在弦上了。然而，对于轰炸机即将要飞去的这个国家，多数人的认知还停留在阴森森的吸血鬼始祖德拉古拉伯爵的身上。尽管如此，决策者们依然相信，通过一次高效的空中打击，就能够使这个欧洲最重要的石油产区丧失产能，从而加速轴心国战争机器的崩溃。

与此同时，德国人和罗马尼亚人旨在将普洛耶什蒂变为一座全欧洲数一数二的防空堡垒的种种举措，却并没有被准确地传递到盟军的高层。直到行动前夜，一致的观点仍然是：这次空袭相对简单，只要飞过去并投下炸弹，就能把希特勒赖以进行战争的"黑色黄金"一举点燃。

训练·动员

5月的英格兰，正值她一年中最好的季节。

在位于东部滨海的诺福克郡（Norfolk）的基地里，美国第8航空队的93和44轰炸机大队正处于一种相对慵懒的状态。在被日头照射得有些低头的青草之上，两个大队那些浑身涂装成绿色的B-24正静静地蓄势。

按计划，他们要在接下来的两天里继续进行高空投弹训练，不过在5月30日发布的一道命令，却让这两个大队做好低空飞行训练的准备，而且没有解释原因。对于日复一日进行常规作业的人来说，这道命令颇有新鲜感。自从去年进驻这个极具田园风味的基地以来，这群B-24就从来没有进行过这种尝试。

新奇的"尝试"很快就招致了当地农夫的强烈抗议。农场主们发来书面抗议，称低飞的飞机显然惊吓了他们的母牛和母鸡，因为其产奶量和产蛋量明显下降。这倒是，B-24生来就是一种高空轰炸机。它的性能，它的

▲ 1943年11月23日，在英格兰的诺福克举行了参役部队的表彰及授勋仪式。

优势，它的生存之道，都在高空。刻意地改用它来执行低空任务，效果到底会如何呢？

大家都在猜测目的地，出现了好几个关于确切目标的赌局，可是尽管这些小伙子们充分发挥了美国式的想象力，也没有一个人猜对的。看起来有可能要去法国或者德国上空，也可能远赴太平洋战场。不过，赔率最集中的还是纳粹海军的战列舰"提尔皮茨"号。

很多人开始谈起"跳弹轰炸"。据一些有经验的人说，B-25在远东就是这么做的。在攻击海面上的舰船目标时，B-25采取低空飞行，并在接近目标前投弹，这样，炸弹会往前"跳"到目标上爆炸。接着便有人透露"提尔皮茨"号正停在挪威的某处海港里，为了摧毁她皇家空军已经努力过，现在轮到自己了。

新的命令在6月到来，暂时中止了"赌局"：全体即将飞赴北非基地。93和44大队将和即将到来的一个新大队一起，取道直布罗陀上空，经过阿尔及利亚的转场，前往利

比亚。即便如此，飞行员们还是相信目标是"提尔皮茨"号，只不过是从北非出发，然后回到英国降落。

出发前夕，机组成员们被要求带上于当年春季推广的一种新型飞行背心。这种防弹马甲由厚帆布包裹两层特制锰钢板制成，据称能有效保护机组成员的胸、背部。流行的说法是，穿上这种马甲，哪怕德国佬的20mm炮弹在胸前不足1米处爆炸，你都能安然无恙。可是许多人不把它当回事（这让他们付出了代价），而是带上了卡其布制服和保暖毛衣，这显然是考虑到"提尔皮茨"所在地挪威空域的严寒。

6月下旬，从英国飞来的B-24和在北非的B-24会合了。1943年初夏，美国陆航在欧洲及地中海战区共有5个B-24轰炸机大队，除了常驻英国的93和44大队、刚从美国调来的389大队，就是在北非隶属第9航空队麾下的98和376大队了。这5个大队，就是

▲ 美国陆航第 376 大队的行前任务简报会

将要执行"浪潮"计划的全部力量。

一眼就能看出这些 B-24 间的不同。北非的那些飞机浑身涂满沙漠伪装色，看上去斑驳破旧，而从英国来的飞机则涂着漂亮的橄榄绿。差异绝不仅仅反映在涂装上，两大群 B-24 之间很快就有了一种小小的奇怪的对立情绪。北非的 2 个大队觉得那些从英国来的人一直养尊处优，自己才是在恶劣条件下奋战的代表。而英国来的大队同样觉得，他们在北非的同胞干不出什么名堂，自己在欧洲上空的冒险才是一场真正的战争。

从英国来的人还面临着生活环境变化这一大考验。对于 44 和 93 大队来说，住惯了英国式营房的他们一开始根本无法适应被白昼的炎热和夜晚的严寒包裹的野战帐篷。当然，飞沙走石的沙漠风暴来时他们就更加烦躁了。

即便没有这种因地域差异而造成摩擦，同属第 9 航空队的两个大队的指挥官之间还存在着说不清的意见分歧。在美国陆航中，大队长大概是自豪感最强的一级军官了，由于大队是作战编组的中坚机构，各位大队长都认定自己的单位将在空战中发挥至关重要的作用。几乎所有人都觉得自己才是最棒的，而抱有这种情绪最突出的人，无疑当属 98 大队的指挥官约翰·R·凯恩（John R Kane）上校。他毫无疑问是一个富有才干和意志坚定的领导者，不过他也是一个极为敏感和情绪化的人。正因为如此，他很快就和 376 大队的指挥官 K·K·康普顿（K K Compton）上校变得有些格格不入。

康普顿是一名机敏的前参谋人员，在上一年冬天才成为大队长。他和凯恩在许多问题上都存在分歧，并迅速引发了矛盾，最典型的是 B-24 的巡航速度问题。一板一眼的康普顿坚持按照教条操作飞机，即在滑翔过程中继续正常使用发动机，以达成这种飞机操作手册上所记载的最佳性能。而凯恩则认为巡航时应尽量减少油耗，他认为如果按照手册上的要求来保持速度，那结果只能是徒然浪费燃油。

两人各持己见，无法调和，结果便导致这样一种结果：当两个大队的飞机编队同行时，376 大队的飞机每小时会比 98 大队的飞机快上 20 到 30 公里的样子。这一点，将在后来的空袭行动中带来相当大的麻烦。

尽管有种种问题，不过训练一旦展开，每个人便都打起了十足的精神头，因为要驾着 B-24 这种笨重的"飞行卡车"做低空飞行，你一刻都不能松懈。就像飞行员们说的，"让你的 B-24 在统一的队形里保持数小时需要极度的忍耐力，那个操纵手柄耗掉了你这么多的精力，当你回到基地后根本不用担心睡不着。"

机械人员们开始改装飞机。他们小心翼翼地拆下 B-24 上的诺登（Norden）瞄准器，转而装上一种构造看起来简单得多的替代品。有些飞行员认得这是 N-7 瞄准器，是用在 A-20 这样的体型较小的飞机上的。N-7 上刻着的醒目的橙色十字线，帮助 A-20 的飞行员在对地攻击时瞄准自己的目标。B-24 的飞行员和投弹手们被要求尽快熟悉这种瞄准方法，当目标划过橙色十字线时投下炸弹。

还为部分飞机加装了机首机枪。而且，和惯常的水平向前方向不同，为了方便压制地面目标，这些机枪都向下倾斜 15 度。还为这挺额外机枪准备了装燃烧弹的弹匣。

载弹方案有两种：6 枚 500 磅炸弹，或者 4 枚 1000 磅炸弹。引信也有两种：1 小时延时引信，45 秒延时引信。据称机群将分成两波，第一波飞机载着 1 小时延时引信的炸弹，以便在投弹后第二波飞机还能够安全通过。至于为什么两种引信的时间令人惊异地相差这么多，仅仅是因为当时在 60 分钟和 45 秒这两种规格间，再没有其他规格的引信了。

B-24 在沙漠的扬尘下起飞了，它们带着模拟炸弹升空并飞向模拟目标：一堆德军的汽油桶。许多机组成员在前所未有的飞行高度上得到了"前所未有的享受"。要求参加训练者降低 B-24 的高度，在飞行员有足够信心的前提下降得越低越好。有"足够信心"者不乏其人，有的飞机在投弹时的高度还不足 10 米，至少有 1 架 B-24 甚至飞得低到机腹都擦到了沙地！

日复一日的特训每天持续数小时，在低空投弹之外又增加了离开非洲海岸并按规定路线返回的内容。有人说，最困难的莫过于要在利比亚平坦无垠的沙漠上空想象挪威峡湾那连绵的海峡地貌。

1943 年 7 月 20 日星期二，第 9 航空队举行了第一次正式简报会，只让 5 个大队的大队长参加。普洛耶什蒂的谜底第一次被揭开，空袭方案向他们详细展开，并要求大队长们对部属暂时保密。

空袭编队将以 376 大队打头，后面依次跟着 93、98、44 大队，389 大队殿后，要求每个编队和前面的编队都保持目视距离接触。为了安抚 98 大队未获得领头者地位的情绪，把最有价值的目标阿斯特拉·罗马纳分配给了这个大队。

另外大队领到的特定目标分别是：376 大队进袭罗美标准石油；93 大队一分为二，B 战斗群的任务是摧毁康科迪亚·维加，C 战斗群则袭击标准石油开采和尤尼里亚·斯派兰察炼油厂；44 大队主力的目标是哥伦比亚·阿奎拉炼油厂；中心区以外的"红色"和"蓝色"目标分别交给 389 大队和 44 大队

▲ 图中所示机群为 98 大队尾部和 44 大队的前部

B 战斗群。

按照计划，在 7 月 31 日清晨从班加西出发后，B-24 机群将在 600 至 900 米高度以 300 公里的时速穿越距离约 800 公里的地中海上空。之后，在阿尔巴尼亚的科孚岛（Corfu）以南开始爬升，从西侧绕飞该岛，相继飞越阿尔巴尼亚和南斯拉夫，在升至 3000 米后飞越品都斯山脉。

机群进至普雷斯帕湖（Prespa）以东和皮洛特（Pirot）后，降至 900 至 1500 米高度飞越多瑙河平原。在多瑙河的折弯点进入罗马尼亚领空，之后折向东北，大约飞行 280 公里后到达小城皮泰斯蒂（Pitesti）上空，这是向普洛耶什蒂转进的第一个"转折点"，那里有显著的铁路中转站为标志。如果安全，此时机群应降低高度至 100 米以下。

在此，389 大队将保持航向，前进至坎皮纳，途中以布拉索夫—布加勒斯特铁路线为引导。其余 4 个大队向东，相继经过第二转折点塔戈维斯蒂（Targovisti）和第三转折点弗洛雷斯蒂（Floresti），第三转折点距普洛耶什蒂西北约 20 公里。主力机群就在这里转向东南，直奔"白色"目标群。44 大队的一部则取偏南航向前往布拉齐。

投弹任务全部完成后，机群爬升至 900 至 1500 米，飞至普洛耶什蒂以南 190 公里处

的一个湖区上空集结，然后返航。

在简报会上，大队长们看到了沙盘模型。这是此前由英国人制作，被转交到美军手中的。这些高度仿真的模型共有5座，2座全景分别是1：5000000和1：500000比例的，另外3座单体的比例是1：5000。到那时为止，美国航空队还从来没有在任何一次任务准备过程中见过这样的东西。模型制作极为精致，不仅把炼油厂的主要建筑包括其中，甚至还有周边的农舍房屋和田野。

4天之后，周六的下午，以大队为单位分别举行了简报会，所有的机长都被集中起来。"你们将要进袭一个非常重要的目标，但此行将会极度危险。"简报会大多这样开场。当幕布拉开露出了巴尔干地图后，机长们对罗马尼亚这个目标都感到非常惊讶。在他们看来，这个不为人知的国度几乎和这场战争没有什么太大关系。大队长们在详细讲解了普洛耶什蒂油田的重要性以及具体准备要求后，表示这次行动采取"自愿报名"，那些不愿参加的人不会受到任何形式的追究。

一阵短暂的沉默之后，在场的所有人全部报名参加。

最后几天的训练充分运用了英国人的沙盘模型。情报人员用8mm摄像机俯拍这些模型，并且模拟推算出飞机飞过的速度和高度，然后在屏幕上向大家播放，尽量给飞行员营造一种如临其境的感觉。播放过程中，大队长在屏幕上为每架B-24指定目标，提醒大家牢牢盯住自己要攻击的井架或者分馏厂区。

接着，又在利比亚沙漠上把整个目标区的轮廓勾勒了出来。按照目标区的占地面积，以实际比例划出了一个区域。其中，用钢柱、空油桶和电线杆等模拟油井等建筑物，每个炼油厂的位置都按照真实情况对号入座。

B-24就在这上面飞过并模拟投弹。这个大胆的模型不用冒泄露机密的险，因为那时的北非上空已经见不到一架轴心国的侦察机了。

尽管始终对低空轰炸不表信服，恩特准将依然坚持亲自上阵。有同样想法的还有布莱里顿少将和斯马特上校，但是华盛顿明令禁止这两人登机，因为他们还掌握其他一些重要计划的内情。

7月30日来到了。这是出任务前的最后一天。营里地一片平静，大家都忙着写家信。然而当天下午来了一个通知：为了让奇袭的突然性达到最大效果，行动推迟一天，到8月1日星期天再出发。

7月31日——原定的行动日——举行了最后一次简报会。

简报会首先介绍了当地的防空力量，预计会"比较强大"，"那里自1941年起就拥有足够的高射炮和战斗机"。经过再三宣讲，飞行员们都知道此去很可能凶多吉少。这时，一个残酷的声音说道："预计将有一半人牺牲。事实上，这个目标是如此的重要，以至于如果为了摧毁它而要搭上我们的全部力量，我们也在所不惜。"

说这话的是第9航空队司令布莱里顿少将，他的语气始终极为强硬，"如果这个目标被如期摧毁，战争就将在这个圣诞节结束。"布莱里顿曾在远东服役，这位麦克阿瑟的空军司令曾经历过美军在菲律宾和爪哇的惨败。在长途奔袭普洛耶什蒂的行动结束后，也有很多人认为他应该为付出的高昂代价负责。

尽管高层意志坚定，基层却不可避免地弥漫着一种惊惧情绪。飞行员们注意到普通指挥官们的脸上也多少露出吃惊的神色。当少将讲话时，飞行军士克拉伦斯·斯特兰伯格（Clarence Strandberg）扭头对休伯特·沃马克（Hubert Womack）说："好吧，如果能缩短这场该死的战争，那我们至少也不会白跑这一趟。"此时后者正注意到，一位中队长不知出于什么原因而把手里的笔掉到了地上。

在详细阐述了可能遇到的危险后，简报会开始宽慰下面坐着的人。

情报军官称，之所以选择8月1日，是因为7月31日是当地人的一个节日，加之第二天是星期天，参加节庆的人在31日晚上肯定会不加约束地狂欢。这样当轰炸机在8月1日突然飞临时，在高射炮旁待着的肯定是一些还没有从狂欢酒会中回过神来的人——如果炮手能及时归位的话。

发言者接着提醒机枪手们注意，不要向他们看到的第一批储油罐开火，那些油罐距离主厂区尚有一段距离，如果把它们打着，腾空的烈焰和黑烟将给后继机群带来不必要的麻烦。"向那些高炮阵地开火，用你们手里的机枪让那些大炮哑火！"

最后，布莱里顿少将不忘激发自己年轻下属的自豪雄心。"我必须指出，这是一次百分之百的纯粹的美国航空队的行动。此前，带着一种英国皇家空军能够更好地执行这种战略打击的偏信，英国首相和他的将军们提出，用英国的兰开斯特式轰炸机来展开突袭油田的第一波。我们当然拒绝了，这是因为，在这个星球上发生的任何战事中，美国军队永远都不需要别人来为他们打冲锋！"

在热烈的掌声中，简报会结束了。

一些飞行员来到停机坪，细细审视将把自己的命运在明天托付其中的战斗机器。

B-24是一种性能上近乎完美的轰炸机，但是它的操控极其困难，往往让人精疲力竭。它的正式名字是"解放者"。"为什么叫这个名字？"有几位英国军官在1940年初看到

▲ 轴心军在普洛耶什蒂油田区布下了严密的防空体系

这种飞机时如此问道，美国方面回答，"它可以帮助你们和我们解放暂时困于希特勒枷锁下的千百万人。"

飞行员们给B-24起了各种各样的诨名，"飞行货箱"、"纽约港垃圾驳船"、"空中午餐肉罐头"、"香蕉船"、"大肚母牛"等等，无一语含敬意。然而，尽管大家几乎一致认为B-24是最难驾驶的飞机，同时也公认这是最好的轰炸机。"在地上是一艘笨拙难看的船，但到了空中却也有其特有的优雅之处"。

明天即将出发的这些B-24的机腹部已经加装了额外的油箱，这样其总载油量达到3100加仑，够飞12个小时，当然不可避免地为此牺牲了一些载弹量。不过为了在面对敌方高炮时保持猛烈的火力，每架轰炸机备有7000发机枪弹。

根据计算，要达成最大破坏效果，得有154架B-24飞抵目标上空。基于以往行动的经验，加上因机械故障等可能造成的中途折损，出发时的机群应不少于186架。5个大队共有191架B-24，但是在风沙的侵袭下，至少已经有60架的发动机出了问题。是靠着紧急从国内运来的新发动机和地勤人员的奋斗，才使这些飞机在行动前夜全部达到了正常状态。

此刻，地勤人员正忙着为飞机装燃料，并最后检查炸弹的情况。每个大队的首批飞

机将携带 4 枚 1000 磅炸弹，第二批飞机携带 6 枚 500 磅炸弹，这两波炸弹都装上 1 小时延时引信；第三批飞机也将携带 6 枚 500 磅炸弹，不过装上 45 秒延时引信。检查工作一直持续到黄昏时分。

几个站在 B-24 机翼上伸展一下筋骨的飞行员看到了壮美的一幕：太阳正在徐徐落下，灿烂的余晖把远方的地中海天际染成一片橙红。当这一幕在明天再次上演时，他们是否还能在这里驻足凝望？

夜色降临。

有几百人访问了随军牧师，另外人则躲进自己的房间里写着家信或遗书，也有人整理身边的存款并寄存到朋友那里，还有人长时间整理自己的小小衣柜——为了驱散不安的思绪。经常充斥着以酒取乐的年轻人的基地，在这个晚上显得分外寂静。

本来要打个通宵的牌友们在 22 时就收起了牌，努力让自己进入梦乡。凌晨时分，查尔斯·休斯（Charles Hughes）中尉辗转反侧，难以入眠。他注意到几个战友穿着 T 恤，走到了帐篷外，干脆去做一次月下漫步。

这些年轻人在 30 日就已经接到了这样的要求：给家里写一封信，然后把所有随身物品清理打包，在出发前把它们放到行军床上。罗伯特·斯坦费尔斯（Robert Sternfels）中尉悲伤地想，这个要求意味着有许多人将要在这次行动中死去。

空袭普洛耶什蒂这场艰难战役将是许多人的第一战，同时，也是许多人的最后一战。

飞越·警报

发动机的吼声震耳欲聋，飞机在跑道末端震动起来，那似乎要使机身上的每一个部件都震颤抖动起来了。1943 年 8 月 1 日凌晨的星辉之下，178 架 B-24 振翅欲飞。

早就忙碌起来的机械士们差不多已把炸弹都装进了弹仓。他们先是给炸弹装上稳定尾鳍，然后目送地勤人员用绞盘和牵引车把炸弹送入弹仓，并固定在金属支架上。接着，他们就在弹体和弹头引信之间隔上一层厚纸卡片，那是为了保险之用。

几个小时后，机组成员们开始用早餐。飞行军士史蒂文·布格耶（Steven Bugye）坐在那里，看着自己的同伴们进食。他保持着在行动日不吃早餐的习惯。"我看过太多腹部中弹的人了，我可不想有朝一日我那塞满食物的胃部给来上这么一下。"他说。

6 时 30 分，在这个美国陆军航空队的创立纪念日里，机组成员们开始集合。尽管许多人彻夜未眠，但是还有一些飞行员居然睡过了头。

首批机群定于早上 7 时 15 分起飞。虽然还没有感受到强烈的热力，但是阳光已经洒在机场上。沙漠地区的日出来得早，太阳像一个圆球般早早冒出了地平线。

机组成员们陆续开始登机。

曾经有美国作家细致地描写过 B-24 的登机过程。"投弹手、导航员、机首射手被迫蹲下，几乎是手抱着膝盖，通过前轮舱，横着走到自己的位置。这三个人不得不把自己挤进狭小的容器中。投弹手蹲坐在射手右边的小凳上耸肩观察投弹视野，或者就直接坐在地板上。导航员坐在一个很小的凳子上——实际上小得都不能坐——前面是制图桌。防水壁上薄薄的一个架子把机首和驾驶舱分开。其他机组成员从炸弹舱门那儿爬进飞机，一旦进入能站直了，就穿过窄窄的过道，向前挪动到驾驶舱或者向后挪动到机身中部。机身中部射手、球形炮塔射手和机尾射手使用天桥进入位置。"

进入飞机的这些人大部分是 20 冒头的小伙，有些人连 20 岁都还不到。他们对胜利、未来、人生都有许多憧憬，不曾想自己将连这一天的日落都看不到。

比预定时间迟了 15 分钟，第一架 B-24 在 7 时 30 分腾空而起。为了让飞机能够不受干扰地尽快起飞，地勤人员不停地向跑道上洒水。即便如此，沙地机场的扬尘依旧无法阻遏。第一轮飞机升空后，地面上就腾起了呛人的沙尘。在那些地勤人员看来，后面的飞机简直是一头扑进了滚滚沙烟之中。

B-24 陆续起飞了，它们按照 376 大队、93 大队、98 大队、44 大队和 389 大队的先后顺序在空中组成编队。在一个大队的队列里，每 3 架或 4 架飞机组成一个楔形小队。各部的起飞架数是：376 大队 28 架、93 大队 B 战斗群 25 架、C 战斗群 12 架、98 大队 47 架、44 大队主力 17 架、B 战斗群 20 架、389 大队 29 架。

起飞的效率很高，在良好的天气状况下，编成预计的队形几乎不费力气。在队列的最前方，376 大队指挥官康普顿把自己座机的速度定在 260 公里 / 小时。在他的飞机里，还坐着此行的前敌总指挥、恩特准将。

大约 8 时 30 分，机群开始离开北非海岸线进入地中海。在它们的正下方，利比亚的滨海小镇托科拉（Tocra）正送别这些 B-24。当最后一批飞机向非洲海岸线疾进时，可以看到一股刺眼的黑色烟柱从地上升起。这是此行的第一个牺牲品，刚刚坠毁的 98 大队"基卡普人"（Kickapoo）号 B-24。在机群最终到达普洛耶什蒂上空之前，美国人还将遇到更多的麻烦。

一般而言，计划与实际行动之间总会产

▲ B- 24 投弹后离开普洛耶什蒂的场面

生预想不到的误差，这是不可避免的。但是，像 B-24 机群在地中海上空遇到的糟糕情况，在盟军的其他历次空袭行动中还是不多见的。5 个轰炸机大队失掉了"眼睛"——导航机坠毁了。

当日的地中海一派美景，波光碧海映衬着蓝天红日，让在起飞时多少有些紧张的飞行员们得到了一些放松。不过就在机群起飞整整 2 小时后，整个机群的导航机、由 376 大队的布赖恩·弗拉维勒（Brain Flavelle）中尉驾驶的 B-24 突然倾斜，并且没过多久就打着旋掉到了海里。经验丰富的领航员罗伯特·F·威尔逊（Robert F Wilson）上尉就在那上面。

这架 B-24 的僚机急忙下降，但是在海面上没有发现生还者的踪迹。这次搜索反而使得这架僚机也无法赶上机群，于是它只好掉头飞回北非海岸。在此过程中，机长下令把飞机上的炸弹投到地中海里。让本已经挺糟糕的局面雪上加霜的是，在他旁边坐着的，正是此次行动的替补领航员。

一瞬间失掉两名领航员的事实，并未让处在队列最前端的康普顿上校感到手足无措。他受过良好的训练，而且在行前已反复研究过航线图。现在，他准备担负起导航的重任。

对于如此长距离的空袭来说，一个好的领航员是成功的一半。他必须经验丰富，沉着果敢，不让自己的判断受到恶劣天气、复杂地形、猛烈炮火和其他一切突发因素的干扰。遗憾的是，尽管责任感极强，康普顿上校却不是这样一个人。

除了先后出问题的这3架，在到达目的地之前陆续还有10架B-24半途而返，多半是由发动机故障导致的。最后一架放弃任务的是"天堂可以等待"（Heaven Can Wait）号，当时它距离目的地只有200公里。就在那时，它无法再"等待"下去了——机上的1个发动机因供油管道堵塞而停转。最终机长靠着另外3台发动机飞回了班加西。

大约在12时，机群按计划飞越科孚岛，开始进入南欧上空。在约3300米高度，领头者可以看到，巨量的积雨云正在目力所及的一线山脉上空聚集。这时5个大队的队形已不再那么紧密，而是出现了一个豁口。出发时的整体渐渐拉开成了两个机群，376大队和93大队在前，98、389和44大队落后。

面对似乎是由群山召唤而来的云层，担任"导航机"之职的康普顿上校指示376和93大队的飞机成一列纵队，从云层的缝隙中穿越。在它们身后，当落后的3个大队飞近时，也准备径直穿越，不过位置最前的98大队指挥官凯恩上校发出指示：尽量保持3架编队，如果遇有特殊情况可以自行调整飞行高度。

在恶劣气象中保持编组，显而易见地极为耗费时间，其结果是两大机群之间的距离进一步拉大。这时豪雨已至，由于B-24没有雨刮器，飞行员们只能把头紧贴到舷窗上去观察。当这3个大队穿出云层后，不得不重新在多瑙河上空整队。

这时，后继者已看不到另外2个大队的影子。康普顿的飞行速度是280公里/小时，而凯恩他们则是250公里/小时。两个机群间至此拉开了29分钟航程的距离。一次由5个大队集中实施的空袭不得不成为2波分开实施的攻击了。

穿越积雨云意味着出发以来的一系列混乱终于告一段落，这次长程奔袭总算进入了舒心惬意的旅程：多瑙河平原上空。康普顿带头急降高度，以避开德国雷达网。他已经注意到编队发生的重大变化，但是出于严格执行无线电静默的需要，他无法和后继的那些大队取得联系。这个时候，恩特将军决定径直前行，哪怕只有目前这两个大队，也要继续完成任务。

机群飞在不到1500米的高度下，巴尔干乡村那一片恬静的田园景象扑面而来。许多人都对下面略泛黄色的青葱大地感到心旷神怡。在炮火连天的岁月，在欧洲腹地还有这样世外桃源般的地方，多少令人感到诧异。

93大队的瓦尔特·斯图尔特（Walter Stewart）中尉只有22岁，却已经是"犹他人"（Utah Man）号上一名久经考验的机长了。斯图尔特觉得现在的航程惬意得像是一次在南欧的旅游，"没有高炮，没有敌机，没有拦阻气球，什么都没有，只有风光无限。"

罗伯特·W·斯坦费尔思（Robert W. Sternfels）军士可以辨认出正在田里耕作的农夫们。在满眼的绿油油景致中间，色彩上的唯一差别是一条蜿蜒曲折的河流，河水在阳光的照射下发白发亮。他和许多其他年轻人一样，突然才醒悟过来：那是多瑙河。

这条著名的大河终于映入了人们的眼际，却出乎很多美国人的意料——它根本不是"蓝色"的。机组成员们指着底下那条"棕色泥沼状"的东西，互相讪笑一番。多瑙河是保加利亚和罗马尼亚之间的界河，飞越她，意味着机群终于进入了罗马尼亚领空。

静静看着多瑙河的斯特兰伯格军士蓦地想起，他曾在一首诗里读过，"只有那些真正爱多瑙河的人，才能发现她的蓝色之美。"

在希腊首都雅典所在的阿蒂卡半岛的最南端，爱琴海的浪潮拍打着苏尼翁角的海岸峭壁。在脚下那阵阵激起的飞沫映衬下，一座破旧的海神庙显得巍然而孤寂。2400 年前，它也许就见证了希腊海军在萨拉米斯海战中大败不可一世的波斯军的壮观一幕。在神庙的近旁，一排极不显眼的石头平房相连而卧，斑驳的墙灰和通身缠绕着的葛藤，让它们看起来就像历史古建筑一样苍凉。

这里是德国空军的一个监听站。

战争进行到 1943 年，德国空军已经建立起了一个完善的无线电情报机构。这套体系由 3 个无线电侦察团组成，其中 2 个团分别负责俄国战场和西欧，第三个、第 352 无线电侦察团负责地中海。苏尼翁角的这个监听站就隶属于第 352 团成立时间最久的第 1 连。

监听站的标准称谓是固定截收站，代号"气象台"。在这座不起眼的石头平房里面，可是应有尽有，无线电收报室、测向控制室、资料分析室、通讯室、行政管理处、会议室、应急厨房、休息室、储藏室……动力和供暖系统藏在地下室里，汽车库和士兵营房分布在平房附近。"气象台"的房顶上还耸立着一座高高的木塔，支撑着闪闪发亮的蜘蛛网般的天线。这个监听站的任务很简单：截收盟军的无线电，预告可能来临的空袭。

德国人通常是靠监听盟军轰炸机上的无线电报务员在飞机起飞前测试仪器设备来判定他们是否进行空袭的。但是 8 月 1 日一大早，他们用最简单的方式就获得了最重要的情报。

尽管所有的 B-24 从一开始就采取无线电静默，但是班加西基地的第 9 航空队司令部

▲ 表现空袭当日 B-24 飞行在"树梢高度"的油画

在机群出发后，不可避免地要向盟军司令部发去一通短暂的密码通讯，告知"浪潮"行动已按计划展开。

差不多就在这通电码到达目的地的同时，它就被苏尼翁"气象台"内的德国人截收到了。平房里不乏德国空军最好的密码专家，他们很快就把密电还原成清晰的文本，并迅速递交给当日值班的克里斯蒂安·奥瑟施拉格（Christian Ochseschlager）中尉。

文本表明，一个盟国的轰炸机群刚刚从班加西出发前往欧洲大陆，目的地不明，不过飞机数量不小，而且型号很可能是 B-24。年轻的空军中尉立即向所有可能遭袭地区的防空指挥部发出明确警告，其中，就包括普洛耶什蒂。

试图达成"奇袭"的长程进击从一开始就暴露了行踪。后来的事实表明，8 月 1 日早晨的这次监听，差不多是整个德国空军无线电侦察团在战争期间所取得的最大一次成功。

在接到奥瑟施拉格发出的警报后，最早对 B-24 机群做出反应的是保加利亚皇家空军。就在美国人飞越这个国家的领空并向多瑙河逼近时，索非亚（Sofia）的雷达也捕捉到了 B-24 机群。午后 13 时 25 分，第一批保加利亚战斗机出现了，美国飞行员注意到试图迫近的敌机机身上涂着醒目的白色方块，上面画着一个黑色的叉。

这支拦截力量来自保加利亚第 6 战斗机团，它们是第 2/6 战斗机大队 622 中队的 6 架阿维亚（Avia）B-534，612 中队的 4 架 B-534，和第 3/6 大队的数架 Bf 109G-2。阿维亚双翼机的能力有限，它们只能做到有限度的接触和远远地跟随；从卡洛沃（Karlovo）机场出发的梅塞施密特飞机，虽然飞得更疾更猛，不过来不及对美机群实施"拦截"。

和即将在目标上空遭遇到的轴心国力量相比，这些保加利亚飞机实在算不得什么。自苏联人和美国人那两次不成功的空袭以来，普洛耶什蒂的防空力量已经增长到可怖的程度。

普洛耶什蒂防务的总指挥、阿尔弗雷德·戈斯腾贝格（Alfred Gerstenberg）少将，在德国空军内以"旺盛精力与其年龄不成正比"而著称。在苏联轰炸机于 1941 年来过后，他是由希特勒本人、而不是帝国元帅戈林钦点负责此地防务的。

戈斯腾贝格不久前刚刚在这里庆祝了自己的 50 岁生日。他的部属用建成的炼油厂区外围暗管系统向这位富于创造精神的上司献礼。这套系统就出自少将的创想，这样一来，即便数处厂房同时遭到空袭，整个油田的生产仍可保持在相当水平上。

这是一位空军老战士，1916 年的时候就加入了先后由波尔克和"红男爵"里希特霍芬统领的第 2 狩猎中队。他在 1938 年重回德国空军，先后在华沙和布加勒斯特供职。1942 年 2 月 15 日，戈斯腾贝格被任命为德国空军驻罗马尼亚部队的最高指挥官，直到 1944 年 8 月才离任。在这里，他日夜不停地调动 25000 人的部队和更多的苦力，在普洛耶什蒂建造出了一座防空火网。

在罗马尼亚于 1944 年宣布倒戈后，这位空军少将带着 4000 名拼凑而成的部队冲进布加勒斯特，试图占据那里的主要建筑。结果他被罗马尼亚人包围，多亏布兰登堡伞兵部队的营救才得以脱险。不过他最终还是被关进了苏联的战俘营，并在 1955 年死于肺结核。

总的来说，在将星云集、名人众多的德国空军里，戈斯腾贝格并不是一个响亮的名字。不过历史对他的评论虽然简短，却精炼到位："二战期间，他在罗马尼亚的普洛耶什蒂油田地区组织的对空防御体系实用而令人印象深刻。"

油田地区已经成了世界上高炮配置单位密度最高的地区之一。

这里的高炮部队是一支德国和罗马尼亚混成部队，统归德国空军第 5 高炮师管辖。这个师自 1942 年 12 月进驻以来，在师长尤利乌斯·库德纳（Julius Kuderna）少将的指挥下，已经在普洛耶什蒂外围建立了一系列防空阵地，其中最主要的 2 处环形阵地集中了主要的火力，远端距离油田 10 公里，近端 3 公里。

库德纳少将把最精锐的第 180 摩托化高炮团配置在这里，同时将驻康斯坦察的第 202 高炮团的部分实力抽调来此。这样，第 180 团指挥官奥斯卡·鲍尔（Oskar Bauer）上校手里，就有了 42 个高炮连，其中 32 个连装备 88mm 炮，5 个连装备 105mm 和 128mm 炮，另外 5 个连装备 20mm 和 37mm 炮，这些部队总共装备着超过 350 门各型高炮。

罗马尼亚军队的高炮部队来自第 4 旅，它由第 7 和第 9 团组成。第 7 团直接配置在普洛耶什蒂中心区，拥有 24 个高炮连，主要装备 20mm 和 37mm 炮；第 9 团有 16 个高炮连，配置在包括普洛耶什蒂和坎皮纳等在内

的一个延展约 80 公里的区域里。罗军的高炮数量大约为 250 门，其中不乏 88mm 炮。此外，第 7 团的第 3 营还负责操纵阻拦气球，气球的总量为 71 个。

对于这些配置，盟军事先掌握一点情况，也尽量在图纸上加以了标注。但是，那还不到真实数量的 1/3。根据德国方面的资料，上述高炮力量在 8 月 1 日的战斗中共发射了 3552 发 88mm 炮弹和 56271 发小口径炮弹。换言之，平均每架 B-24 将受到 337 发炮弹的"照顾"。

具有同样威胁的，还有德国和罗马尼亚的战斗机部队。

德国空军在罗马尼亚驻军已经很久了。在亲德的安东内斯库将军发出"邀请"后不久，第一批德军在 1940 年 10 月 7 日就抵达罗境，其中包括由威特海姆·斯派达尔（Withelm Speidel）将军指挥的 6 个战斗机中队和 2 个侦察机中队。在罗马尼亚成为进攻苏联的一翼后，这样的军事调动就更加频繁了。

现在，罗马尼亚战斗机指挥部（Jafü Rumänien）已经是德国空军南欧最高指挥机构、东南司令部（Luftwaffenkommando Süd-Ost）麾下的一支重要力量。它下辖第 4 战斗机联队 JG 4 第 1 大队和第 6 夜间战斗机联队 NJG 6 第 4 大队。前者驻在距普洛耶什蒂以东

▲ 紧急行动的罗马尼亚战斗机部队

32 公里的米齐尔（Mizil）机场，编制 51 架战斗机，实际战斗力约为 40 架 Bf 109G-2；后者驻在略远的齐尔斯蒂（Zillstea）机场，这里距普洛耶什蒂约 80 公里，该部编制 20 架，实际战斗力为 15 架 Bf 110G-4。

JG 4 联队第 1 大队是专为保护油田区而成立的。这是一支年轻的部队，其第 1 中队于 1942 年 8 月由原 JG 77 联队第 1 中队转编而来，第 2 中队在该年底才在米奇尔（Mizil）成立，而第 3 和第 4 中队迟至 1943 年 1 月才成建制。

这个联队将被载入第三帝国末日领空决战的史册——其伤亡率高居所有德国空军战斗机部队前列。其第 2 大队是最后出现在柏林上空的战斗机单位之一，它以"突击大队"的残酷战史写下德国空军最黑色的一页。

至于驻普洛耶什蒂的另一支部队 NJG 6 联队第 4 大队也同样年轻，它在 1943 年 5 月才成立，编有 3 个中队。大队长赫伯特·吕丘（Herbert Lütje）少校虽然只有 25 岁，却是一名夜战老手了。这位下萨克森人是全德国首批夜战机飞行员中的一员。1940 年 7 月，他被调入第 1 夜间战斗机联队 NJG 1 第 3 大队队部，不过直到一年多后才取得自己的第一次胜利。1943 年 5 月 13 日至 14 日的夜里，他一举击落 6 架英国轰炸机，从而使个人击坠战果增至 28 次。在取得这一连串惊人胜利后不久，他被授予铁十字勋章，并被派往罗马尼亚，成为第 4 大队的指挥官。

吕丘麾下的 3 个中队里只有 2 个是德国人的，第 3 个中队里全是罗马尼亚人。这是罗空军的第一支夜间战斗机部队，由马林·吉卡（Marin Ghica）上尉担任指挥官，罗马尼亚人称之为第 1 夜间战斗机中队，德国人则称之为第 4 大队 12 中队。

至于罗马尼亚的日间战斗机部队，则共有 5 个战斗机中队。它们驻扎在靠近布加勒斯特的皮佩拉（Pipera）机场等地，主要装备着国产的 IAR.80 战斗机。值得注意的是，其中一些飞机在两翼改装了德国提供的 MG 151/20mm 机炮，这个改动是专门用来对付美国轰炸机的。

这个星期天，苏尼翁"气象台"不断送来警报。B-24 机群出发后，第一次；机群接近科孚岛后，第二次；开始飞越希腊北部后，第三次。然而，就在这些不同寻常的信息发出的时候，掌管着拥有欧洲大陆最密集防空兵力之一地区的那个人却并不他的岗位上。

中午时分，德国空军的恩斯特·库岑贝克（Ernst Kuchenbacker）少校从他在布加勒斯特的办公大楼里赶紧给正在山区度周末的戈斯腾贝格将军打电话。"有一个大机群，监听站发了 3 次警报了，将军！"

"它们往哪儿飞？"将军问。

"还不清楚。不过我相信，那一定是冲着我们来的"。

迷乱·浴血

从多瑙河折弯处进入罗马尼亚瓦拉几亚平原上空后，康普顿上校就密切注视着地面上的一草一木。他要仔细观察，在预定的转折点处带领机群转进。

B-24 顺利地飞过了皮泰斯蒂上空。这里天气阴沉，时有阵雨，不过总体能见度良好。看着在头顶上轰响着掠过的飞机，罗马尼亚农民们在青葱遍地的农庄里友好地挥手致意。康普顿清楚这是第一转折点，接下来他们要去塔戈维斯蒂，接着是弗洛雷斯蒂。在简报会上，曾反复讲过这些地标旁边的山峦、河流、村庄或者铁路线标志。问题是，现在看来这片土地上有太多看起来一模一样的地貌特征了。

在塔戈维斯蒂上空，感到迷惑的康普顿仔细注视着下面的村庄和道路，他觉得自己已经到了弗洛雷斯蒂上空。于是他决定了，他开始转向东南。

这位上校搞错了转折点，现在376和93大队的前进方向向右偏离原定航线32公里，这意味着轰炸机群将在普洛耶什蒂以西掠过，直奔距油田区以南约55公里处的罗马尼亚首都布加勒斯特。

在康普顿身后，有不止一个人发现了他的错误。

转向开始后，376大队的诺曼·阿波德（Norman Appold）少校就喊了起来，"不！不！不！我们转得太早了！"他觉得是打破无线电静默的时候了，便在无线里呼叫导航机。93大队"女公爵"（Duchess）号上的拉姆齐·波茨（Ramsey Potts）少校也响应道："错了！错了！"

即便如此，康普顿的座机依然坚持转向，显然领航机上没有人在监听无线电。另一个大队长，93大队的指挥官阿狄森·贝克（Addison Baker）上校面临着艰难选择。他狐疑地看着这一切，接着对副驾驶约翰·耶斯塔德（John Jerstad）少校说，"肯定是出问题了。"

是跟下去还是离开？贝克知道，如果这时候脱队，必将导致极大的混乱。于是他选择跟下去，希望康普顿能及时发现自己的错误。

两个大队的65架B-24中，只有1架飞机不打算这样错下去。这架绰号"酒厂马车"的B-24的飞行员约翰·帕姆（John Palm）决定独自按照预定的正确航向飞行。不一会，帕姆又对自己的决定产生了一些犹豫，便转

向南飞行以便赶上大队，但是其他飞机已经不在他的视线之内。

帕姆决定冲向目标。在此过程中，这架机身上画着一排小炸弹的B-24被高炮击中了机首，这次打击要了投弹手的命并使领航员重伤。1具发动机起火了，而另外2具看上去也快不行了，帕姆拉着操纵杆又挣扎了一段时间。

最后大约在14时40分，1架Bf 109跟了上来，并在一轮猛击后使"酒厂马车"不幸成为此次行动中第一架被击落的B-24。那架战斗机里坐着的是JG 4联队第1大队1中队的指挥官威廉·斯坦因曼（Wilhelm Steinman）上尉。

B-24机群直扑布加勒斯特。终于，在午后的阳光下，透过薄云远远可以看见布加勒斯特那高耸的塔尖时，康普顿上校这才意识到了自己的错误。在行动总指挥恩特准将就坐在自己身边的情况下，这个失误就更加显得令人尴尬了。

情急之下，恩特将军终于打破无线电静默，命令机群360度转向。机群在此过程中出现了无法避免的混乱，376大队作为一个整体飞临普洛耶什蒂已经不可能了。恩特只得接着下令，各机在看到炼油厂目标后"自由攻击"。

当然，凡事都有另一面，康普顿的无心之失挽救了许多下属的生命，他的大队在战斗中只损失了2架飞机，是所有5个大队中受创最轻的。

事实上，这次错误的转向给敌人造成的混乱一点也不比自己人少。

在和库岑贝克少校通话后，戈斯腾贝格将军已经命令所有部队立即进入战备状态。而当第一批"解放者"式逼近时，那里的防

卫者也已经很清楚，3次警报中提及的大机群，就是冲着自己来的。然而那些轰炸机却突然令人费解地开始转向，这令严阵以待的守卫者大惑不解。

JG 4 联队第 1 大队已经在 14 时 20 分时把 36 架战斗机派上天空，他们先是预计美国轰炸机飞在 2000 至 3000 米高度，接着又收到美国机群转向布加勒斯特的报告。除了斯坦因曼外，其他飞行员白白耗费着燃油。他们在无线电中大声质问地面："战场究竟在哪儿！？"

与此同时，在混乱相对较少的转向后，93 大队和 376 大队已经形成分头并进的态势。就在朝北疾飞的过程中，贝克大队长注意到在他的左前方出现了建筑物的依稀影像，那应该是石油精炼厂。他决定不顾预定的计划——事实上已经无法遵守——的要求，转而率部向那里发起攻击。

这个决定让绰号"旅行马戏团"（Travelling Circus）的 93 大队成为第一支真正履行"浪潮"行动的部队。"马戏团"的成员们即将看到遍布的阻塞气球，即将受到各种口径高射炮的迎头猛击。最重要的是，贝克"猜中"的目标是分配给 44 大队的"白色 5 号"哥伦比亚·阿奎拉炼油厂。贝克的这个决定标志着"浪潮"行动进入实施阶段后一连串混乱的开端。

93 大队的 B-24 严格执行着低空飞行。曾有人宣称，"树梢高度"这一令人骄傲的技术标准可以大幅减少每架飞机暴露在敌人高炮威胁下的时间，然而计划者显然没有考虑到在这样的低空小口径的速射高炮正可以大逞其淫威。地面上的炮手和飞机上的机枪手们对射着，从空中和地上。在炸弹爆炸之前，一些油罐就已经被飞溅的枪弹点着，浓密的黑烟迅速笼罩了目标上空。最初的一批 B-24

就从这里扑向死亡。

来自得克萨斯的副驾驶查尔斯·扬（Charles Young）可以清楚地看到飞过的村庄，在这个星期天里，村民们都穿着很漂亮的当地服装，有的人向他们挥手。就在这些"欢迎人群"的后方，那一排村舍的近旁，另一场欢迎仪式开始了：4 门 88mm 高炮喷吐出火舌。

扬的飞机继续前进，B-24 上的机枪手一路向地面扫射。在 1 门 20mm 炮旁，扬注意到有名妇女被打中了背部，他觉得非常抱歉，但转念想她根本不应该出现在那里。每栋房子的屋顶都有枪炮向他们射击，农庄、干草堆、小树林，到处都是炮火。

接着他看到有 1 架 B-24 似乎失去了控制，就在它快要坠落的瞬间，飞机转而冲向一座高高的建筑，径直撞了上去。扬觉得这是这次空袭中最英勇的行为。

罗马尼亚战斗机赶到了战场。这批 IAR.80 隶属于第 62 战斗机中队，刚从皮佩拉机场赶来，是第一批在普洛耶什蒂拦截到美国机群的飞机。对罗马尼亚飞行员来说，这个晴热的星期天本来是一个很惬意的休息日。许多获得准假许可的飞行员已经离开了基地，在可用的战斗机达到 108 架的情况下，当天在岗的飞行员只有 57 人。

在戈斯腾贝格将军发出命令后，他们在中午就纷纷坐进了飞机座舱。在 8 月的骄阳下，他们无遮无挡地苦苦守候了 2 个小时才接到升空的指令。在普洛耶什蒂方向，眼尖者厉声呼叫自己的同袍："往下看！往下看！"罗马尼亚人第一次看到所谓的"树梢高度"，B-24 飞在 150 米低空上。

在战斗机的攻击下，"棒球衫"（Jersey Bounce）号上的尾部机枪手莱彻斯特·D·哈文斯（Leycester D.Havens）不幸成为 93 大队的第一个牺牲者。许多人第一次目睹飞机被 88mm 高炮直接命中的情景。巨响之中，一个带着黑烟的红色大爆炸在你身边响起，燃油从布满弹洞的机翼油箱中激射而出，真是令人不寒而栗。

首批殉难者中包括大队长贝克的座机"地狱荡妇"（Hell's Wench）号，这架 B-24 被高炮狠狠命中，在变成一团大火球后扑进了黑烟中。

本来，贝克在座机被击中后有两个选择，或者掉头去一片平坦的空地上迫降，或者拉高让机组成员跳伞。但是他坚持低空前进，因为他要完成投弹。这名勇敢的大队长是一名国民警卫队军官，在 1940 年被正规军征召；他的副驾驶耶斯塔德少校本来不用参加这次任务，不过他坚持加入。牺牲后，他们两人都被追授国会荣誉勋章。

贝克上校用自己的行动实践了他在简报会上讲的最后一段话，当时他说："如果明天我们不能解决那个目标，我们就得全部卷铺盖回家。我会第一个冲向它，即便是要冲进火海中。"

斯图尔特中尉在他的"犹他人"号里痛苦地看着自己的长官"冲进火海"。出发前，贝克曾告诉他："如果我不能带领大伙飞向目标，就由你来带领他们。"

93 大队实际上在正面穿越油田区南边配置齐整的高炮阵地，在多架被击中的 B-24 中，有 1 架在坠落时砸进了当地一所女子监狱，造成了许多不必要的伤亡。一个个平平无奇的干草堆也成了致命所在，隐藏在其间的高射炮纷纷喷射火舌。而在草堆旁，刚才还是乡村常见的鸡舍，随着顶篷被猛地推开，里面赫然露出 1 门速射炮。"犹他人"号的机

枪手猛烈射击那个最靠近鸡舍，羽毛四散飞出，原来这是个真的鸡舍！

在贝克机群的右翼，拉姆齐·波茨少校在"女公爵"号里，率领 93 大队 C 战斗群寻找着自己的机会。他们同样没能发现自己的预定目标，便开始轰炸就近的一座炼油厂。那里正是普洛耶什蒂最重要和最大的阿斯特拉·罗马纳炼油厂，不过那是分配给 98 大队的任务。

储油罐的爆炸后果骇人，罐体的金属碎块飞溅极高，而划过半空的罐顶就像是美国人熟悉的飞盘游戏，任何一块爆炸的副产品都足以给 B-24 造成致命的伤害。

这次匆忙的空袭历时约 10 分钟，接着 93 大队便开始撤离。飞在最后的乔治·S·布朗（George S. Brown）中校只数到了 15 架 B-24，早晨起飞时，这个大队一共有 37 架飞机。在此向西飞离的过程中，它们遭到了 JG 4 联队第 1 大队的阻截，又有 2 架被击落。

就在这时，午后 15 时，康普顿的 376 大队开始了"自由攻击"。

康普顿原本打算绕到北面去遵循原定的航线，但是这个绕行的半圆还没划完，376 大

▲ 这场战事中最著名的一张照片——1 架 B- 24 在笼罩整个蒸馏厂房的黑烟中疾飞

队就遭遇到了密集的炮火。炮弹在空中爆炸，就像艺术家在画布上随意挥洒。云层呈现出一种奇怪的排列组合，最上方是蓝色，中间是白色，正前方则是由高射炮火的黑烟形成的黑色，其间还夹杂着炮弹爆炸时产生的巨大、狂暴的红色闪光。

在此情况下，康普顿只好让各中队各行其便。

这个大队的目标是罗美标准石油公司，不过没人知道到底有没有 B-24 准确地找到了那里。事实上，该部的大部分炸弹都投到了田野和溪流之间。

唯一确定的是，诺曼·阿波德少校攻击的是"白色 2 号"，康科迪亚·维加炼油厂——93 大队的目标。他带着 4 架飞机从罗美标准石油公司上空高速掠过，这时他意识到自己可能刚刚错过目标。他只好向西飞，并召唤大家保持紧密队形，"让我们冲进去，跟紧我，保持队形！"这些飞机向临时选定的目标投下了全部的炸弹，储油罐和加工车间在爆炸后产生了熊熊大火和浓烟，烟柱腾空而起直达千米高空。

就在投完炸弹后，阿波德吃惊地看到一群浑身绿色的 B-24 扑面而来。他不知道那是波茨少校的 93 大队 B 战斗群，正高速脱离战场。比阿波德更吃惊的是他的副驾驶爱德华·杜菲（Edward Duffy），他在另一个方向看到了另一群浑身斑驳的 B-24，那是凯恩的 98 大队。就这样，3 群 B-24 殊途同归，以 800 公里 / 小时的相对速度出现在同一个狭小的空域里。

在这次使"浪潮"行动实施过程中的一系列混乱达到高潮的相遇中，超过 50 架的"解放者"式用尽全力才避免了在空中相撞，然而他们却给地面上的高射炮手们留下了截然

相反的印象。

在他们看来，这些飞机刚刚实施了一次精心策划的连轴空袭。美国人竟然把不同批次的对接时间把握到如此"密不透风"的程度，实在令人钦佩！

在出发前的动员会上，98 大队的指挥官凯恩上校曾经满怀豪情地说："明天，我们两千人在几分钟内干的事，让陆军的一整支军团花上一年时间也不一定做得到。"现在，这位绰号"杀手"的脾气火爆的大队长却被连续的意外事件搞得火冒三丈。

就在即将迫近目标时，凯恩的"金字塔"（Pyramiders）大队遭到了一种古怪武器的偷袭，那是戈斯腾贝格的秘密武器：一列高炮列车。

这辆装甲专列由 1 列车头和 10 节车厢组成，平时被伪装成货车的模样。6 节战斗车厢平时关闭，作战时可以立即全部打开，里面共有 36 门轻型和中型高炮，其中 2 门四联 20mm 高炮可以作 360 度全向射击。其余 4 节车厢，分别供指挥、就餐、休息和娱乐之用。专列的指挥官约瑟夫·布雷姆（Joseph Brem）上尉还给它取了一个令人肉麻的名字：毛虫。

根据戈斯腾贝格的命令，高炮列车在普

▲ B- 24 编队飞越云霄

洛耶什蒂外围被隐藏得很好，以便在第一时间让敌机大吃一惊。的确，"毛虫"在8月1日午后让98大队的B-24"大吃一惊"。凯恩的轰炸机刚从一片雷雨地区挣扎而来，在饱受电闪雷鸣和滂沱豪雨之苦后，另一场人为制造的"雷击"不期而至。

全力喷吐火舌的那列火车超出了盟军情报部门的信息范围，更是大大刺激了飞行员们。在班加西受训时，从来没有人告诉他们还有这种玩意儿存在。这列伪装良好、发射速率和精度都极高的装甲列车，让美国轰炸机付出了代价。

B-24上的机枪手们纷纷向它开火，不过那一点作用也没有。在多架飞机中弹后，才有1颗炸弹炸到了"毛虫"，它的高炮车厢大部出轨。这场战斗之后，"毛虫"又投入了使用，直到1944年8月罗马尼亚退出轴心国阵营后才被焚毁。据凯恩估计，"这个怪物"起码让他损失了7架B-24，"我们可从没想过会碰上这种东西！"

摆脱"怪物"后，凯恩的人又险些在一座炼油厂上空和显然是来自英国的B-24相撞。等到好不容易才开始向预定目标冲刺时，却看到阿斯特拉·罗马纳厂区上空已经黑烟升腾，火光耀目，别人已经向那里投过投弹了！历经艰险的98大队保持着准确的航向，却发现自己的蛋糕正被别人切割分享。难怪凯恩要恼怒地喊道："我要狠狠地踹你的屁股！"

15时05分，这座普洛耶什蒂核心工厂的上方呈现着怪异的景象。太阳高悬在湛蓝的天空之中，轰炸机的前路却是一片红光烈焰与黑烟。凯恩决定带领自己的人把那里再炸一次。这是个果敢的决定，要知道，当他们飞近时，前面机群投下的炸弹上的延时引信随时会发生作用。就飞行高度而言，那完全可能会变成这些飞机葬礼上的柴堆。

这群看上去就像外壳一块块褪了漆的B-24不顾一切地扑进黑烟，除了炮弹爆炸发出的红光外，周围漆黑一团。机组成员们说，高射炮火厚到你可以踩着走过去，或许那就是通往地狱的道路？

这场战事中最著名的一张照片——1架B-24在笼罩整个蒸馏厂房的黑烟中疾飞——的主角，那位在行前因书信命令而伤感的罗伯特·斯坦费尔斯中尉在他的"瞌睡虫"（The Sandman）号里经历了许多。他在座舱里什么也看不清，投弹手也一样，他只能凭感觉扔炸弹。石油燃烧的黑烟浓密稠厚，而且给斯坦费尔斯一种"平滑光泽"的奇异感觉。

突然，从一丝缝隙之间，他看到了一条泛着银光的缆绳，那是阻塞气球的牵引索！这根缆绳如果径直接划过来，会把B-24的座舱整个切开！中尉拼命侧飞，缆绳奔着右翼的第3具引擎去了，就在他估计那里要爆出致命火光的时候，螺旋桨恰好切断了它。

大难不死的这架B-24冲出了黑烟，它左侧的2架B-24却先后坠落，它们都有着同样的粉色斑驳的外壳。在接下来短短几分钟内，斯坦费尔斯目睹了更多"沙漠"B-24的损失，有的拦腰碰上了拦阻气球，有的在低飞中撞到树上，有的突然在空中起火。

凯恩的大队蒙受了最重的损失，他一共失掉了20架轰炸机。不过98大队摧毁了目标区的一半产能。

44大队的"演出"在15时15分开始。它们按照计划分开，大队长利昂·约翰逊（Leon Johnson）上校带着17架B-24去炸"白色5号"，詹姆斯·波赛（James Posey）中校的B战斗群的20架飞机则扑向"蓝色"目标。尽管防空力量此时已经完全被调动起来，但是44大

▲ 1944 年，B- 24 再临普洛耶什蒂。

▲ 遭受重创的哥伦比亚·阿奎拉炼油厂

队仍然实施了"浪潮"行动中漂亮的一击。

约翰逊上校发现哥伦比亚·阿奎拉炼油厂已是狼藉一片，这块"蛋糕"刚刚被贝克的 93 大队给"分割"了，不过他仍然补上自己的全部炸弹。在两轮打击下，这座石油精炼厂遭受重创，直到一年之后才能勉强恢复生产。至于克莱迪图·米尼尔炼油厂，波赛的机群差不多把它炸了个底朝天。

机腹炮塔的机枪手看着厂区的屋顶从自己身下几米的地方划过。投弹手打趣说，飞得这么低，根本不可能失掉目标。波赛的机群里，"胜利 V 字"（V for Victory）号被命中了，1 发 37mm 炮弹打在尾部上，那撕掉了部分尾翼，并使尾部机枪手当场身亡，不过飞机还能飞。这架飞机的飞行员约翰·迪尔（John Diehl）上尉后来被人问起树梢高度到底是何感觉，他回答说："当我的飞机回到基地后，我在机身腹部发现粘到那里的向日葵残片，还有一些绿色的植物体，我想那是青草。"

波赛取得了一场完胜，在沉重打击"蓝色"目标的同时，他的飞机无一被击落。不过在交叉火力造成的爆炸、烟雾和炙热的空中走

廊里，大队长约翰逊的 17 架 B-24 只有 10 架穿越而出，他的座机也被多次击中。

威廉·R·卡梅隆（William R.Cameron）把机头压低向油井架猛冲，去势之猛使他后面的机械士从座位上摔了出来。卡梅隆在进袭的 30 分钟过程中始终飞得很低，低到可以看清楚罗马尼亚炮手的面容。他牢牢记着在班加西一位英国高炮手对他问题的回答。当一群低空训练的 B-24 掠过时，卡梅隆问道："你们会选择射击什么样的飞机呢？"英国人答道："打飞得最高的那架。"

在卡梅隆后面，斯坦·F·奥尔森（Stan F Olson）感到非常恐惧，前方硝烟漫天，黑色的烟幕清晰地映衬出高射炮弹密集而狂乱

▲ 被彻底摧毁的克莱迪图·米尼尔炼油厂

的轨迹, 他觉得地狱刚刚从地表之下破茧而出。他看到自己的队友豪斯顿 (Houston) 的B-24开始垂直爬升, 然后剧烈颤抖起来, 最后以极不寻常的机背着地的方式坠毁, 没有一个人能从那里逃出来。

在爆炸后腾空而起的油罐传来的可怕声势和气浪中, 领航员卡罗尔·O·霍沃思 (Carol O. Haworth) 看到有架B-24右翼着地擦到了地上, 但是没有爆炸。机上的人正拼命从里向外逃生, 不过霍沃思他们无能为力, 飞行员用最快的速度前进着。

接着, 他和机枪手们朝每一个目力所及的目标开火。在一处高炮阵地上, 他看到被自己击中的炮兵的身躯就像被砸碎的洋葱那样四散爆开。

之所以决定让被称作 "天蝎" (The Sky Scorpions) 的389大队去一个相对独立的目标, 是因为这支部队没有经验, 预计他们很难在一个密集队形中保持住位置。作为第一次上

▲ 编队飞行的罗军 IAR.80 战斗机

战场的部队, 389大队的任务远离普洛耶什蒂主厂区, 而是北方的坎皮纳村。

在前进过程中, 大队长杰克·伍兹 (Jack Woods) 上校犯了个和康普顿相同的错误: 弄错了转折点。当伍兹指挥机群转向时, 大家四下张望, 都没有看到事先指明的那个地标: 一座孤立山巅的修道院。于是伍兹发令掉头, 难能可贵的是, 他的这群初临战阵的部下们依次调头, 保持着完整的队形, 没有一丝混乱。

389大队最终向斯泰瓦·罗马纳炼油厂投下了炸弹。虽然也被高炮打下了4架, 这个大队的打击却是最彻底的。这座石油精炼厂再也无法为德国人提供石油制品了, 事实上, 其元气直到战后多年都尚未恢复! 因此这个大队的飞行员们自豪地说: "我们加入最晚, 但我们收获最多。"

美国飞机的低飞资态的确给追击者带来了很大的困扰, 不过并不是所有的战斗机飞行员都只从上面发起攻击。44大队的 "地震" (Earthquake) 号正在飞离目标, 这时1架战斗机跟了上来, 这架B-24进一步降低到距地面只有数十米的高度。副驾驶理查德·D·巴特勒 (Richard D.Butler) 向后方望了一眼, 发现那架敌机快撞到地上了, 便在对讲器里问尾部机枪手: "那架飞机是什么时候坠毁的? 是你干的吗?" 从耳机里传来这样的回答: "它没有坠毁! 它正在我们下面飞!"

在这次拦截战中, 位于布加勒斯特的 "弗雷亚" (Freya) 雷达中心始终严密监控, 并向轴心国战斗机部队发出正确的指令。这座雷达中心被德国人称作 "歌剧", 它和那些来袭的B-24一样在这出活剧中扮演着重要角色。在 "歌剧" 的调动下, 罗马尼亚飞机拦截到了刚刚离开目标的98和44大队, 宣称击落其中的9架, 本方损失1架。

▲ B-24 机组和德国俘虏的交谈，在普洛耶什蒂可没有这样的"友好"。

在齐尔斯蒂机场，习惯在漆黑夜色中升空的吕丘少校带领他的夜战机大队全数升空。这支部队的任务本来是拦截英国轰炸机的夜袭，不过在接到警报后吕丘命令所有人都行动起来。尽管距离较远，这些装着前伸的雷达天线的双发战斗机仍然赶上了正在撤离的美国机群。

在 1 架 B-24 里，那位没有吃早饭而饿着肚子的史蒂文·布格耶在他的位置、尾部机枪塔里看到 1 架 Bf 110 正从 6 点钟方向逼近。在这场同 NJG 6 联队第 4 大队的搏斗中，布格耶勇猛的射击成功地迫使对方飞离。这时他看到了 1 架坠毁的 B-24，幸存者都呆立在宽大的左机翼上。他用尽力气朝他们大叫："把飞机烧了！"

吕丘的大队取得了战果。尤根·奈贝尔（Jürgen Knäbel）中士驾驶的 Bf 110 击落了 2

架 B-24，该部的第三个战果则由格奥尔格·克莱沃（Georg Klever）军士长取得。这些驱逐机不顾一切地俯冲，迫使美国飞机在逃避过程中飞得更低。在惊心动魄的追逐中，待在 B-24 机腹炮塔里的机枪手们觉得大地就在自己脚下，有人说："那感觉就像是坐在一辆大卡车上。"

JG 4 联队第 1 大队起先扑了个空，除了第 1 中队长斯坦因曼外，其他飞行员什么也没有看到。不过普洛耶什蒂西南方向腾起的黑烟指引着他们，当这群战斗机最终在普洛耶什蒂以西和以南遭遇到美机群时，已经是 15 时 40 分了。这意味着德国飞行员只能进行短暂的交战了，因为飞机上的燃料已快用尽。尽管如此，这些梅塞施密特飞机依然进行了凶猛的突击。第 1 大队共宣称击落 10 架 B-24，本方损失 2 架。

取得 1 架战果的包括莱因哈特·施梅策（Reinhold Schmetzer）军士长、汉斯·威廉·舍普尔（Hans Wilhelm Schopper）少尉、曼弗雷德·斯潘纳（Manfred Spenner）中尉和昆特·斯塔克（Gunther Stark）少尉等人。

斯坦因曼中队长击落了 2 架 B-24，他的第 2 个战果是 44 大队的"撒旦的地狱猫"（Satan's Hell Cats）号。在这场追猎中，斯坦因曼显然处在一天中的高峰状态，他驾机紧紧咬住"解放者"式，把美国轰炸机的两翼都打得起火。不过，"地狱猫"号上的机枪手们也用尽全力，阻止这位德国上尉去伤害更多的同胞。他们的回击打中了 Bf 109 的滑油散热器，并很快使座舱里一片浓烟。

最后，这两架飞机都坠毁了，坠地点相去不足 50 米。不同的是，德国飞行员成功跳了伞，而 B-24 上的 9 名乘员——另 1 个人已经死在飞机上——全部被烧死在了残骸中。

归航·续篇

5 个轰炸机大队的 178 架 B-24 已经在空中飞行了将近 7 个小时，机身上弹孔累累，机组成员们也已筋疲力尽。刚才尽力对油田区发起致命一击的他们，现在要为自己的生存而斗争了。把被浓烟和火光笼罩的普洛耶什蒂抛在身后，B-24 机群高速脱离战场。

在"老乌鸦"（Old Crow）号 B-24 上，大卫·麦克卡什（David McCash）注意到一些德国兵正在逃跑，他想，这帮家伙终于也扛不住了。他看到一个矮个子突然逃出自己的炮位，向附近的一堵矮墙飞奔。

几乎在一瞬间，几架 B-24 都把火力倾泻到他的逃跑路线上，这名高炮手颓然倒地，距离他想去的那堵墙还很远。就在这时，麦克卡什居然看到一名穿着红色连衣裙的女子从这名刚刚死去的德国人身边一闪而过，这让他感到一阵眩晕。

由轻重高射炮构成的可怕的火网已经被甩掉了，但是德国和罗马尼亚的战斗机像是一群群被捅了老窝的黄蜂，正愤怒地扑上前来。当然，这些战斗机在极低的高度上俯冲时也面临着巨大的风险，有不止 1 架飞机因为不能及时拉起机头而撞毁在地面上。

许多 B-24 都已经被高炮打得千疮百孔，它们飞得不再那么快，机动不再那么灵活。又有许多轰炸机被击落了，机组成员们或死或伤或被俘。唯一幸运的是，这些飞机都已经扔光了炸弹——在牺牲之前，他们已经达成了任务。

在那个黎明时分用早餐时，有人觉得这一天将是自己人生的最后一天，有更多人则害怕去这样想。但是，在普洛耶什蒂上空，B-24 机组表现出来的勇气和责任意识令人敬佩。仅以 93 大队为例，在目睹了自己指挥官的座机被防空火网撕裂后，他们前赴后继地继续扑向那片火网。

这一天里，美国轰炸机对工业目标的精确投弹在最大程度上使得普洛耶什蒂市内的平民住宅区免遭空袭之难。这一在战争中罕见地带有人性温情的事实，令罗马尼亚方面大为感动。

在普洛耶什蒂，美国机组成员的伤亡大大超过了地面上的平民，这在盟军的历次空袭中是极为罕见的——尤其是由英国皇家空军执行的任务。在欧洲的绝大部分受袭城市里，无节制的高空轰炸都造成了大量无辜平民的死亡。作为回报，那些跳伞后被俘的 B-24 机组成员们都受到了罗马尼亚当局的特殊优待。

轴心国战斗机上的油料警告灯亮起了，B-24 的灾难终于告一段落。不过归航路上同样还有许多艰难在等着它们。

更多的、从其他地方赶来的轴心国战斗机又出现了，首先是从保加利亚首都索非亚赶来的 11 架 B-534 和 4 架 Bf 109G。今天的早些时候，它们是最早拦截这些美国轰炸机的，但那回它们一无所获。现在，阿维亚飞机还是两手空空，不过梅塞施密特飞机是有备而来，它们至少击落了 4 架 B-24，其中 2 架是第 98 大队的。

不清楚在这批飞行员中是否有保加利亚皇家空军的驾驶员，如果有的话，那就是保加利亚空军在这场大战中的第一次真正的空战胜利。

接下来，当大海在望的时候，从希腊起飞的 JG 27 联队和 ZG 26 联队的梅塞施密特战斗机又赶到了。JG 27 联队第 4 大队驻在雅典附近的卡拉马基（Kalamaki）机场上，它们早就在盘旋搜索了，当确认目标飞近时，

▲ 这是艺术家笔下的"浪潮"行动

这些飞机在阿拉薛斯（Araxos）补充了燃料，从而把拦截区域一直扩大到爱奥尼亚海上空。德国飞机在海上阻击了第98、第44大队的约18架B-24，宣称击落5架，并重创其他9架。其中有3架得到了确认。

在"纳齐兹族美女"（Natchez Belle）号上，斯特兰伯格军士知道自己的飞机正受到敌机新一轮的攻击，他看见曳光弹猛然划过，听见战友们大喊"那一定是从希腊飞过来的！"不过他只是安静地站在自己的位置上。他觉得，这一天的任务是值得的；而且，既然他已经活到现在，他就一定能活着回基地。

"纳齐兹族美女"号安全了，机长开始爬高。斯特兰伯格看到1架正在苦苦挣扎的B-24，它不像是被击中，但是显然正在失掉高度。机上的人把所有的东西往外抛以减轻重量，最后，斯特兰伯格看到连机上的机枪都被抛了出来。接着那架B-24就不见了。

"老乌鸦"号踏上了归程，在希腊的群山间闪耀着的零星炮火离它越来越远。马克·莫里斯（Mark Morris）一直紧绷的神经终于放松了下来，这时他感到了无比的寒冷。

在打着架的齿缝间，他用颤抖的语调和机上的人说："让我们回家，把扔在基地里的衣服全都穿上！"

在"犹他人"号上，斯图尔特不安地发现飞机上的燃料已经很少了，他从来没看到B-24的油料指针待在那么低的位置上过。这架B-24即将飞临地中海上空，斯图尔特扭头让机组成员们投票决定是否要冒险穿越大海。一名机枪手的话代表了大家的意见："我们在蒙大纳飞过的河流都比这里宽，飞吧！"

"犹他人"号扑进了海天之中。为了宽慰大家的心情，无线电报务员扭开了电台。在英国广播电台BBC的波段上，正好在放一首美国流行歌曲。大家听了两句后，就全部陷入了沉默，那首歌的名字是《在祷声中插翅飞行》。

这架B-24成为当日返回班加西基地的最后一批飞机中的一架。它后来在德国不来梅上空被击落。

有许多飞机无法像"犹他人"号那样飞越地中海返回北非了，它们之中有的飞去了英国皇家空军在塞浦路斯的基地，有的前往土耳其紧急迫降，还有的本打算冒一回险却不幸失败，最后落到地中海碧蓝的水面上。

看着自己座机上那1具被打坏的引擎，凯恩大队长让领航员找出距离最近的盟军基地来。他听到了塞浦路斯皇家空军基地的回答，不过距离也有1400公里之遥。接着凯恩便看到领航员在地图板上画起了弯弯曲曲的航线。

"你在干什么？"凯恩问道。

"我在找出一条避开中立国土耳其领空的路线，"领航员回答自己的指挥官。

已经受够的上校的情绪完全爆发了，"去他妈的中立国！"凯恩叫了起来，"我只要一条笔直的航线！"最后，他的这架 B-24 几乎是坠落到塞浦路斯的跑道上。

凯恩之外，还有 21 架飞机迫降到塞浦路斯、马耳他或者意大利的西西里。不得不飞去土耳其的则有 8 架，其中 7 架一落地就全部被土耳其军队扣押了。

往土耳其去的第 8 架 B-24 是掉在土耳其近海里，机组成员们刚游到岸上就被当地渔民包围。第二天一早，一支英国救援队几乎和一队土耳其士兵同时赶到现场。英国救援船的船长振振有词地告诉土耳其军官，飞机是掉落在海上，因此这些美国人实际上应该算是"遇难海员"。而根据国际海事法的精神，他们理应由救援队带走。后者欣然接受了这一说法。

只有 89 架 B-24 最终得以返回班加西基地。第一位归航者在 20 时 20 分落地，最后一架则直到 21 时 40 分才降落，此时，距离机群的出发时间已经过去了 14 个小时。

这架垫底的归来者是第 98 大队的"轧轧声"（Chug-A-Lug）号，它在归途中饱受高射炮和 Bf 110 战斗机的打击。落地后，飞行员瘫坐在座椅上，最后被机组成员从座位上抬了起来。他还活着，但是站不起来，而机背机枪手已经死在自己的位置上。正是这架飞机上的自动照相机拍下了同一大队"瞌睡虫"号那张著名的照片。

布莱里顿少将在机场上焦急地望着自己的"鸟儿"归来。终于，康普顿上校的座机出现了。叼着卷烟的少将迎上前去，向爬下飞机的恩特准将表示热烈祝贺。在简短的交谈中，恩特没有提到航向上的错误，只是说自己的编队在 12 时进抵目标上空，不过"在确认具体目标时有点困难"。这时，站在准将身旁的康普顿显得疲惫而沮丧。

曾有战史家指出，再也没有哪个地名能像普洛耶什蒂那样，能够如此恰当地体现出美国陆军航空队的勇气和牺牲精神了，即便是让 B-17 轰炸机群付出巨大代价的施魏因富特空袭似乎也要瞠乎其后。

"浪潮"行动自始至终都像一幕惊险剧，这和设计者的初衷大相径庭。决策者们期待的一场意外打击没有发生，绝大部分 B-24 机组成员度过了他们一生中最难捱的一天——如果他们能生还的话。

在执行任务的总共 178 架 B-24 中，除中途返航和失事的 13 架外，有 165 架飞机执行了轰炸任务，结果 54 架因为各种原因再也没能飞回来，其中 41 架被击落，8 架被扣在土耳其，总损失率将近 1/3。而在返回班加西的飞机中，有 58 架严重受损，第二天仍能升空的只有 31 架。

在 5 个轰炸机大队中，康普顿的大队是最"幸运"的，有多达 23 架回到了班加西。约翰逊和伍兹的大队各有 22 架和 20 架归来。已经牺牲的贝克的大队出发时有 37 架，只有 15 架回来。最令人惊愕的是凯恩的"金字塔"大队，出发时的 47 架，只有 9 架返回原地。

更令人心痛的是人员的损失。在 1753 名机组人员中，有 308 人阵亡（其中 6 人因伤

▲ 设备地面维护中的 B-24 机组成员们

重死在罗马尼亚的医院里），132 人被俘，76
人被土耳其扣留，约占总人数的 1/4。有经验
的 B-24 机组的伤亡是一项重大打击，因为"解
放者"式是美国陆航中训练事故死亡率最高
的机型。这种轰炸机造成的事故死亡，占到
战时整个美国陆军事故死亡数的 43%。仅仅
在 1943 年一年里，就有 850 人在 298 次 B-24
国内训练中死亡。

参加普洛耶什蒂空袭的人员可以被看成
是这些代价高昂的训练事故的幸存者，同时
也是美国陆航的精英力量。他们的牺牲所造
成的伤口，需要很长一段时间才能逐渐愈合。

曾经有人非议 B-24 机组成员干的是"轻
松的活"，而且和其他部队相比，他们拿的
报酬过高。但是残酷的现实表明，B-24 机组
配得起他们领到的每一分薪水，当得起他们
获得的每一项荣誉。

有 5 人因普洛耶什蒂之役获得了国会荣
誉勋章。他们是 44 大队指挥官利昂·约翰
逊，98 大队指挥官约翰·凯恩，93 大队指挥
官阿狄森·贝克，93 大队副驾驶约翰·耶斯
塔德，389 大队飞行员劳埃德·休斯（Lloyd
Hughes），后 3 人为追授。

约翰逊和凯恩因为带领部下穿越弹雨准
确扑向目标而获奖，贝克和耶斯塔德同自己的

▲ B-24 机舱内的机枪手的特写

▲ 雅各布·德佛斯将军（右）为约翰逊大队长挂上勋章

飞机一同化成了火球。而休斯中尉，本来不会
出现在这份名单中。在斯泰瓦·罗马纳炼油厂
上空，休斯的飞机在油箱被击中后开始喷射烈
焰，但他仍然保持高度并完成了投弹，之后这
架飞机就撞毁到了地面上。389 大队的一位情
报军官反复坚持并提交了详尽的书面材料，终
于为自己的战友争取到这个荣誉。

回来后的第二天，那个得克萨斯小伙查
尔斯·扬给远在牛仔之乡的父母亲写信。"请
给家里其他人带好，尤其是我的两个姐妹。
妈妈、爸爸，如果这次战争让我再无法回家，
你们可以说我是个英勇战死的傻瓜。但我会
回来的。我爱你们。"

尽管承受着失去战友之痛，但返回的
B-24 机组成员们和扬一样，普遍对未来抱有
乐观的看法。一个重要的支撑是，他们刚刚
采取的行动，让普洛耶什蒂彻底瘫痪了，这
意味着德国人已经撑不了多久了。

很快发布的官方战报似乎证明了这一点。
盟军的宣传机器公开称这是一次彻底的
大胜。165 架 B-24 共发射了 125000 发枪弹，
投下了超过 1200 吨炸弹。这对普洛耶什蒂炼
油厂造成了重大的损坏，相信那里产能的约
有 70% 已被彻底摧毁；至于剩下的厂区，其
井架、分馏和精馏设备、储油体系也需要数
月之久才能恢复至正常水平。盟军还引用了
据称是截自德国电台的消息，据德国方面称，

有"2座炼油厂瘫痪，另外4座重创"。

即便是一般来说应该更加冷静客观的内部报告也洋溢着成功的喜悦基调。一个调查小组在仔细分析了航拍照片后得出结论，即便有人要说这次空袭并未按预想的那样摧毁普洛耶什蒂的厂区，那么他至少也得承认这次空袭在德国人的"软肋"打下了重重的一拳。

不过，随着英国皇家空军"蚊"式侦察机陆续送来更多更清晰的航拍照片，人们的乐观情绪便渐渐消失了。

的确有3座炼油厂几乎被完全摧毁。约翰逊上校的机群对哥伦比亚·阿奎拉炼油厂的轰炸，将使该厂停产长达11个月之久，而该大队对"蓝色"目标的准确攻击，彻底摧毁了克莱迪图·米尼尔炼油厂。初上战阵的389大队，则使斯泰瓦·罗马纳炼油厂完全报废。问题是，这些都不是主要目标，其中只有1座处在主攻的"白色"目标区内。那里的其他重要目标的情况又如何呢？

"白色1号"罗美标准石油公司完全毫发无伤。"白色2号"康科迪亚·维加炼油厂仅仅略有损伤，不用多久就可以恢复正常生产。"白色3号"标准石油开采等两处厂区同样毫发无伤。至于空袭头号目标的"白色4号"菲尼克斯·奥利昂炼油厂的产能大约下降了1/3，而全欧最大炼油厂阿斯特拉·罗马纳约被摧毁了一半产能，这是稍令人安慰的。

总体估计，全部目标的产能大约被毁42%。然而接下来的侦察表明，即便是这个估计同样也过高。对爆炸效果的评估仍然偏高，而对敌方恢复生产的效率又评估过低。数月之后，许多炼油厂就已重新开足马力生产。

8月1日的深夜里，从井架和储油罐冒出的熊熊大火继续燃烧着，映红了普洛耶什蒂的上空。匆忙结束度假赶来的戈斯腾贝格

少将对眼前的景象惊叹不已。初步的损管报告表明，可能会有多达40%的产能受到摧毁或破坏，但是对生产恢复前景的评估仍然乐观。这位空军将军摇了摇头，他知道美国人已经盯上了这里，他们一定会再来的。

但是经历了一整天冒险的B-24上的小伙子们不知道、也顾不了这么多了，他们已经用尽全力，他们要休息一下了。

那个晚上，就在返家的B-24差不多都回到班加西基地的时候，那位被美国人称之为"轴心国萨莉"的德国宣传广播员又从柏林展开她的曼妙之音了。美国飞行员们特别爱听她的节目，因为她的声音格外甜美，而且节目里经常播放美国音乐，有人甚至觉得这个德国女人无所不晓。

"干得好，布莱里顿……干得好，""轴

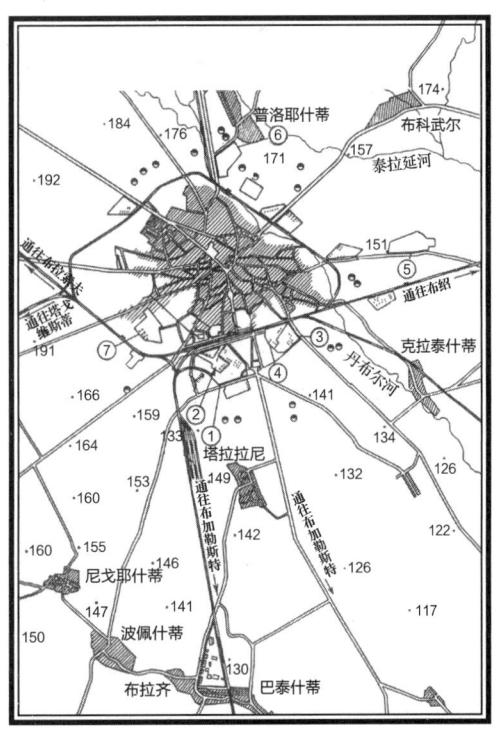

▲普洛耶什蒂油田主要厂区分布图：1 阿斯特拉·罗马纳；2 费尼克斯·奥利昂；3 尤尼里亚·斯派兰察；4 标准石油开采；5 罗美标准石油；6 康科迪亚·维加；7 哥伦比亚·阿奎拉

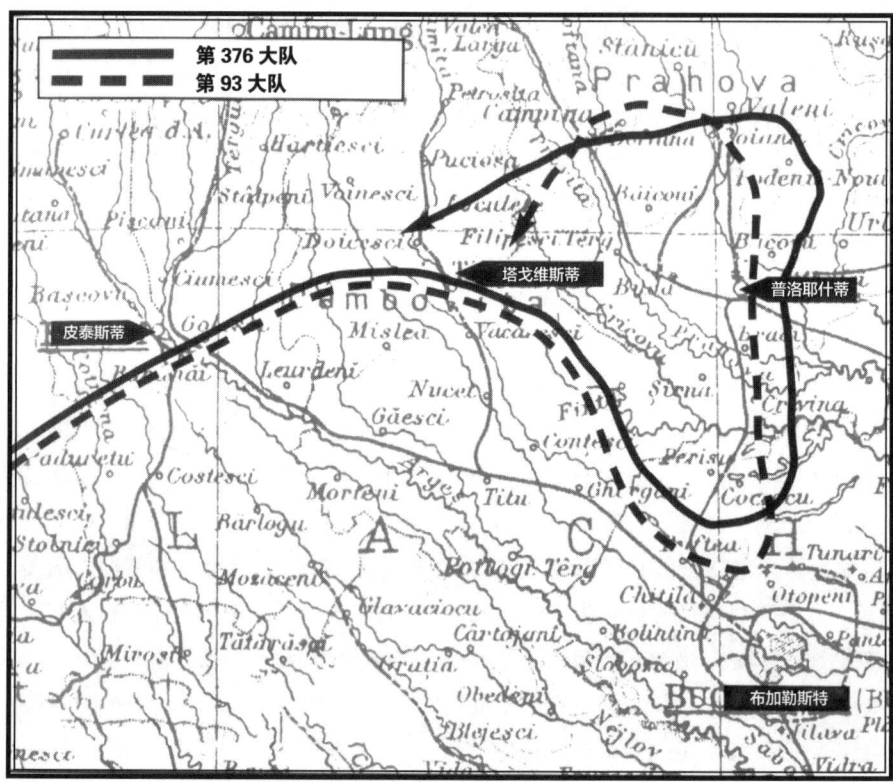

第 376、93 大
队的进袭路线图

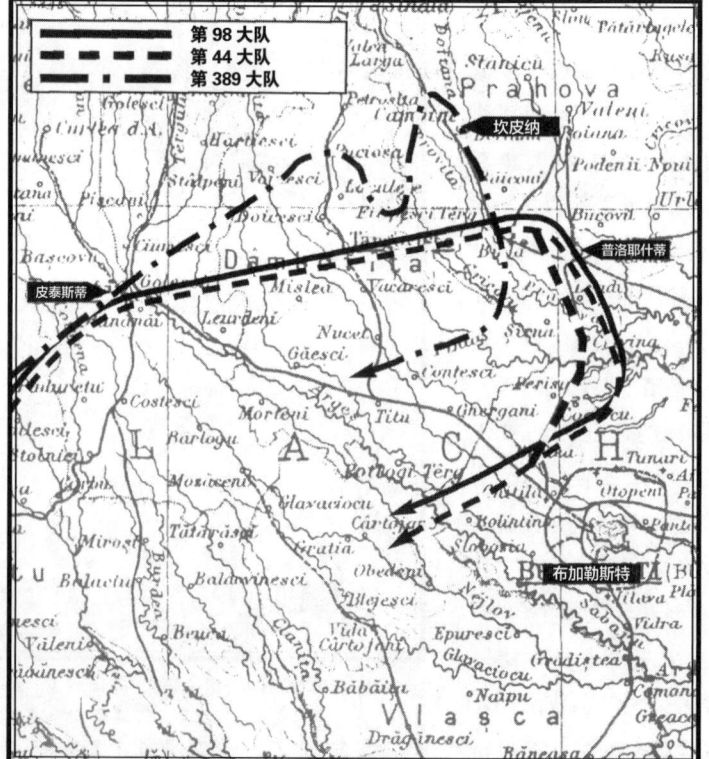

第 98、44、389
大队的进袭路线图

心国萨莉"开腔了。"可是，你们也已经受够了！"

很长一段时间内，没有人有勇气再把飞机送去那个"烈焰和黑烟的地狱"。

当盟军于 1943 年 10 月夺取了位于意大利福贾（Foggia）附近的机场后，创建了第 15 航空队。这个航空队在同年 11 月 2 日开始行动，首战选择了位于奥地利维也纳新城（Weiner-Neustadt）的梅塞施密特飞机工厂。然而，它最重要的成就之一是在 1944 年展开对普洛耶什蒂油田的轰炸。

直到 1944 年 4 月，美国人才开始着手执行一系列旨在将普洛耶什蒂彻底摧毁的行动。4 月 5 日，在"浪潮"行动整整 8 个月后，95 架 B-17 和 135 架 B-24 首次再次飞临普洛耶什蒂上空，而在这 8 个月中当地的石油生产一直未受任何干扰。

美国陆航在 5 月将产油设施列为最优先目标。美国轰炸机开始全面轰炸德国的油料来源：油田和合成燃料生产中心。轰炸机群倾巢而出，仅 7 月 15 日的一次空袭就向普洛耶什蒂投下了超过 1500 吨的炸弹。这时参战的已经不只是 B-24 了，B-17"空中堡垒"式、英国人的"兰开斯特"式，甚至双发战斗机 P-38"雷电"式都加入了攻击行列。8 月 19 日，65 架轰炸机投下了 144 吨炸弹，为这轮油田空袭画上了句号。

然而，尽管前进基地靠得更近，尽管有了 P-51"野马"式战斗机的长程护航，尽管装备着改进的铝热炸弹，这些空袭行动同样付出了高昂的代价。其中 P-38 在 6 月 10 日那次进击中所遭受到的损失之惨重，几乎可以和"浪潮"行动相提并论。在这片空域，美国总共付出了 222 架飞机被击落、将近 2300 人死亡或被俘的惊人代价；同时，英国人也在夜间行动中损失了 38 架轰炸机。

但重要的是，这些轰炸产生了明显的效果，普洛耶什蒂油田的产能终于被摧毁。

德国燃料和润滑油的供给变得极度短缺，在这持续数月的密集轰炸后，德国的原油产量减半。对合成燃料生产中心的破坏同时附带截断了用于生产炸药的氮和甲醇的供应。

1944 年 9 月，德国空军总共只得到了 1 万吨燃料，而她每月至少需要 16 万吨，这一影响是致命的。6 月，德国空军在战斗中损失了 31000 人，这个数字在 10 月就上升到了 44000 人。即使是最基础的战斗训练，也已经变成一件极度奢侈的事。只进行了几天地训的人被送上了天，他们的结局不言而喻。而优秀的飞行员也一样，他们得不到休假也得不到轮休或晋升，一直飞行到战死为止，变成不断增加的死亡数字中的一个。

和士气低落、变得几乎不存在的空军相比，德国陆军的情况也一样糟糕。仅存的一些装甲部队在每次行动前面临的最大难题便是上哪里去找汽油。至于其他部队，早就扔掉了机械化装备，从而变成了一支主要靠马拉的、落后的军队。

能源的丧失，是精明能干的德国战时军备生产部长阿尔贝特·斯佩尔再怎么努力，也无法弥补的。他最终颓丧地说："当美军第 15 航空队的轰炸机从意大利的基地起飞，越过阿尔卑斯山……时，从南方蓝色的天空中，我几乎每天都能看到战争的征兆。"

"浪潮"计划的始作俑者，斯马特上校却不能亲眼看到战争的胜利了。他在一次低空飞行中结束了自己的二战经历。在维也纳新城上空，这位不顾上级命令而决然登机的空军军官所乘坐的 B-17 被打掉一侧的机翼，当时他正要求飞行员降至"树梢高度"。

盟军历次空袭普洛耶什蒂统计

日期	出动架数	投弹（吨）	损失架数
1943.8.1	179	1275	54
1944.4.5	230	587	13
1944.4.15	137	316	3
1944.4.24	290	793	8
1944.5.5	485	1257	19
1944.5.6	135	329	6
1944.5.18	206	493	14
1944.5.31	481	1116	16
1944.6.6	310	698	14
1944.6.23	139	283	6
1944.6.24	135	329	14
1944.7.9	222	605	6
1944.7.15	607	1526	20
1944.7.22	495	1334	24
1944.7.28	349	913	20
1944.7.31	154	435	2
1944.8.10	414	952	16
1944.8.17	248	534	15
1944.8.18	377	825	7
1944.8.19	65	144	－
总计	5479	13469	222

斯马特是盟军高层幕僚团队中为数不多的几个知道原子弹计划内情的人之一，当时高层都觉得，至少他的那部分秘密已经随着他的身亡而不会被泄露了。谁知道斯马特并没有死，而且在战后从战俘营里走了出来，这多少令人冒出一身冷汗。不过在那种地方，又有谁会想起来去盘问一个空军军官如此复杂的事情呢？

1944 年秋天苏联红军大举西进，顺利进占罗马尼亚油田区。他们被眼前的景象惊呆了，曾经壮观的连片厂区已经荡然无存，这里的原油产能大概连战前的一成都不到。

尽管地下仍然涌动着滚滚的"黑色黄金"，但那早已经不能为希特勒和他的战争机器所用了。倾倒的井架和焦黑的残垣无声地记录着，这里曾经遭受过怎样的饱和轰炸。普洛耶什蒂，仿佛又回到了 200 年前，人们用一点点溢出的原油"润滑马车轴"的时代。

"浪潮"行动目标分布

编号	目标工厂	重要性排名顺序	执行大队	编队排名顺序
白色 1 号	罗美标准石油	3	376 大队	1
白色 2 号	康科迪亚·维加	2	93 大队	2
白色 3 号	标准石油开采尤尼里亚·斯派兰察	5	93 大队	3
白色 4 号	阿斯特拉·罗马纳费尼克斯·奥利昂	1	98 大队	4
白色 5 号	哥伦比亚·阿奎拉	7	44 大队	5
蓝色	克莱迪图·米尼尔	6	44 大队	6
红色	斯泰瓦·罗马纳	4	389 大队	7

参考文献

[1]Mark Axworthy.Third Axis Fourth Ally Romanian Armed Forces in the European War,1941-1945[M].London:Arms And Armour.1995

[2]Gyula Sarhidai.Hungarian Eagles 1920-1945[M].UK:Hikoki Publications.1996

[3]Denes Bernad.Rumanian Aces of World War 2[M].UK:Osprey Publishing.2003

[4]George Punka.Hungarian Air Force[M].Carrollton:Squadron/Signal Publications.1994

[5]Denes Bernad.Romanian Air Force[M].Carrollton:Squadron/Signal Publications.1999

[6]Dragan Savic,Boris Ciglic.Croatian Aces of World War 2[M].UK:Osprey Publishing.2002

[7]George Punka.Hungarian Aces of World War 2[M].UK:Osprey Publishing.2002

[8]Cristian Craciunoiu,Jean-Louis Roba.Romanian Aeronautics in the Second World War[M]. Bucharest:Editura Modelism.2003

[9]Jose Fernandoz.Les Messerschmitt Bf 109 Roumains[M].Paris:Air Magazine.2002

[10]Stanislav Brusa.Letka 13[M].Slovak:HT Model.2006

[11]Juraj Rajninec.Slovenske Letectvo 1939-1944(1)[M].Slovak:Magnet-Press.1997

[12]Peter Sumichrast,Viliam Klabnik.Slovenske Letectvo 1939-1944(2)[M].Slovak:Magnet-Press.2000

[13]Jan Stanislav,Viliam Klabnik.Slovenske Letectvo 1944-1945[M].Slovak:Magnet-Press.2003

[14]Robert Dorr.B-24 Liberator Units of the Fifteenth Air Force[M].UK:Osprey Publishing.2000

[15]Roger A.Freeman.The Ploesti Raid Through The Lens[M]London:After the Battle.2004

[16]Veronica M.Arnold.Survey of International Affairs 1939-1946[M].UK:Oxford University Press.1954

[17]Margaret MacMilan.Paris 1919:Six Months That Changed The World[M]UK:Random House Trade Paperbacks.2003

世界军服图解百科丛书

HTTP://ZVENBOOK.COM

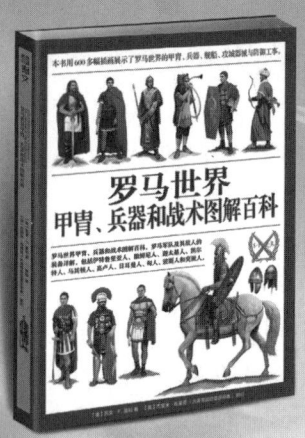

《罗马世界甲胄、兵器和战术图解百科》

★军事史视角下的部落与帝国，西方冷兵器时代的视觉盛宴。

★超过600幅精美彩色手绘插画及历代地图、布阵图、油画、雕塑、遗址照片，打造出罗马军事历史的百科全书。

★包括罗马人、伊特鲁里亚人、撒姆尼人、迦太基人、凯尔特人、马其顿人、高卢人、日耳曼人、匈人、波斯人与突厥人等民族，全面展现古代地中海世界的军事传统与战争艺术。

《美国独立战争军服、武器图解百科1775-1783》

★美国独立战争，北美殖民地革命者奋起反抗剥削的战争，这是一场激烈的斗争，这是一个国家的锻造。

★超过600幅为制服、武器、军舰、徽章、旗帜和作战方案所特别绘制的彩图。

★一部关于美国民兵和大陆军，英国、法国陆海军，德意志、西班牙部队及其北美印第安盟友的军服、武器专业指南。

《拿破仑时期军服图解百科》

★600多幅高清插图（制服、装备、场景、作战图），50多张表格（各团的区别）。

★以图文结合的方式展示了奥地利、列颠、法兰西、普鲁士、俄国、美国他相关各部队制服和徽章的细节。

★简明扼要地描述了拿破仑战争的进程，析了政治背景、具有里程碑意义的交战。

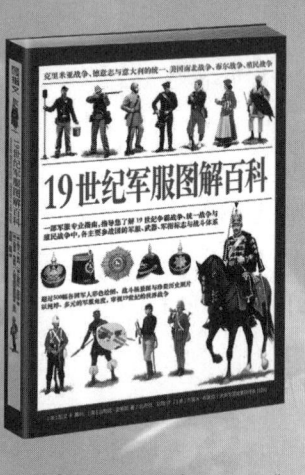

《19世纪军服图解百科》

★列强争霸时代的艺术之花，各国史实军备的图文解读。

★超过500幅精美彩色手绘插画，展现克里米亚战争、德国与意大利统一战争、美国南北战争、布尔战争与殖民战争中各国军队的细节。

★包括英国、法国、俄国、普鲁士、奥地利、意大利、美国、非洲、印度、中国等，展现19世纪的多元军事文化。

《第一次世界大战军服、徽标、武器图解百科》

★一战时期诸多参战国制服及相关装备的专业指南

★超过550幅精美彩色手绘插图及150多张战场实地照片

★战争中的制服、装具、武器、徽标、战场地图、作战计划

★20万字精心制作，力求在百年之后重新还原战争的点点滴滴，为你勾勒出英、法、俄、美、德、奥匈、奥斯曼等诸多参战国军队当年的风采。

《第二次世界大战军服、徽标、武器图解百科》

★二战时期各主要参战国军队的制服关装备，从细节上再现人类历史上规大的全球战争。

★超过600幅精美彩色手绘插画及照精心还原战争中的军服、徽标、武器。

★囊括盟国与轴心国两大阵营，涉及美、德、苏、中、法、日等多国军队。